220t矿用自卸汽车的设计计算及应用研究

冯庆东　著

中国水利水电出版社
www.waterpub.com.cn

内 容 提 要

本书针对 220t 矿用自卸汽车的设计计算及应用开展研究。根据矿用自卸汽车的工作特点和结构特征，总结矿用自卸汽车的国内外研究进展，设计 220t 矿用自卸汽车的整体结构和自动化控制系统，对整车系统进行静力学、动力学和振动疲劳分析，并做了整车随机振动疲劳寿命预测。

图书在版编目(CIP)数据

220t 矿用自卸汽车的设计计算及应用研究/冯庆东
著. —北京:中国水利水电出版社,2014.8（2022.9重印）
ISBN 978-7-5170-2347-0

Ⅰ.①2… Ⅱ.①冯… Ⅲ.①矿山运输－重型载重汽车－自卸车－设计计算－研究 Ⅳ.①U469.4

中国版本图书馆 CIP 数据核字(2014)第 188558 号

策划编辑:杨庆川　责任编辑:杨元泓　封面设计:崔　蕾

书　　名	220t 矿用自卸汽车的设计计算及应用研究
作　　者	冯庆东　著
出版发行	中国水利水电出版社
	（北京市海淀区玉渊潭南路 1 号 D 座 100038）
	网址:www. waterpub. com. cn
	E-mail:mchannel@263. net（万水）
	sales@ mwr.gov.cn
	电话:(010)68545888(营销中心) 、82562819（万水）
经　　售	北京科水图书销售有限公司
	电话:(010)63202643、68545874
	全国各地新华书店和相关出版物销售网点
排　　版	北京鑫海胜蓝数码科技有限公司
印　　刷	天津光之彩印刷有限公司
规　　格	170mm×240mm　16 开本　15 印张　269 千字
版　　次	2015年4月第1版　2022年9月第2次印刷
印　　数	3001-4001册
定　　价	46.00 元

引　言

本书针对 220t 矿用自卸汽车的设计计算及应用开展研究。根据矿用自卸汽车的工作特点和结构特征,总结矿用自卸汽车的国内外研究进展,设计 220t 矿用自卸汽车的整体结构和自动化控制系统,对整车系统进行静力学、动力学和振动疲劳分析,并做了整车随机振动疲劳寿命预测。

本书共分 7 章,各章内容如下:

第 1 章总结矿用自卸汽车的国内外现状,归纳主要研究理论及方法,分析国内矿用自卸汽车与国外同行存在的差距及主要影响因素,指出目前国内矿用自卸汽车研发的主要问题和困难。

第 2 章根据矿用自卸汽车的结构性能特点,对大型矿用自卸汽车设计的关键技术进行分析,确定 220t 矿用自卸汽车的整车结构组成,根据汽车设计理论,采用现代设计理论与方法,进行整车及主要受力构件的第一阶段设计。

第 3 章建立 220t 矿用自卸汽车的整车静力学分析模型,对满载静止状态下多个工况的整车应力分布进行分析,得到整车及主要受力构件的应力分布规律,并对应力集中的较危险区域提出设计改进。

第 4 章建立 220t 矿用自卸汽车的整车动力学模型并进行有限元分析,得到整车低阶固有频率和主振型,通过对整车在随机路面谱作用下的动力响应分析,得到整车结构位移随时间变化规律,并根据分析结果对结构设计进行验证。

第 5 章对 220t 矿用自卸汽车进行整车随机振动疲劳分析和振动疲劳寿命预测,为大型矿用自卸汽车的疲劳寿命研究提供参考依据。

第 6 章依据现代汽车理论和现代设计理论,参考公路汽车的自动化技术,对 220t 矿用自卸汽车的整车自动监测与故障诊断系统、安全监控自动报警系统和生产调度监控系统进行方案设计。

第 7 章总结项目取得的主要研究成果,对遗留问题提出建议,对进一步的研究方向提出展望。

本书从结构设计、静力学、动力学、振动疲劳和自动化控制几个方面入手,对 220t 矿用自卸汽车进行了较为系统的研究,为国内大型矿用自卸汽车的研发提供了理论依据和研究方法。

由于作者水平有限,文中难免有不当和错误之处,请专家和技术人员指正。

作者

2014 年 3 月

目　　录

第1章 绪 论

矿用自卸汽车主要用于露天矿山运输,少量用于采石场及大型建筑工程工地,与装载机、电铲、挖掘机等装载设备配合工作,在装料场与卸料场之间短距离往返行驶,运送矿石和岩石等物料。由于矿用自卸汽车的体积和质量巨大,不允许在公路上行驶,故又称为非公路自卸汽车[1]。为提高生产效率,不同开采规模的矿山都力求配备承载能力较大的车型,以减少矿区内的运输车辆总数和车流密度,降低运输和维护成本。年产量百万吨级的小型矿山多使用装载质量100t以下的车型,年产量500万~1000万吨级的中型矿山可配备装载质量100~200t的车型,年产量1000万吨以上的大型矿山则需要使用装载质量大于200t的车型[2]。

1.1 研究背景、意义及目标

进入21世纪,在全球经济、科技大发展的形势下,能源需求急剧增加,矿业及其制造业进入全新的发展阶段[3]。随着全球经济的快速发展,能源储备和供给相对不足,环境问题日趋严峻,如何合理及最大效率地使用能源是人类目前必须面对和亟待解决的问题。只关注GDP增长而造成能源极大浪费和环境污染的现象将逐步退出历史舞台,人与地球和谐相处是人类社会未来发展的主题。能源开采必须遵循这一自然规律,低能耗、高效率、环保型的开采装备是将来研发的主要方向。生产使用表明:大型矿用自卸汽车具有燃油消耗少、运输成本低、生产效率高等优点,可以大幅提高矿山生产率和经济效益,是未来发展的必然趋势[4]。

目前,国外最大矿用自卸汽车的装载质量已达363t,正在研制装载质量400t以上的矿用自卸汽车[5-10]。而国产矿用自卸汽车的装载质量均在200t以下,完全拥有自主知识产权并掌握关键技术的矿用自卸汽车均是100t以下的小吨位车型。国内矿用自卸汽车制造企业之间本来就存在一定程度的竞争,近年来,国外主要矿用自卸汽车制造商又纷纷入驻中国,以独资或合资方式在全国范围内建立了多个制造基地和营销网络,给国内企业造成很大冲击[11]。随着中国经济及工业技术的飞速发展,对原材料的需求急剧增加,国外6大矿用自卸汽车制造商在中国的市场竞争已进入白热化阶段。国内矿用自卸汽车生产企业面临制造技术落后,试验和批量生产能力差,自主研发能力和核心部件国产化程度低,科研相对滞后的短板,到了生死存亡的紧要关头[12]。因此,加大对矿用自卸汽车的研发和资金投入,提高国产矿用自卸汽车的技术含量和质量保证,增强国内矿用自卸汽车生产企业的核心竞争力,形成规模化及系列化生产,以应对被国外同行挤垮的命运是我国矿用汽车行业未来发展的必然选择。

技术指标的相对矛盾性在矿用自卸汽车的开发中得到最大体现。既要尽可能地提高矿用自卸汽车的有效装载质量,又要最大限度地降低其空载质量;既要外形巨大,又要操作灵活方便;既要求其具有强劲的牵引力,又要求制动效果良好,行驶安全可靠;一般工作环境恶劣、道路崎岖不平,又要求矿用自卸汽车具有良好的操纵稳定性和行驶平顺性。这些相对矛盾的技术指标增加了矿用自卸汽车的研发难度,使得其成本和价格始终居高不下,中小采矿企业没有经济实力购买,反过来又制约了矿用自卸汽车的进一步发展。在保证矿用自卸汽车承载能力、强度要求和使用安全可靠的前提下,如何使相对矛盾的技术指标有效结合达到最佳配置是目前业界的主要研究课题。但由于使用环境、技术保密、生产能力、研究和试验条件的限制,国内外对矿用自卸汽车的整车结构和性能研究较少。各矿用自卸汽车制造商由于生存和竞争的原因,技术得不到有效共享,造成材料和资源的极大浪费,阻碍了国内矿用自卸汽车的自主研发进度,尤其是大吨位矿用自卸汽车的研发与国外同行差距很大。

矿用自卸汽车不能像公路车辆一样在通用的实验平台进行性能测试,只能通过现场实际使用来验证,无形中增加了成本,延长了供货周期,维护费用较高。国外也有制造商建立了矿用自卸汽车专用实验平台,但由于矿用自卸汽车需求批量小,试验设备造价昂贵,非特大型企业不能完成。国内矿用汽车制造商主要是通过模仿设计或技术转让进行生产,创新能力和技术手段较低,主要靠矿场实际运行试验来检验设计,成本高、时间长、风险较大。目前正值中国非公路重型自卸汽车行业大变革、大发展的时代,国内矿用自卸汽车的研究进展和有关企业的生产制造能力明显滞后于国外同行,特别需要科研的支撑以提高国内企业的核心竞争力。从技术、试验条件和成本投入层面考虑,在设计阶段就能对整车结构进行模拟分析及性能预测无疑为较好的选择。

因此,本书进行 220t 矿用自卸汽车的结构设计,利用计算机仿真和有限元方法对整车进行静力学、动力学和疲劳分析,优化整车结构,减少产品制造前的设计性故障,提高整车性能,在设计阶段对整车进行较全面的研究,为国内大吨位矿用自卸汽车的研制提供可行的研究方法和参考依据。项目的研究内容和目标为:①进行 220t 矿用自卸汽车的整体和主要受力构件结构设计；②对整车进行静力学和动力学分析，得到整车和主要受力构件的应力分布规律、动力学参数及动力响应规律，根据分析结果对设计提出改进意见，为整车及主要受力构件的最终设计提供理论依据；③对整车进行振动疲劳分析和随机振动疲劳寿命预测。④跟踪国外先进的自动化技术，对 220t 矿用自卸汽车的自动控制系统进行方案设计。

1.2 矿用自卸汽车传动方式的演变及发展趋势

矿用自卸汽车问世于 20 世纪 60 年代，当时面市的是装载质量 109t 的电动轮矿用自卸汽车[13]。此后，随着矿用自卸汽车装载质量的增加以及新技术、新工艺、新材料的不断应用，经过业界持续地研发和改进，一些主要总成或部件(如发动机、传动系、制动系、液压系和轮胎)的性能得到大幅提升，功能和结构逐步向大型化迈进，为矿用自卸汽车大型化发展提供了有效的配件支持和技术保障，使其整车性能和产品质量不断提高，平均每隔 8~10 年就会有一种功能更加完备、性能更加良好、体积更大的车型问世[14]。

制造商通常将装载质量大于 100t 的非公路自卸汽车定义为矿用自卸汽车，但对于用户来说一般不做严格区分，均称为矿用自卸汽车。非公路自卸汽车最初来源于公路自卸汽车，均采用传统的机械传动方式，但随着载重吨位的不断提高，受当时技术、材料和工艺水平的限制，制造业无法为机械传动方式提供适用的大功率发动机和大扭矩变矩器，使得机械传动矿用自卸汽车在电传动矿用自卸汽车问世 10 多年后才进入市场[15]。之后，随着大功率发动机、大扭矩液力变矩器和多挡位变速箱的出现，机械传动矿用自卸汽车不断向大型化发展，以其质量和性能优势在全球范围内与电传动矿用自卸汽车展开了激烈的市场争夺，占据了一半的市场份额[16]。机械传动与电传动的大型矿用自卸汽车在竞争中各自得到发展，性能各有所长和不足。

矿用自卸汽车的电传动有直流驱动和交流驱动两种传动形式。目前多数电动轮矿用自卸汽车采用的是直流驱动传动系统，又称交-直方式，其传动过程为：底盘发动机输出动力-驱动交流发电机输出交流电-变频器调速和换向-整流装置整流后输出直流电-后驱动轮内的直流电动机-差速器调整左右轮的速度差-轮边减速器减速-车轮转动[17]。直流电动机驱动系统的大部分总成及零部件之间采用电缆连接，不受安装空间的限制，其特点为：机械连接部位少，传动结构简单可靠；电阻调节的磁场控制可实现无级变速，操作方便灵活；制造成本较高，但传动部件国产化程度高，总成可拆换修理，维护方便，零部件供货周期短；具有低速高扭矩特性，在坡度平缓且距离较长的道路行驶时传动效率较高,但在坡度较大且路面变化较大的路段运行时,其持续爬坡能力受到电机温度升高的限制而大幅降低,必须减慢运行速度;动减速性能好,可靠性高,但制动器易发热影响制动性能;中速时恒功率精度高,但在低速和高速阶段,发动机功率的利用率降低,影响爬坡度;传动过程需经过"机械能-电能-机械能"两次能量转换,会产生能量损失而使得效率降低[3] 34-35。

矿用自卸汽车的机械传动采用机械连接,是硬传动,不存在能量转换问题,其传动过程为:底盘发动机输出动力-液力变矩器改变扭矩-传动轴传送扭矩-变速箱换挡变速和换向-锥齿轮组改变扭矩传递方向-差速器调整左右轮的速度差-轮边减速器减速-车轮转动。与直流驱动传动方式相比,机械传动具有以下优点:传动效率高,运行速度快,可缩短作业周期,提高运输效率;起动和加速性能好,燃油消耗低,降低了运营成本;挡位多,变速平滑,运行速度范围大,避免了变速过程中的功率损失;传动系统无热限制,低速到高速均能充分利用发动机功率,爬坡能力强;低速减速扭矩大,减速效果好,制动可靠性高,保障了行车安全;故障率低,机械故障直观和容易判断,减少了故障诊断时间,提高了工作效率。其不足之处为:结构复杂,传动部件多,不易拆装和维修,大部分传动部件国内不能生产,零部件供货周期长,维护费用和运营成本较高。

交流电力驱动传动方式又称为交-交传动,其传动过程为:底盘发动机输出动力-驱动交流发电机输出交流电-变频器调速和换向-整流装置整流后输出直流电-逆变器转换为交流电-后驱动轮内的交流电动机-差速器调整左右轮的速度差-轮边减速器减速-车轮转动。交-交传动克服了直流电动机驱动系统的缺点,具有以下优点:发动机转速恒功精度高,工作寿命长,燃油消耗少;传动效率高,牵引力大,爬坡能力强;车速高,速度反应迅速,挡位操作感觉明显;动态延迟性好,减速和制动效果好,可靠性高;操纵稳定性好,具有良好的行驶平顺性;传动部件国产化,总成可换下修理,运营费用和维护成本低。

交流电传动的最大优点是可以实现双能源动力供应,机械传动和直流电传动均不具备这个功能。交流电动轮矿用自卸汽车除了由车载柴油发动机带动交流发电机提供动力外,还可以从作业区内布设的外部辅助架线系统得到外接电源动力。当交流电动轮矿用自卸汽车重载爬大而长的坡道时,可由道路两侧的辅助架线提供外接电源,能够达到发动机功率2倍以上的动力,以加快爬坡速度,解决了车载柴油发动机功率不足的问题。在作业过程中,矿用自卸汽车在平路上行驶时就由车载柴油发动机提供动力,在爬坡度较大且距离较长的坡路时可由外部架线电源补充供电,能够完全满足露天矿山不同作业条件的要求[18]。

纵观矿用自卸汽车传动方式的演变历程,机械传动首先应用于中小型非公路自卸汽车,而在大吨位的矿用自卸汽车开发中,电传动方式又领先于机械传动方式。机械传动与电传动之争始终伴随着矿用自卸汽车的发展进程,很难判定其性能优劣,实际使用的环境不同,得到的测试结果会大不相同,无法真正证明哪种传动方式更具优势。从目前的市场占有率来看,二者也是平分秋色,机电之争还会在激烈的竞争中并存和发展。但从结构特点和动力特性来说,交流电传动方式受安装空间限制小,零部件和配件支持便利,维护方便,并且能够实现双能源动力供应,更能适合大吨位矿用自卸汽车的发展需要。

计算机技术的快速发展、世界能源需求的不断增长以及矿业开采技术的不断进步,未来对矿用自卸汽车的需求必将迈上一个新台阶,为矿用自卸汽车提供了广阔的发展空间,矿用自卸汽车行业必将迎来一个大发展的黄金阶段。国外矿用自卸汽车系列的品种齐全、载重级别全面,均为机、电、液混用并配置有自动监测和故障诊断系统。一些先进的电子信息处理技术已逐步在国外矿用自卸汽车上得到应用,如近距离雷达防撞报警技术、电子视野图像识别技术、脉冲激光器修正技术、GIS/GPS/GPRS 定位与生产监控调度技术、光纤陀螺仪导向技术等。但这些先进技术目前还未在矿用汽车上普及使用,正好是国内业界追赶世界先进水平的契机。随着新材料、新方法、新技术的不断涌现,高精密的自动化控制技术必将在矿用自卸汽车上普及应用。国内业界应及时掌握大型矿用自卸汽车的关键技术和前沿研究成果,加大产品研发及生产设备的资金投入,尽可能地通过技术合作的方式引进国外先进技术并进行消化吸收,瞄准高度自动化、智能化以及大型人性化的国际前沿技术,努力打造国产品牌并具有国际先进水平的产品。矿用自卸汽车大型化、自动化、智能化、环保化和人性化是未来发展的必然趋势。

1.3 国内外研究进展

目前,国外对矿用自卸汽车研究的公开资料较少,国内一些机构和学者对相关内容进行了一定程度的研究,但没有比较系统全面的研究方法,尤其对整车动力学特性和疲劳分析的研究则更少。随着国家对矿业设备研发不断加大政策及资金投入力度,一些制造企业和重点科研机构正陆续建立矿用自卸汽车专业研究部门及专用试验装备,对矿用自卸汽车的动力学性能、运动学性能、结构特性、操纵稳定性、行驶平顺性、燃油经济性、环境适应性、工作可靠性等方面进行系统研究和试验。一些公路汽车的设计、制造、试验理论和方法可应用于矿用自卸汽车研究,为矿用自卸汽车的进一步研发提供理论、技术和试验方法等基础支持。

1.3.1 整车结构及性能研究

常绿[19]基于虚拟样机技术和弹性动力学理论,考虑车架弹性,建立了某矿用自卸汽车的整车刚-弹耦合动力学模型,进行了平顺性虚拟试验,研究了整车的动力性、燃油经济性和行驶平顺性等问题,为后续对矿用自卸汽车的动力性能和结构优化研究提供了可行性平台。王小芳[20]基于计算机仿真技术和知识的专家系统,将专家系统技术、模糊综合评价和 CAD 技术集为一体,构造了矿用自卸汽车总体设计专家系统,解决了矿用自卸汽车总体设计过程中的参数多、计算量大的模糊性和非数值性等问题。王大康等[21]基于智能 CAD 技术,建立了矿用自卸汽车总体方案设计的评价因素关系图和模糊评价模型,采用三角模糊数作为单一设计参数的评价模型,利用规则的表现形式描述模型,方法简单实用。姚成[22]基于拓扑优化方法的基本理论,将拓扑优化技术引入到汽车结构的优化设计中,运用 ANSYS 软件并开发了结构拓扑优化设计的用户化菜单,对某散装水泥半挂车的整车和车架进行了强度和刚度计算,并对整车和车架的结构进行了拓扑优化设计研究。拓扑优化技术也可应用于矿用自卸汽车的结构研究,为矿用自卸汽车的结构优化设计提供了又一可行性研究方法。

Siegrist P. M. 等[23]应用卡尔曼逆滤波法(Kalman Inverse Filtering)开发了一种实时估算方法,可实时估算大型非公路自卸汽车的轮胎和道路接触面之间的作用力。该系统模型明确表明,采用一组实际的测量值和输入量,能够估算矿用自卸汽车每个车轮的轮胎力 3 个分量。并应用 ADAMS 软件建立 Caterpillar 785B 型矿用自卸汽车的仿真模型,进行了向下滑行、线性加速、倾斜道路、爬坡运动条件下的轮胎抓地力实时估算,仿真结果表明该估算方法的可行性,对降低矿用自卸汽车的运营成本具有实用价值。Wei X. L. 等[24]对某矿用自卸汽车的外部环流场进行了模拟,忽略车架上外部环节和附加件的影响以及斜坡、强风的作用,假设整车处于光滑路面满载行驶状态,建立整车的三维有限元计算模型并进行分析,对整车周围的气流构造和空气阻力等问题进行了探讨,获取了气流特性和空气阻力之间的关系。并将仿真结果与整车实际滑行试验测得的空气动力阻力系数进行对比,验证了模拟计算结果的正确性。提出边角倒圆、安装分流器以及二者组合的方法可解决车头形状的空气动力问题,指出边角倒圆并安装分流器时,整车的空气动力特性最好,为矿用自卸汽车车头的优化设计提供了依据。杨洋等[25]基于 ADVISOR 软件,构造了矿用自卸汽车的整车动力传动模型和主要动力部件仿真模块,通过修改 m 文件对动力元件进行赋值并嵌入软件中运行,建立了 170t 矿用自卸汽车交-直后向式仿真系统模型,对其动力性和燃油经济性进行分析。并参考矿区实际道路和矿用自卸汽车的运行情况,设计了适合于矿用自卸汽车的循环工况,作为整车动力性和燃油经济性的实际检验依据。仿真结果表明,整个仿真系统能较好地反映矿用自卸汽车实际运行情况,仿真模型能较客观地反映整车动力性和燃油经济性,系统具有一定的实用价值。

谷正气等[26]基于 ADAMS 软件,建立了矿用自卸汽车动力学模型并对其操纵稳定性进行分析研究,得到结论,矿用自卸汽车的满载操纵稳定性比空载差,前轮胎侧偏刚度越小、后轮胎侧偏刚度越大,越有利于改善矿用自卸汽车的操纵稳定性,前后悬架刚度对矿用自卸汽车的质心侧向速度与横摆角速度影响不大,前悬架刚度越小、后悬架刚度越大,越有利于减小矿用自卸汽车转向稳态时簧载质量侧倾角,提出了增大后悬架刚度的建议。刘晋霞[27]基于罗伯森-维登堡多刚体动力学方法,假设矿用自卸汽车在平坦路面以匀速做直线或大半径转向运动,忽略外界风力影响,设定侧向加速度不超过 0.4g,轮胎侧偏特性处于线性范围且不考虑轮胎宽度的影响,忽略转向系统的影响而直接以前轮转角作为输入,建立了 25t 矿用自卸汽车 4 自由度多刚体动力学模型。通过对矿用自卸汽车空载与满载时的操纵稳定性进行分析,获得空载与满载时的横摆角速度增益曲线,得出结论,空载与满载均具有不足转向特性,但空载比满载的不足转向量大,满载时各状态参量的响应时间长,增大后轮胎侧偏刚度或使簧载质量的质心前移,可有效降低满载时各状态参量的响应时间与稳态值,提高满载时的操纵稳定性。

Frimpong S. 等[28]针对大型露天矿规模化生产和运输需要,提高矿用自卸汽车的运输效率,利用拉普拉斯乘子、逆变换传递函数以及拉氏域,基于 Fortran 语言,开发了一种矿用自卸汽车自动化操作和稳定性控制的知识体系模型,其数学模型简单,综合运用了自驱动程序,具有一定的实用价值。并对装载质量 363t 的 CAT 797 型矿用自卸汽车进行了仿真分析,获得了前轮传递函数、侧偏率和侧倾角随转向角自动变化的轨迹曲线,评价了轮胎和转向参数的变化规律。仿真结果表明,系统模型在前 5 秒有一个峰值率偏差,在 5～20 秒范围内可以观察到扰动,超出此范围即达到稳定。唐春喜[29]基于 ANSYS 软件,建立某矿用自卸汽车的整车有限元模型,主要对车架进行模态分析,得到整车的低阶固有频率和主振型,其结论为:车架前端刚度相对较低,整车和车架相同振型的固有频率差别在 5% 以内,整车和车架的低阶固有频率均不在发动机的振动频率范围内。成林等[30]基于 ADAMS 软件和虚拟样机技术,建立了某矿用自卸汽车动力系统模型,通过转向梯形仿真验证、稳态转向仿真、矿区非平整路面仿真、越障仿真分析,对整车的性能进行了评价,并通过液压综合试验台,模拟矿用自卸汽车越障时冲击载荷变化情况,测出该车型前后油气悬架的非线性特性参数,为矿用自卸汽车设计的前期阶段对车架所受冲击载荷预测提供了理论依据。Hui H 等[31]介绍了一种矿用自卸汽车故障形态识别模型,采用决策树算法对矿用自卸汽车智能矿工数据软件系统模块(VIMS)收集的某矿山数据进行处理,计算结果表明,决策树可以识别和量化各种不同类型 VIMS 数据的关系,能够预测特定矿用自卸汽车的实时状态和性能,但该模型不能移植用于其他矿用自卸汽车的状态预测,有待进一步研究开发。

Rose M. 等[32]论述了减少重型车辆空气动力学阻力的研究进展,提出了空气流体动力学的数值模拟和分析新方法,并进行了一个全牵引挂车的试验验证。黄立等[33]基于汽车结构模态分析方法,应用 Solidworks 和 ANSYS 软件,建立了某矿用自卸汽车的整车有限元模型,求解和提取了前 20 阶模态结果进行分析,指出了整车主振型,对整车的结构布置提出了改进建议。Shrawan K[34]基于露天矿路面,对矿用自卸汽车的驾驶员座椅振动系统进行了分析,指出了对驾驶员健康危害最大的振动频率范围。杜涛[35]基于汽车理论对 68t 矿用自卸汽车驾驶室减振底座进行了数学模型的振动分析,运用多目标函数优化法对驾驶室减振底座进行了优化设计。陈正杰等[36]基于有限元和多体动力学理论,应用 Solidworks 软件和 AN-SYS 软件对某大型矿用自卸汽车进行了整车结构分析和优化。李秋媚[37]基于虚拟样机技术和多体系统动力学理论,应用 ADAMS 和 Pro/E 软件对矿用自卸汽车的作业稳定性进行分析。仝令胜[38]基于协同优化理论,综合考虑整车的性能和驱动桥各部件设计参数之间的耦合关系,对 45t 铰接式矿用自卸汽车的驱动桥进行了协同优化。常绿[39]应用 UG、ANSYS、AD-AMS 软件依次建立了矿用自卸汽车的整车实体模型、有限元模型和整车刚-弹耦合动力学模型,在谐波叠加法生成的随机路面谱激励下进行了整车平顺性仿真试验。陈玲等[40]对重型矿用自卸汽车平顺牲的研究现状进行了概述。

Park S.[41]等考虑路面变形影响,对重型非公路自卸汽车的悬架振动情况进行了研究。Paquesa J. J.等[42]对单片机模块在一辆自动化矿用自卸汽车安全评价中的实际应用情况进行了分析。还有一些学者[43-48]对矿用自卸汽车做了相关研究,不再叙述。汽车结构动力学分析在工程中占有重要地位,其能为新结构设计提供合理数据并判定原始结构设计是否合理。因而,确定整车动力学参数,对车上主要部件的布置位置进行改进以避免共振,对改进整车的乘坐舒适性和提高其行驶平顺性等具有重要意义。对于重载矿用自卸汽车,采用 CAD 和 CAE 软件相结合的方法建立实体模型,然后在 CAE 软件中得到有限元模型,进行模态和动力响应分析,有一定的工程实用价值。

1.3.2 车架研究

张强[49]基于 ANSYS 软件,建立了 25t 矿用自卸汽车的车架三维模型,提出了将车架三维实体模型转化为有限元分析模型的简化原则和方法,分析了满载静止及一轮悬空时的车架应力和变形,并依据 ISO3471 研究了车架在翻车载荷作用下的应力和变形,计算了前 10 阶固有频率,结果表明该车的弯曲刚度大于扭转刚度。杨钰等[50]应用 ANSYS 软件,对 32t 矿用自卸汽车的车架在满载扭转、满载举升、满载制动三种工况下的应力分部进行了有限元计算和分析。杨而宁等[51]应用 ANSYS 软件,对 42t 矿用自卸汽车的新型驾驶室特种支架进行了静力学分析,并针对应力集中部位提出了结构改进建议。秦昊等[52]基于 ANSYS 软件,建立了 55t 矿用自卸汽车车架的数值模型,运用数值分析手段得到了典型工况条件下车架的应力、强度和刚度特性及变形特征,并根据数值分析结果对相应部件提出了合理化建议。杨春晖等[53]应用 ANSYS 软件建立 85t 矿用自卸汽车的车架三维模型,对车架在满载、扭转、举升、转弯四种工况下的应力分布进行了有限元计算和分析。

万海如[54]采用三维解析法,通过推导三维坐标系之间的旋转变换公式,建立 108t 矿用自卸汽车车架-后桥壳之间的运动方程,并利用计算机编程进行计算和分析,得出车架与后桥壳之间产生干涉的条件、程度以及影响因素,从而对干涉现象提出了建议性解决措施。陈华光[55]采用有限元分析软件,对 154t 电动轮自卸车的车架进行了模态计算,提取了前 15 阶模态进行分析,结果表明,车架的多阶模态均以龙门梁与纵梁的连接处或附近为结点,对降低整车振动有利。杨春晖等[56]根据矿用自卸汽车车架的总体设计思想和龙门梁外形结构特点,建立了 170t 矿用自卸汽车车架龙门梁的正面外形原始面模型,利用 ANSYS 软件对模型进行了拓扑优化设计,根据优化设计结果并结合设计要求,应用 COSMOSWorks 软件分析和校核了龙门梁的刚度及强度。张怀亮等[57]应用 Solidworks 和 ANSYS 软件,对某重型矿用自卸汽车的车架进行了有限元分析,得到车架在全局加载下的应力分布,并针对车架的应力分布不均匀问题,提出了车架结构和布筋的改进建议。

杨忠炯等[58]基于汽车多体动力学理论基础,应用 ANSYS 软件,建立了某重型矿用自卸汽车车架的有限元分析模型,着重从动力学特性的角度对车架结构进行模态分析,结合悬架模型的动态性能获取车架动态参数,得到了车架前 10 阶固有频率和振型,并对车架进行了结构强化,提高了车架前 10 阶固有频率,优化了各阶振型。牛跃文[59]应用 Pro/E 和 ANSYS 软件,建立了 45t 矿用自卸汽车的车架有限元分析模型,采取 Block Lanczos 法进行模态分析,提取了前 10 阶固有频率并分析了主振型。闫振华[60]基于汽车多体动力学理论,应用 UG、ANSYS 和 ADAMS 软件,建立了考虑车架弹性的矿用自卸汽车整车刚-弹耦合动力学模型,对车架进行静强度和自由模态分析,得到了车架在不同工况下的应力分布规律和低阶固有频率,计算了车架在各不同工况下的安全系数,并进行了随机路面和三角凸块激励工况仿真,得到了车架在该两种工况下的危险处动态应力时间历程,并对应力-时间曲线进行了分析。

王军等[61]应用 ANSYS 软件,建立了某矿用自卸汽车的车架三维实体几何模型,并根据整车装配关系和车架的受力特点,建立了包括 A 形架、前后桥、横拉杆和油气悬挂在内的整车有限元模型,对矿用自卸汽车在满载静止、启动、制动和举升作业工况进行了仿真分析,得到了各工况下车架的应力大小和分布规律,给出了车架的强度指标,提出了对车架设计的改进建议。陈健美等[62,63]分析了矿用自卸汽车车架的受载特性,针对车架在焊接过程中的焊接变形以及工作过程中焊缝容易开裂的情况进行了研究,并对 WCF-62 钢制造的矿用自卸汽车车架进行了试验和实际运行验证。李凯旋[64]、黄建程[65]分别介绍了矿用自卸汽车各类车架的结构特点,指出了宽体重型车架的结构设计要点。姜桂荣等[66]采用光弹性贴片法,对双面卸料矿用自卸汽车的车架进行了结构强度测试分析,获得了应力值、应力分布规律和危险点情况。王涛[67]对某矿用自卸汽车的车架进行了静态和动态分析,对车架局部的应力集中区域进行了结构改进。还有一些关于矿用自卸汽车车架结构和强度分析的研究文献[68-74],采用的分析和研究方法与上述文献所用方法大同小异,不再叙述。

1.3.3 前后桥及后桥壳研究

杨锁望等[75]应用 UG 和 ANSYS 软件,建立了 32t 矿用自卸汽车后驱动桥的有限元模型,选取在不平路面上满载行驶时紧急制动的极限工况,对桥壳和 A 形架进行了结构强度和刚度分析,获得了后驱动桥的应力分布规律,并针对局部应力过大的危险点提出了结构改进方案。张磊等[76]应用 Pro/E 和 ANSYS 软件,建立了 45t 矿用自卸汽车后驱动桥的有限元模型,在 2.5 倍满载静止垂直载荷、满载最大牵引力行驶、满载最大制动力、满载最大侧向力几种典型工况条件下,对桥壳和 A 形架进行了静力分析,获取了应力集中危险点的最大应力值。邓勋等[77]设计了 170t 电动轮矿用自卸汽车驱动桥壳,并应用 Pro/E 和 ANSYS 软件,在 2.5 倍满载静止垂直载荷作用下,对桥壳结构进行了有限元分析,并对较大应力值的应力集中部位提出了改进措施。

王翠凤[78]对 25t 矿用自卸汽车满载状态下,后桥在静止垂直载荷、最大加速度启动、侧滑、侧翻、举升、动载荷、最大加速度制动七种工况进行了受力分析和载荷计算,并应用 Pro/E 和 ANSYS 软件,对后桥壳及半轴套管在七种工况下的应力及变形进行了有限元分析,指出加筋半轴套管的强度和刚度较好。梁小波[79]对 108t 和 154t 电动轮矿用自卸汽车的后桥进行了结构强度计算、试验校核和优化设计。张兆刚等[80]对某矿用自卸汽车后桥壳的断裂情况进行了较全面的故障分析,总结出修复断裂后桥壳的新工艺并进行了实践验证。张国经[81]对 50t 矿用自卸汽车后驱动桥壳的选材、铸造、热处理、加工、热装及焊接工艺进行了介绍。王继新等[82]应用有限元方法,分析了矿用自卸汽车 A 型架在满载静止、起动、制动工况时的应力分布及变形规律,并讨论了油气悬架刚度对 A 形架应力大小的影响规律。

Baggerly R. G.[83]对重型车桥铸钢件的焊接失效问题进行了研究,Lei L. P. 等[84]应用有限元法对汽车后桥壳的液压成型过程进行了设计和分析,Park C. 等[85]对冷压厚壁筒桥壳进行了流程设计,Steven W. 等[86]基于断裂力学理论,对某吊车桥壳进行了失效分析。胡顺安等[87]运用失效模式及后果分析(FMEA)方法,对 40t 矿用自卸汽车后驱动桥壳进行了失效模式判断,指出桥壳断裂、桥壳弯曲和轴头断裂是桥壳的潜在失效模式,并应用 ANSYS 软件对桥壳进行有限元分析,得到了总应力分布规律和危险截面应力分布情况,验证了潜在失效模式。常健[88]依据力学基本原理和强度校核公式,对 32t 矿用自卸汽车后驱动桥壳进行了多工况下的强度计算。陈家骅[89]对重型矿用自卸汽车前桥进行多工况受力分析,对前桥结构提出了改进意见。

1.3.4 车厢研究

Poh K. W. 等[90]基于有限元动力学分析软件 MSC/DYNA,对 170t 矿用自卸汽车大型后卸式钢制膜车厢的新型弯制方法进行了仿真研究,通过对钢制膜车厢的三种弯制情况进行冲击试验对比分析,确定底板厚度 19mm、宽 6250mm、高 1000mm 的弧形弯制情况最为合理,使得车厢质量减轻 8t,整车承载能力提高 10t,并在矿山实际运行 20000h 得到成功验证,为矿用自卸汽车的车厢设计提供了理论依据。于庆豪等[91]基于 ANSYS 软件,根据设计加工图纸建立了 45t 矿用自卸汽车的车厢有限元模型,分析了冲击装载、平装和 1/2 堆装三种载荷方式下的车厢受力状态,得到应力分布规律及最大应力值,与第三强度理论计算结果吻合。

郭玉前[92]基于汽车多体动力学理论,应用 ANSYS 软件建立了 25t 矿用自卸汽车的翻车保护装置(ROPS)和落物保护装置(FOPS)非线性有限元模型,对翻车保护装置的垂直承载能力、纵向承载能力、最小侧向承载能力、最小能量吸收能力进行分析,提出了翻车保护装置和落物保护装置受落锤冲击时非线性响应的分析方法,通过非线性响应计算获得了落物保护装置上加载中心的位移响应,并通过模态分析得到了翻车保护装置和落物保护装置的前 10 阶固有频率及其振型。孙士平等[93]运用 Solidworks 和 Hyper-Works 软件,对 172t 矿用自卸汽车车厢进行了偏心载荷状态时满载举升、满载刹车和满载行驶转向三种典型工况的数值模拟,获得了车厢结构的应力场和位移场分布,分析了车厢结构强度并提出两种设计改进措施。石金鹏等[94]应用 ANSYS 软件的优化设计功能,考虑实际运行工况,对 45t 矿用自卸汽车的车厢进行了轻量化优化设计。

陈伟光等[95]基于 ANSYS 软件,考虑装载物料时对车厢底板的撞击效应,得到不同物料撞击车厢不同位置的应力分布和变形情况,分析讨论了应力和应变的变化规律及主要影响因素,并采用 ANSYS 和导重法相结合的结构分析方法,在保证结构强度的基础上对某矿用自卸汽车车厢进行了结构轻量化设计。任学平等[96]对矿石冲击下的 172t 矿用自卸汽车车厢强度进行有限元分析,获得了车厢在冲击载荷作用下的应力分布情况,分析了各种影响因素并指出提高车厢抗冲击能力的途径。金华明等[97]运用有限元法对矿用自卸汽车车厢受矿石冲击情况进行研究,分析了冲击载荷对车厢支撑系统的影响因素,得出矿用自卸汽车车厢的支撑系统对物料冲击载荷没有缓冲作用的结论。邓庚发[98]、赵运才等[99]基于 UG 软件和优化设计理论,对 154t 矿用自卸汽车的耐磨橡胶衬底车厢结构进行有限元计算和分析,得到了车厢底架的应力分布规律,并针对耐磨橡胶衬底车厢结构设计存在的问题,对车厢衬板的安装骨架进行了优化设计。张万民等[100]对自卸车车厢的设计要素进行了分析。李鹏南等[101]对矿用自卸汽车的车厢造型进行了研究,并提出车厢设计的参数化解决方法。冯明等[102]分析了电动轮矿用自卸车车厢的结构特点,指出车厢进行现场装配焊接的必要性,对车厢现场焊接所需的特殊工艺进行了探讨。

张婧等[103]分析了新型钢制膜板式底板车厢的特点,并应用到 45t 矿用自卸汽车车厢的设计中,应用 ANSYS/ LS-DYNA 软件对膜板式底板和传统形式底板分别进行抗冲击仿真分析,获得了膜板曲率参数及其变化对车厢抗冲击性的影响情况。张九明等[104]研究了矿用自卸汽车车厢的损坏原因及影响因素,指出电化学腐蚀是车厢失效的最主要因素,对大气腐蚀、煤炭腐蚀和孔腐蚀几种主要的电化学腐蚀形式进行了分析,并通过试验得到提高车厢寿命的有效方法。王晋生等[105]介绍了矿用自卸汽车车厢主要磨损件焊接修复时的焊接方法和工艺。杨耀东等[106]针对矿用自卸汽车车厢与车架连接销轴磨损严重的问题,运用 MATLAB 软件建立了包括横拉杆的 32t 矿用自卸汽车半车振动模型,通过有限元分析得出了主要是矿用自卸汽车横向振动导致横拉杆铰链磨损严重的结论。

1.3.5 减振(悬架)系研究

周德成[107]对油气悬架的分类、应用及研究现状做了概述,应用实际气体状态方程(R-K 方程)和孔口出流理论,建立了某矿用自卸汽车油气悬架系统的非线性数学模型并进行了动态特性试验,分析了油气悬架缸的结构参数、激励频率、激励振幅、载荷和温度变化等对其动态特性的影响规律,并基于油气悬架缸数学模型建立矿用自卸汽车动力学模型,深入研究了前后油气悬架缸的结构和工作参数以及矿用自卸汽车的行驶速度、轮距、温度变化对车辆平顺性的影响规律。Elbeheiry E. M. 等[108]对汽车油气悬架分类进行了介绍。Sharp R. S. 等[109]介绍了汽车油气悬架的原理和设计方法。周顺[110]对 25t 矿用自卸汽车的前后油气悬架进行了设计、计算和分析。Daniel F. 等[111]进行了汽车主动悬架和半主动悬架的机电一体化设计。曹瑞元[112]对某铰接式矿用自卸汽车油气悬架进行了参数化优化设计,分析了油气悬架系统的刚度特性和阻尼特性,并基于多体动力学理论,应用Pro/E 和 ADAMS 软件建立了矿用自卸汽车的有限元模型,对整车进行了运动学、爬坡和侧倾性能研究。甄龙信等[113, 114]分析了 32t 矿用自卸汽车油气悬架的静刚度和阻尼特性,对刚度相关参数、阻尼孔和单向阀直径进行了优化计算,并通过分析充油充气量对油气悬架刚度特性的影响,找到 42t矿用自卸汽车乘坐舒适性差的原因,指出改变油气悬架缸的充油充气量可改善矿用自卸汽车乘坐舒适性。

Yabuta K. 等[115]分析了悬架对汽车乘坐舒适性的影响。徐乃镗[116, 117]对 50t 矿用自卸汽车油气悬架进行了计算和设计,并对满载静止状态、行驶加速、紧急制动工况下后桥油气悬架和 A 型架的受力情况进行了分析。彭京城等[118]分析了 108t 电动轮矿用自卸汽车的前桥悬架系统在典型工况下的受力情况,建立了前油气悬架缸筒与杆筒在导向套处受力最小的目标函数,对前轮定位参数进行了优化。Baumal A. E. 等[119]应用遗传算法对汽车主动悬架系统进行了优化设计。张大荣[120]介绍了 32t 矿用自卸汽车传动轴和油气悬架的结构及性能。张宏[121]分析了某矿用自卸汽车油气悬架系统的结构组成及其液压系统的工作原理,对油气悬架系统进行了系统仿真和实际道路测试。王智明等[122]应用 ADAMS 软件对某型小吨位矿用自卸汽车的油气悬架系统进行了动特性仿真分析和试验台测试验证。韩愈琪[123]基于 ADAMS 软件,建立了 32t 矿用自卸汽车后驱动桥的振动系统模型,在随机输入路面谱激励条件下,对后驱动桥及后油气悬架进行了非线性动力学仿真和分析。Els P. S. 等[124]对动态优化算法在汽车悬架设计中的适用性进行了研究。王欣等[125]对车辆油气悬架的分类和特性以及国内外研究现状进行了概述,指出了目前国内油气悬架研发中存在的问题及其主要发展趋势。

1.3.6 研究理论和方法总结

矿用自卸汽车结构复杂,总成和零部件众多,使用环境特殊,其研究内容涉及工程领域的多个方面,上述文献与项目的研究内容联系较大,故进行了较为全面的总结。对于其他总成和部件,如驾驶室、动力/传动系、制动系、转向系、举升系、液压系统、气路系、冷却系、自动润滑系、电气控制系、电动轮及轮胎、自动控制系统等,国内外也有一定程度的研究,限于报告内容和篇幅,不再总结和赘述。归纳矿用自卸汽车静力学和动力学研究的相关文献所依据的理论和方法,一般都具有以下共性和思路:以弹塑性力学、汽车多体动力学和振动学理论为基础,应用 ADAMS、ANSYS、ABAQUS、Pro/E、Solidworks、Unigraphics(UG)、Advisor、CAD/CAE/CAM 等软件,建立整车或部件的计算机仿真模型,模拟矿用自卸汽车在矿区路面及越障工况下静载荷和动载荷的分布情况。运用有限元、数值分析、模糊评价、拓扑优化设计等分析方法,对矿用自卸汽车的应力分布、动力学性能和结构振动进行分析研究,提出改进意见并进行结构优化设计。最后进行设计验证,如有试验条件,可在矿用自卸汽车专用试验平台和模拟实际工况的试验场进行设计验证,最终得到最优结构性能和最佳结构参数,为矿用自卸汽车的设计和生产制造提供可靠依据。

1.4 国外生产状况

国外矿用自卸汽车制造商主要有 6 家:卡特彼勒公司(CATERPIL-LAR)[126]、利渤海尔集团(LIEBHERR)[127]、特雷克斯公司(TEREX)[128]、株式会社小松制作所(KOMATSU)[129]、日立建机株式会社(HITA-CHI)[130]、白俄罗斯汽车制造联合体(BELAZ)[131]。国外 6 家矿用自卸汽车制造商均为全球跨国公司,其生产的矿用自卸汽车系列有机械和电动两种传动方式,分刚性和铰接式两种结构,装载质量涵盖 25～363t,一般都具有机、电、液混用功能,载重级别齐全,自动化程度高,在世界范围内有各自的市场份额。

1.4.1 卡特彼勒

卡特彼勒公司(Caterpillar Inc)成立于 1925 年,由丹尼尔·拜斯特(Daniel Best)和本杰明·霍尔特(Benjamin Holt)共同创建,总部设在美国伊利诺州(Illinois)的皮奥里亚(Peoria),是世界上最大的工程机械和矿山设备制造商之一。卡特彼勒公司的前身是卡特彼勒推土机公司,由 C. L. Best 推土机公司和 Holt 制造公司合并而成。其后经过 80 多年的发展和并购,卡特彼勒的业务范围不断拓展,产品种类逐步涉及建筑、采矿、农业、海洋、发动机和发电机等多个领域,已发展成为集多种经营为一体的全球性跨国企业。卡特彼勒公司的主要业务是在机械设备、发动机和融资产品三个商业领域,共 300 多种产品,由美国本土的 50 家制造工厂和国外的 60 多家制造工厂进行生产,由设在 23 个国家的 480 多个销售和技术服务网点,为遍布全球 200 个国家和地区的客户提供服务。在大中华区,为了加大投资力度和更好的开展业务,1996 年在北京成立了卡特彼勒(中国)投资有限公司,整体协调中国区域的销售、制造和售后服务。目前,卡特彼勒在中国投资建立了 13 家生产制造公司和由 5 个代理商组成的经销服务网络,制造和经营履带式推土机、液压挖掘机、轮式装载机、履带行走装置、压实机、动力平地机、矿用汽车、柴油发动机、电力发电机组、工程机械零部件及铸件,为区内多个行业提供适用的产品并给予综合性售后服务[12]6-7。卡特彼勒生产的矿用自卸汽车系列有刚性和铰接式两种结构,多数采用机械传动方式,其产品型号和部分参数如表 1-1 所示,其中刚性矿用自卸汽车系列及其主要技术参数如附录 A 表 A-1 所示。

表 1-1 卡特彼勒矿用自卸汽车系列及其装载质量

产品型号	结构型式	传动方式	驱动形式	满载最高车速/(km/h)	额定装载质量/(kg)
CAT 725	铰接	机械传动	6×6	57.0	23600
CAT 730	铰接	机械传动	6×6	55.0	28100
CAT 730 EJ	铰接	机械传动	6×6	55.0	28100
CAT 735B	铰接	机械传动	6×6	51.1	32700
CAT 740B EJ	铰接	机械传动	6×6	54.7	38000

产品型号	结构型式	传动方式	驱动形式	满载最高车速/(km/h)	额定装载质量/(kg)
CAT 740B	铰接	机械传动	6×6	54.7	39500
CAT 770	刚性	机械传动	4×2	74.8	36300
CAT 772	刚性	机械传动	4×2	79.7	45000
CAT 773D	刚性	机械传动	4×2	62.2	54100
CAT 773F	刚性	机械传动	4×2	67.4	60000
CAT 775F	刚性	机械传动	4×2	67.4	70000
CAT 777D	刚性	机械传动	4×2	60.4	90400
CAT 777F	刚性	机械传动	4×2	64.5	90700
CAT 785D	刚性	机械传动	4×2	54.8	143000
CAT 789C	刚性	机械传动	4×2	52.6	177000
CAT 793D	刚性	机械传动	4×2	54.3	218000
CAT 793F	刚性	机械传动	4×2	60.0	226800
CAT 795F AC	刚性	交流电动	4×2	64.0	313000
CAT 797B	刚性	机械传动	4×2	67.6	345000
CAT 797F	刚性	机械传动	4×2	67.6	363000

1.4.2 特雷克斯

特雷克斯公司(Terex Corporation)成立于 20 世纪 20 年代,总部设在美国康涅狄格州(Constitution)的西港(Westport),是一家全球性多元化的专业机械设备制造商和供应商。经过 80 多年的发展,特雷克斯公司已经发展成为一家全球化的跨国企业,旗下拥有 50 多个知名品牌,其产品涉足基础设施、建筑装备、矿用设备、土方机械、物流运输、精炼化工、公用事业等多个行业领域,分为建筑机械、采矿和物料处理设备、起重设备、高空作业平台、筑路设备、公共工程与公用事业六个产业部门进行运作。特雷克斯公司目前拥有约 2.1 万名员工,分布在世界各地的制造厂和子公司,其产品分别在位于北美、欧洲、亚太以及南美的生产基地进行制造,然后通过其销售网络销往全球各地。

在中国区,自 1988 年建立第一家合资公司以来,特雷克斯已在内蒙古、天津、江苏、山东、河北、福建、四川等地设立了 5 家合资工厂和 3 家独资公司,其产品被广泛应用于中国的多个大型重点工程,如黄河小浪底水利枢纽工程、长江三峡水利枢纽工程、首都机场三号航站楼、北京 2008 奥运会的鸟巢和水立方场馆建设,以及四川地震救灾和灾后重建等。特雷克斯在华合资企业——北方重型汽车股份有限公司位于内蒙古包头,是全球唯一能在同一工厂和生产线上生产铰接式、机械传动、电传动矿用自卸汽车三大系列全线产品的制造商[12]7。特雷克斯生产的矿用自卸汽车系列有刚性和铰接式两种结构,机械传动和电传动方式均有所采用,其产品型号和部分参数如表 1-2 所示,其中刚性矿用自卸汽车系列及其主要技术参数如附录 A 的表 A-2 所示。

表 1-2 特雷克斯矿用自卸汽车系列及其装载质量

产品型号	结构型式	传动方式	驱动形式	满载最高车速/(km/h)	额定载质量/(kg)
TEREX TA25	铰接	机械传动	6×6	52.0	23000
TEREX TA27	铰接	机械传动	6×6	50.4	25000
TEREX TA30	铰接	机械传动	6×6	51.0	28000
TEREX TA35	铰接	机械传动	6×6	53.9	37500
TEREX TA40	铰接	机械传动	6×6	60.0	42000
TEREX TR35	刚性	机械传动	4×2	59.0	31750
TEREX TR45	刚性	机械传动	4×2	65.0	41000
TEREX TR60	刚性	机械传动	4×2	57.5	54430
TEREX TR70	刚性	机械传动	4×2	57.0	65000
TEREX TR100	刚性	机械传动	4×2	48.5	90720
TEREX MT3300AC	刚性	交流电动	4×2	64.0	136000
TEREX MT3600B	刚性	直流电动	4×2	56.4	172000
TEREX MT3700AC	刚性	交流电动	4×2	65.0	186000
TEREX MT4400AC	刚性	交流电动	4×2	64.0	218000
TEREX MT5500AC	刚性	交流电动	4×2	64.0	326000
TEREX MT6300AC	刚性	交流电动	4×2	64.0	363000
TEREX BD270	铰接	直流电动	6×4	56.3	245000

1.4.3 利渤海尔

利勃海尔集团（Liebherr Group）由汉斯·利勃海尔博士（Hans Lieb-herr）于 1949 年在德国南部的基希多夫（Kirchdorf）创立，是建筑与土木工程机械的世界领先制造商之一。利勃海尔集团以塔式起重机起步，逐渐发展成为集多种经营为一体的跨国集团公司，其控股母公司是位于瑞士布勒市（Bulle）的利勃海尔国际有限公司，由利勃海尔家族成员完全拥有。利勃海尔集团公司的组织结构分散但职责清晰，其业务按产品类别划分为自主经营的企业单元，各产品的生产和销售公司一般都归属于按产品大类设立的企业集团领导。在各个产品领域，生产与销售公司的操作运营均由该领域的集团管理公司控制，以确保在全球竞争中对市场信号做出灵活而迅速的反应。利勃海尔集团非常重视关键技术的工厂内部控制，以保证产品的高质量标准，其主要组件和核心元件均在工厂内部开发和制造。

目前，利勃海尔家族的第二代人伊索尔德·利渤海尔（Isolde Lieb-herr）和维丽·利渤海尔（Willi Liebherr）兄妹共同管理着利勃海尔集团公司，集团拥有近 33000 名员工，在全球多个国家设有 120 多家公司和近 40 家制造工厂。利勃海尔集团在全球不同地区建立有独立的销售公司与服务中心，能够与相关生产现场密切联系，为本地市场的销售与服务提供支持，其产品涉及建筑机械、土方设备、港口设备、海事吊机、采矿设备、基础施工机械、物流运输装备、航空设备、机加工设备以及家用电器等多个领域。在中国的大连、徐州、上海等地建立有制造工厂和销售公司，生产和销售利勃海尔品牌的产品[12]7-8。利勃海尔生产的矿用自卸汽车系列有刚性和铰接式两种结构，其产品型号和部分参数如表 1-3 所示，其中刚性矿用自卸汽车系列及其主要技术参数如附录 A 的表 A-3 所示。

表 1-3 利渤海尔矿用自卸汽车系列及其装载质量

产品型号	结构型式	传动方式	驱动形式	满载最高车速/(km/h)	额定载质量/(kg)
LIEBHERR TA230	铰接	机械传动	6×6	57.0	30000
LIEBHERR T252	刚性	直流电动	4×2	51.0	183000
LIEBHERR T262	刚性	直流电动	4×2	51.0	218000
LIEBHERR TI272	刚性	交流电动	4×2	68.0	272000
LIEBHERR TI274	刚性	交流电动	4×2	64.0	290000
LIEBHERR T282B	刚性	交流电动	4×2	64.0	363000
LIEBHERR T282C	刚性	交流电动	4×2	64.0	363000

1.4.4　小松

株式会社小松制作所(Komatsu Ltd.)成立于 1921 年,原总部设在日本石川县小松市,现总部位于日本东京都港区,是全球最大的工程机械和矿山机械主要制造商之一。经过 90 多年的发展,小松产品不仅在建筑工程机械和产业机械方面始终保持世界领先地位,还在电子工程和环境保护等高科技领域取得了长足进展,其主要产品涉及地面和地下工程机械、运输和物流机械、土木工程机械、电子工程设备、机械设备制造业、发动机、发电机、工程事业、环境检测以及软件、金融、服务业等诸多领域,在全球多个国家和地区设有制造工厂、独资或合资公司、办事处、销售服务公司及代理商。目前,小松集团的子公司已达到 143 家,拥有 3 万多名员工,在日本、美国、中国、欧洲和亚洲设有 5 个地区总部。小松生产的矿用自卸汽车系列有刚性和铰接式两种结构,其产品型号和部分参数如表 1-4 所示,其中刚性矿用自卸汽车系列及其主要技术参数如附录 A 的表 A-4 所示。

表 1-4　小松矿用自卸汽车系列及其装载质量

产品型号	结构型式	传动方式	驱动形式	满载最高车速/(km/h)	额定载质量/(kg)
KOMATSU HM250-2	铰接	机械传动	6×6	57.6	24000
KOMATSU HM300-1 /2 /2R	铰接	机械传动	6×6	59.0/58.6/58.6	27300
KOMATSU HM350-1 /2 /2R	铰接	机械传动	6×6	57.0/57.1/57.1	32300
KOMATSU HM400-1 /2 /2R	铰接	机械传动	6×6	58.6/58.5/58.5	36500
KOMATSU HD255-5	刚性	机械传动	4×2	47.0	25000
KOMATSU HD325-6 /7 /7R	刚性	机械传动	4×2	70.0	36500
KOMATSU HD405-6 /7 /7R	刚性	机械传动	4×2	70.0	41000
KOMATSU HD465-7 /7EO /7R	刚性	机械传动	4×2	70.0	55000
KOMATSU HD605-7 /7EO /7R	刚性	机械传动	4×2	70.0	63000
KOMATSU HD785-5 /7	刚性	机械传动	4×2	65.0	91000
KOMATSU HD150-7	刚性	机械传动	4×2	58.0	144100
KOMATSU 730E	刚性	直流电动	4×2	57.7	183730
KOMATSU 830E /830E-AC	刚性	直流/交流	4×2	48.8/64.0	223347/221648

续表

产品型号	结构型式	传动方式	驱动形式	满载最高车速/(km/h)	额定载质量/(kg)
KOMATSU 860E-1K	刚性	交流电动	4×2	64.5	254363
KOMATSU 930E-4 /930-4SE	刚性	交流电动	4×2	64.5	291790/290450
KOMATSU 960E-1 /960E-1K	刚性	交流电动	4×2	64.5	326585

1956 年在上海、北京两地举行第一届日本工业品博览会,小松产品开始进入中国,而小松公司在中国直接投资建厂始于 1995 年。2001 年,小松在中国的全资海外子公司和小松中国地区总部——小松(中国)投资有限公司在上海市浦东新区成立。此后,小松逐步在中国设立了 6 个地区办事处,分区域协助遍布全国的 33 家小松产品代理商进行整机销售、服务以及零配件供应等相关业务。2010 年 10 月,小松(中国)投资有限公司投资设立的全资子公司——小松(中国)矿山设备有限公司在北京成立,负责矿山机械设备整机销售、售后服务及零配件供应等相关业务。2011 年,小松(中国)产品技术发展中心在江苏省常州市建立,从而使得小松在中国的独资或合资公司已近 30 家[12] 8。

1.4.5 日立建机

日立建机株式会社(Hitachi Ltd.)成立于 1970 年,隶属于日本日立制作所,总部位于日本东京都文京区,是一家全球最大的挖掘机跨国制造商之一,同时也是世界领先的建筑设备生产商之一。日立建机的发展历史可以追溯到 1948 年,由最初生产挖掘机起步,经过 60 多年的持续发展,业务不断拓展,逐步成为一家全球性跨国集团。目前,日立建机集团拥有 20200 余名员工,其中直属员工 4300 余人,子公司、工厂和分支机构在日本国内有 52 家,销售支部和网点 115 家,在日本本土外有分布在美国、加拿大、荷兰、英国、法国、意大利、中国、新加坡、印度尼西亚、印度、泰国、马来西亚、澳大利亚、新西兰和南非等不同国家和地区的 42 家公司。日立建机的经营范围包括建筑机械、运输机械、矿山机械等机械设备的制造、销售和服务,并通过遍布全球的经销网络向全世界销售其产品。

在中国区,日立建机设立了多家独资或合资子公司以及覆盖全国的 60 个销售代理店。其中,日立建机的业务中心由位于安徽合肥经济技术开发区的日立建机(中国)有限公司负责产品的生产制造,由位于上海外高桥保税区的日立建机(上海)有限公司负责产品销售及售后服务。位于北京的日立建机中国事务所主要经营各类日立产的进口设备。位于天津港保税区的永立建机(中国)有限公司是中国地区日立进口挖掘机的总代理,负责挖掘机、矿山机械、市政机械、建设机械与设备的销售与服务。TCM(安徽)机械有限公司的总部位于安徽省合肥市经济技术开发区,由隶属日立集团的日本 TCM 株式会社独资兴建,专业生产并销售各种叉车、装载机、机械和物流专用设备及零部件。位于上海市浦东新区的日立建机租赁(中国)有限公司专营融资租赁业务,日立住友重机械建机起重机(上海)有限公司主要从事各种起重机设备的专业营销及售后服务[12]8。日立建机生产的矿用自卸汽车系列有刚性和铰接式两种结构,种类较多,其中刚性矿用自卸汽车系列的部分机型已不生产,如 EH650、EH700、EH700-2、EH750、EH750-2、EH1000、EH1100、EH4500。日立建机目前在产的刚性矿用汽车机型主要有:EH600、EH750-3、EH1100-3、EH1600、EH1700、EH3000、EH3500、EH4000、EH4500-2、EH5000。日立建机生产的矿用自卸汽车系列产品型号和部分参数如表 1-5 所示,其中刚性矿用自卸汽车系列及其主要技术参数如附录 A 表 A-5 所示。

表 1-5 日立建机矿用自卸汽车系列及其装载质量

产品型号	结构型式	传动方式	驱动形式	满载最高车速/(km/h)	额定载质量/(kg)
HITACHI AH250-D	铰接	机械传动	6×6	53.0	23200
HITACHI AH300-D	铰接	机械传动	6×6	53.0	27300
HITACHI AH350-D	铰接	机械传动	6×6	54.0	32500
HITACHI AH400-D	铰接	机械传动	6×6	52.0	37000
HITACHI EH600	刚性	机械传动	4×2	60.0	33100
HITACHI EH650	刚性	机械传动	4×2	63.0	36300
HITACHI EH700 /700-2	刚性	机械传动	4×4	68.2	38000
HITACHI EH750 /750-2	刚性	机械传动	4×4	68.2	38561/40000
HITACHI EH750-3	刚性	机械传动	4×4	68.2	41900
HITACHI EH1000/1100	刚性	机械传动	4×4	61.3	59900/65600
HITACHI EH1100-3	刚性	机械传动	4×4	57.9	64900
HITACHI EH1600	刚性	机械传动	4×4	58.6	89700
HITACHI EH1700	刚性	机械传动	4×4	61.6	98400

续表

产品型号	结构型式	传动方式	驱动形式	满载最高车速/(km/h)	额定载质量/(kg)
HITACHI EH3000	刚性	直流电动	4×2	54.7	155000
HITACHI EH3500	刚性	直流电动	4×2	55.7	190000
HITACHI EH4000	刚性	直流电动	4×2	48.4	228028
HITACHI EH4500	刚性	交流电动	4×2	62.0	255442
HITACHI EH4500-2	刚性	交流电动	4×2	66.9	282000
HITACHI EH5000	刚性	交流电动	4×2	66.9	315000

1.4.6 别拉斯

白俄罗斯汽车制造联合体(Belarusian Autoworks)创建于 1948 年,总部位于白俄罗斯境内明斯克东 50km 处的佐迪诺(Zhodino),是世界大型矿用自卸汽车专业生产商之一。白俄罗斯汽车制造联合体的前身是前苏联白俄罗斯汽车制造厂,主要生产矿山机械,苏联解体后归白俄罗斯共和国所有,是白俄罗斯最主要的工业支柱企业之一。别拉斯矿用自卸汽车产品系列齐全,性能先进,在独联体和俄罗斯的市场占有率达到 96%,在世界重型自卸汽车市场占有率达到 30%,产品遍及全球 50 多个国家和地区。

我国在新中国成立初期受到西方阵营的技术封锁和禁运,国内没有制造大型矿用自卸汽车的能力,早期大多进口别拉斯矿用自卸汽车,后因中苏关系破裂,别拉斯于 20 世纪 70 年代退出中国市场。进入 21 世纪,别拉斯再次重返中国,凭借其雄厚的技术力量和产品的低廉价格,已在中国争回了部分市场份额,现正在中国寻求合作。2009 年 9 月,中航工业旗下的中航技国际工贸有限公司与别拉斯各出资 50% 成立了中航别拉斯矿山机械有限公司。2010 年 10 月,在北京市顺义区中航工业北京航空产业园内建成了中航别拉斯组装维修中心并投入运营,可组装和维修别拉斯矿用汽车,而中航工业亦将参与大型矿用自卸车相关核心技术的研发。中航别拉斯矿山机械有限公司将以组装维修中心为起步,建立产品技术服务中心,逐步拓展别拉斯整车和零备件销售,并进行售后服务和技术培训等[12]8-9。

别拉斯(Belaz)产品主要有矿用自卸汽车、装载机械、散料运输拖车、推渣车、重型运输平台、飞机牵引机和轮式推土机等,其生产制造均为流水线作业,生产规模大,自动化程度和生产效率高。别拉斯矿用自卸汽车产品系列种类繁多,7548、7549、7512、7521、7550 等系列已停产。目前在产的别拉

斯矿用自卸汽车主要有 7504 * 、7505 * 、7540 * 、7545 * 、7547 * 、7555 * 、
7557 * 、7513 * 、7517 * 、7530 * 、7531 * 、7560 * 共 12 个系列 33 种型号,各
型号和部分参数如表 1-6 所示,其中刚性矿用自卸汽车系列及其主要技术
参数如附录 A 的表 A-6 所示。

表 1-6　别拉斯矿用自卸汽车系列及其装载质量

产品型号	结构型式	传动方式	驱动形式	满载最高车速/(km/h)	额定载质量/(kg)
BELAZ 7504	铰接	机械传动	6×6	50.0	27000
BELAZ 75054	刚性	机械传动	4×4	50.0	25000
BELAZ 7540A,7540B,7540C,7540D,7540E,7540K	刚性	机械传动	4×2	50.0	30000
BELAZ 75450	刚性	机械传动	4×2	55.0	45000
BELAZ 7547,75471,75473	刚性	机械传动	4×2	50.0	45000
BELAZ 7555B,7555D,7555F	刚性	机械传动	4×2	55.0	55000
BELAZ 7555E	刚性	机械传动	4×2	55.0	60000
BELAZ 75570,75571	刚性	机械传动	4×2	60.0	90000
BELAZ 75135	刚性	直流电动	4×2	48.0	110000
BELAZ 75131,75137	刚性	直流电动	4×2	48.0	130000
BELAZ 7513,75139	刚性	交流电动	4×2	64.0	130000
BELAZ 75170,75172	刚性	直流电动	4×2	50.0	160000
BELAZ 75174	刚性	交流电动	4×2	64.0	160000
BELAZ 75305	刚性	直流电动	4×2	43.0	190000
BELAZ 75302,75306	刚性	直流电动	4×2	43.0	220000
BELAZ 75307	刚性	交流电动	4×2	64.0	220000
BELAZ 75310	刚性	交流电动	4×2	64.0	240000
BELAZ 75600	刚性	交流电动	4×2	64.0	320000
BELAZ 75601	刚性	交流电动	4×2	64.0	360000

1.5 国内生产状况

我国矿用汽车行业形成于 20 世纪 60 年代末,与国外同行的起始时间相差不多,但由于科研和制造水平落后,研发及生产设备资金投入不足,未形成规模化和系列化生产。我国曾经生产过载重 20t、22t、25t、27t、32t、36t、42t、45t、50t、55t、68t、77t、85t、91t、108t(电动轮)、154t(电动轮)的矿用自卸汽车,根据国内市场需求,一些级别的矿用自卸汽车已停止生产,如27t、36t、50t 和 154t。国产矿用自卸汽车的载重级别和自动化程度均较低,品种单一,主要总成和部件需进口,与国外同类产品相比差距较大。

目前,国内矿用自卸汽车制造商主要有[132-146]:内蒙古北方重型汽车股份有限公司、中环动力(北京)重型汽车有限公司、北京首钢矿业投资有限责任公司、北台钢铁(集团)有限责任公司、湘电集团有限公司、中航别拉斯矿山机械有限公司、小松(中国)矿山设备有限公司、秦皇岛天业通联重工股份有限公司、陕西同力重工股份有限公司、郑州宇通重工有限公司、一拖(洛阳)神通工程机械有限公司、泰安航天特种车有限公司、三一重工股份有限公司、中国重型汽车集团有限公司、湖北三江航天万山特种车辆有限公司。国外最大矿用自卸汽车的装载质量已达 363t,白俄罗斯汽车制造联合体计划推出的矿用自卸汽车 BELAZ-7570,最大装载质量将达到 420~450t,而国产最大矿用自卸汽车的装载质量大多在 220t 以下。内蒙古北方重型汽车股份有限公司虽可生产全系列特雷克斯品牌的矿用自卸汽车,但不拥有自主知识产权。湘潭电机股份有限公司已制造出拥有自主知识产权的220t 矿用自卸汽车,最大装载质量 300t 的矿用自卸汽车正计划推出,但须依靠国外合作公司的关键技术,一些关键部件还是由国外合作公司提供。2010 年,自主研发并完全拥有自主知识产权的矿用自卸汽车才由三一重工和秦皇岛天业通联重工相继突破装载质量 100t 的瓶颈,这与国内在矿用汽车的科研与制造能力低密切相关,我国矿用自卸汽车的研发和制造任重而道远。拥有自主品牌的国内矿用自卸汽车制造商及其产品型号如表 1-7所示。

表 1-7 国产矿用自卸汽车的型号及其装载质量

生产商	产品型号	结构型式	驱动形式	传动方式	最大装载质量/(kg)
湘电集团	SF31904C	刚性	4×2	直流电驱	108000
	SF32601	刚性	4×2	直流电驱	154000
	SF33900	刚性	4×2	直流电驱	220000
	SF35100	刚性	4×2	交流电驱	300000
中环动力	BZK D20	刚性	4×2	机械传动	20000
	BZK D32	刚性	4×2	机械传动	32000
	BZK D45	刚性	4×2	机械传动	45000
	BZK A300D	铰接	6×6	机械传动	28000
首钢矿业	SGA3550	刚性	4×2	机械传动	32000
	SGA3722	刚性	4×2	机械传动	42000
	SGR50	刚性	4×2	机械传动	50000
	SGE150	刚性	4×2	直流电驱	136000
	SGE170	刚性	4×2	直流电驱	170000
本溪北台	BZQ3390	刚性	4×2	机械传动	25000
	BZQ3630	刚性	4×2	机械传动	35000
	BZQ3950	刚性	4×2	机械传动	55000
	BZQ31120	刚性	4×2	机械传动	68000
	BZQ31470	刚性	4×2	机械传动	85000
陕西同力	TL840 系列(841、842、843、845)	刚性	6×4	机械传动	40000
	TL846 燃气自卸车	刚性	6×4	机械传动	32000
	TL850 系列(851、852、853、855)	刚性	6×4	机械传动	50000
	TL856 燃气自卸车	刚性	6×4	机械传动	40000
	TL860 系列(861、862、863)	刚性	6×4	机械传动	60000
	TL866 燃气自卸车	刚性	6×4	机械传动	48000

续表

生产商	产品型号	结构型式	驱动形式	传动方式	最大装载质量/(kg)
天业通联	TTA25	铰接	6×6	机械传动	25000
	TTA45	铰接	6×6	机械传动	45000
	TTM50	刚性	4×2	机械传动	45000
	TTM100	刚性	4×2	机械传动	91000
泰安航天	TAS3500	刚性	6×4	机械传动	30000
	TAS3600	刚性	8×4	机械传动	37000
	TAS3730	刚性	6×4	机械传动	50000
	TAS3880	刚性	8×4	机械传动	60000
三一重工	SRT33	刚性	4×2	机械传动	33000
	SRT45	刚性	4×2	机械传动	45000
	SRT55C	刚性	4×2	机械传动	55000
	SRT95	刚性	4×2	机械传动	95000
宇通重工	YT3621	刚性	6×4	机械传动	40000
	YT3622	刚性	6×4	机械传动	40000
	YT3761	刚性	6×4	机械传动	50000
中国重汽	HOVA60 系列	刚性	6×4	机械传动	40000
一拖神通	LT34＊＊K(K 系列)	刚性	6×4	机械传动	30000～50000
航天万山	WS3520	刚性	6×4	机械传动	40000

从表 1-7 看出,国产矿用自卸汽车的装载质量大多在 100t 以下,只有首钢矿业两款车型和湘电集团四款车型的装载质量在 100t 以上。国内 15 家矿用自卸汽车生产企业,大多是在公路自卸汽车的基础上进行宽体改造而成为矿用自卸汽车。国产矿用自卸汽车只有少量车型的装载质量在 100t 以上,但需依靠国外合作方的关键技术,一些关键部件还需国外合作公司提供。目前,国内矿用汽车业界及其产品与国外同行存在的差距主要表现在以下几方面。

(1)自主研发和生产能力低。国产大吨位矿用自卸汽车大多采用国外合作公司的关键技术,主要零部件均靠进口,产品不拥有或不完全拥有自主知识产权,未形成规模化生产。

(2)制造和试验能力落后。国产矿用自卸汽车主要零部件质量差,使用寿命短,生产的多数零部件为技术含量较低的低端产品,生产制造就是组装,而且试验设备和试验条件落后,没有大型试验台和试验场,基本都是采用数值模拟进行试验。

(3)载重吨位低。国内自主研发的矿用自卸汽车刚突破载质量100t 的瓶颈,而国外最大矿用汽车的装载质量已达363t,正研制装载质量400t 以上的矿用自卸汽车。

(4)系列化程度低。国产矿用自卸汽车品种单一,没有形成各载重级别的系列化产品。

(5)自动化程度低。国外矿用自卸汽车已开始应用信息技术和智能技术,无人驾驶矿用自卸汽车已试验成功,而国产矿用汽车在这些方面尚处于探索阶段。

1.6　本章小结

本章对矿用自卸汽车的研究背景和意义进行了描述,提出了本书的主要研究内容和目标。总结了机械传动与电传动方式的特点及发展情况,分析了两种传动方式的优缺点,指出大型化、自动化、智能化、环保化、人性化是矿用自卸汽车的发展趋势,确定本书的研究对象为220t 交流电传动刚性矿用自卸汽车。对与本书研究内容相关的文献进行了综述,总结了矿用自卸汽车的国内外研究进展,归纳了矿用自卸汽车普遍采用的研究理论和方法。通过对相关研究理论和方法进行归纳,指出矿用自卸汽车静力学和动力学的研究思路为:基于弹塑性力学、汽车多体动力学和振动学理论以及计算机技术,借助 CAD/CAE/CAM 等软件建立研究对象的仿真模型,运用有限元、数值分析、模糊评价、拓扑优化设计等分析方法,对整车和部件进行静力学、动力学及结构优化设计等研究,为大吨位矿用自卸汽车的最终设计和制造提供理论依据。

第 2 章　220t 矿用自卸汽车的结构设计

矿用自卸汽车体积和质量巨大,工作环境特殊,对整车性能和结构强度均要求较高,故其结构复杂,总成和零部件很多,一些大总成嵌套着许多小总成,而小总成又由更多的部件组成,而且总成与总成之间往往又互相关联,如制动系、转向系、减振(悬架)系、举升系、润滑系均与液压系关联。矿用自卸汽车的设计和制造涉及工程领域的多个方面,但其基本要求就是各主要受力构件强度高,整车结构牢固可靠。本章基于现代结构可靠性设计理论,对 220t 矿用自卸汽车进行整车和主要受力构件的结构设计。

2.1　矿用自卸汽车的结构特征及作业特点

矿用自卸汽车一般有刚性和铰接式两种结构形式,有机械传动和电传动两种传动方式,而电传动又分为直流驱动和交流驱动两种传动形式。由于铰接式结构操纵稳定性差,转向和制动时不容易控制,所以装载质量一般在 100t 以下,在矿场应用较少。而刚性矿用自卸汽车结构紧凑,操纵稳定性好,在矿区得到普遍应用。图 2-1 所示分别为铰接式结构和三种刚性结构的矿用自卸汽车。

矿区道路一般为临时路面,地面坑洼起伏,道路多弯多坡,崎岖泥泞,经常需要倒车和急转弯,要求矿用自卸汽车必须具备整车强度高、动力强劲、坏路行驶性能好、有效载荷大、转弯直径小、转向灵活、操纵舒适、维护方便等特点。鉴于矿区特殊的作业环境和要求,刚性矿用自卸汽车多采用二轴 4×2(6 胎)、短轴距结构型式,二轴 4×4(8 胎)和三轴 6×4(10 胎)的结构型式由于结构复杂、操纵繁琐、转弯直径大、维护不便及制造成本高等原因而较少采用,而二轴 4×2(6 胎)型式的矿用自卸汽车结构简单,相应降低了制造成本和故障发生率。矿用自卸汽车属于超重超廓型非公路车辆,驾驶室一般偏置在左前轮上方的平台地板上,驾驶员需攀爬 14~16 级台阶才到达驾驶室,操纵装置和各总成及部件的控制装置都在驾驶室内集中控制,便于驾驶员操控。

矿用自卸汽车只在矿区内运送物料,其在采掘点由装载机、电铲、挖掘机等装载设备装满货物,运送到卸矿溜槽或废料堆积场时,驾驶员在驾驶室里操纵控制手柄或按钮,使液压举升缸升起将车厢(铲斗型,后尾敞开无栏

(a) 铰接式结构

(b) 三轴6×4（10胎）刚性结构

(c) 二轴4×2（6胎）刚性结构

(d) 二轴4×4（8胎）刚性结构

图 2-1　矿用自卸汽车

板）顶起，当举升到 25°～30°（一般最大举升角为 48°，有的达到 51°）时，车厢里的物料向后滑出，到 45°可基本卸净，完成一次运输作业[147]。矿用自卸汽车的车厢容积（厢内体积或装载质量）一般是电铲、挖掘机或装载机等装载设备铲斗容量（即每铲物料的体积或质量）的 4～5 倍，即 4～5 铲正好装满车厢。如果车厢和铲斗容量配比不合理，铲斗偏大则装载时每铲物料对车厢及底盘的冲击载荷就大，降低整车使用寿命；铲斗偏小则装铲次数多，延长了停车装载时间，使得矿用自卸汽车的运行效率降低[148]。图 2-2 所示为履带式挖掘机、履带式电动绳索采矿铲和轮式装载机向矿用自卸汽车装载矿石及土方的现场作业情况。

(a) 挖掘机装载现场

(b) 电铲装载现场

(c) 装载机装载现场

图 2-2　矿用自卸汽车装载作业现场

2.2 整车设计

矿用自卸汽车是典型的工程机电设备,其底盘结构和上装设备涉及机械、电子、液压、电气、通讯和汽车等多个工程领域,对整车进行设计是一项相当复杂的系统工程,需要考虑整车的结构强度、动力性、机动性、制动性、经济性、自动化程度以及外观设计等多种性能指标,需要用到的理论和方法较多。根据现代设计理论与方法[149],运用计算机辅助设计和可靠性设计,对 220t 矿用自卸汽车进行整机和主要总成及部件设计。整机由车架、前后桥、车厢、驾驶室、动力系(发动机)、传动系、制动系、转向系、减振(悬架)系、举升系、自动控制系、液压系、润滑系、气路系、电器系、通讯系、轮胎以及附件等总成和部件组成。

2.2.1 整车设计要点和整机结构设计

对矿用自卸汽车进行整车设计时,首先要确定整车的结构形式和传动方式,然后再根据功能要求确定整车的结构组成,最后对各总成和部件进行设计。由于矿用自卸汽车质量巨大,体积超廓,运行环境差,对整车结构强度和动力性能要求很高。矿用自卸汽车的车架、前后桥和车厢是主要受力构件,好比人的骨骼,是整车结构的核心部件。动力系(发动机)和传动系为整车提供动力及驱动力,好比人的心脏和血管,直接关系到整车的动力性能和工作效率,其选用和匹配是一个重要的研究课题。制动系、转向系、减振(悬架)系和举升系均采用液压控制,制动系、转向系、减振系直接影响到整车的行驶平顺性和操纵稳定性,举升系关系整车的工作能力,润滑系关系到整车检修周期,所以液压系统设计也是一个重要环节。自动控制系是整车的控制和协调中心,好比人的大脑,关系到整车的自动化程度和发展水平,是矿用自卸汽车研究的一个重要方向。

本书主要对 220t 矿用自卸汽车进行整车结构的静力学、动力学、振动疲劳和自动控制四个方面的研究,所以需要对车架、前后桥、车厢进行较精确的结构设计。自动化和智能化是矿用自卸汽车的发展趋势,其具体研究涉及电子、通讯、信息、感应和网络等目前多个热门课题,必要对自动控制系统进行前瞻性的方案设计,为矿用自卸汽车的自动化和智能化研究提供一个研究路线。其他总成和部件在矿用自卸汽车的研究中也占有重要地位,例如液压系统与制动系、转向系、减振(悬架)系和举升系等多个环节关联,是整车性能的重要组成部分,但本书主要是对结构力学性能的研究,故对液压系统只做原理设计;动力/传动系的研究目前还处于探索发展阶段,可以延伸到航空、航天、船舶和军工领域,国内在发动机和发电机领域的进展与国外存在很大差距,国家和一些机构已投入相当大的资金开展大功率发动机的研究,取得了一些有成效的进展,但课题未做这些方面的深入研究,与本书内容联系不大,只做简要介绍。

　　220t 矿用自卸汽车属于重型矿用自卸汽车范畴,介于大型吨位和超重型吨位之间,在载重级别上具有承前启后的作用。所以对于 220t 矿用自卸汽车的整体设计应有前瞻性的理念,在结构、性能和自动化程度上尽可能为后续 300t 以上车型的开发提供基础车型。在结构上主要体现于对重要受力结构件的合理设计和选材,在现有技术、设备和材料的基础上,尽量采用强度最好的结构型式和焊接方式,材料尽可能选用当前较先进的高强度结构钢。在性能上主要体现于动力和传动方式的合理选型及匹配,减振系统和转向系统的最优设计,保证整车的动力性能可靠,操纵稳定性和行驶平顺性好。在自动化程度上主要体现在跟踪国外先进技术,将其他领域的先进自动化技术理念引入到矿用自卸汽车的设计中,为智能化及无人驾驶技术的开发提供参考思路。220t 矿用自卸汽车的整车结构如图 2-3 所示。

　　220t 矿用自卸汽车为刚性二轴结构,采用交流电传动方式,即交流—直流—交流传动。在进行整车结构前期设计时,综合考虑了各总成和部件的安装位置,尽可能地达到车体左右受力均衡,前后桥质量分配合理。对于结构件均尽量避免应力集中,对于无法避免的重要受力部位,采用了高级别强度的材料或采取加筋补强措施。对于发动机、发电机、电动机和车载用电器等动力设备,采取分散布置,尽量避免固有频率相同或接近的设备布置在同一区域。根据已有文献对其他车型矿用自卸汽车的模态分析结果,初步估计 220t 矿用自卸汽车的整车固有振动频率和主阵型,使具有相同或接近整车固有振动频率的设备布置在远离共振区的位置。对于具有结构间相对运动的部件,主要是具有铰接结构的部位,如前桥转向,后桥前后偏移,车厢举升和下落,前后桥横拉杆及悬架的上下运动等,必须避免干涉,设计时根据各部件之间相对位移的最大行程和运动轨迹,并考虑一定的变形量预留了较富裕的安全裕量。

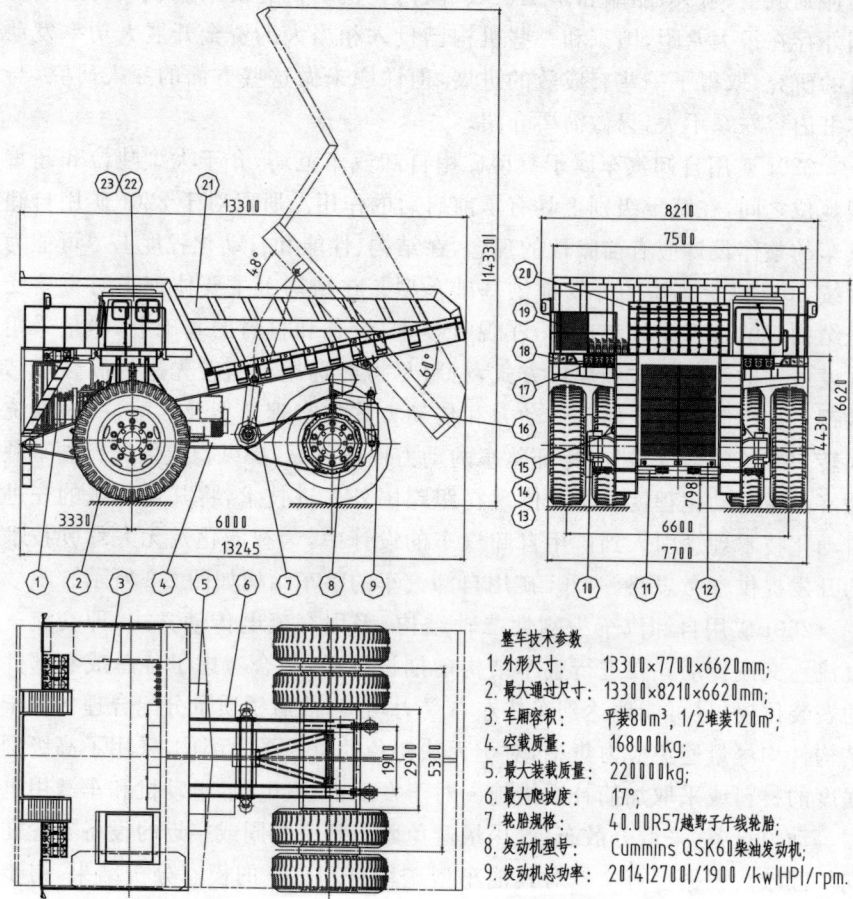

整车技术参数
1. 外形尺寸: 13300×7700×6620mm;
2. 最大通过尺寸: 13300×8210×6620mm;
3. 车厢容积: 平装80m³, 1/2堆装120m³;
4. 空载质量: 168000kg;
5. 最大装载质量: 220000kg;
6. 最大爬坡度: 17°;
7. 轮胎规格: 40.00R57越野子午线轮胎;
8. 发动机型号: Cummins QSK60柴油发动机;
9. 发动机总功率: 2014|2700/1900 /kw|HP|rpm.

1.动力/传动系统 2.轮胎 3.平台 4.车架 5.底盘附件 6.液压系统 7.举升机构 8.驱动后桥总成 9.后油气悬架 10.前桥总成 11.转向机构 12.电子信息处理系统 13.前油气悬架 14.前桥横拉杆 15.前桥推拉杆 16.后桥横拉杆 17.气路系统 18.底盘电气系统 19.车载用电器 20.车载附件 21.后卸式车厢 22.驾驶室 23.通讯装置

图 2-3 220t 矿用自卸汽车整机结构图

2.2.2 各主要总成的设计、选配和安装

对于 220t 矿用自卸汽车的各主要总成和部件,主要对车架、前后桥、车厢和自动控制系统进行设计,其中车架、前后桥和车厢的设计分别在本章第2.3、2.4、2.5节介绍,液压系统在2.6节介绍,自动控制系统在第6章进行较为全面的叙述。本小节只对与整车结构有较大影响的动力/传动系、减振

（悬架）系、转向系、举升系、轮胎等总成和部件的选配、设计及安装进行简要
说明。

1.动力/传动系

重型矿用自卸汽车选配的发动机都属于工程机械类机种，转速不高，输
出扭矩和功率巨大，可适应整车道路条件差、工作环境恶劣、车速不高、爬坡
较多的使用特点。发动机选装需根据矿用自卸汽车的设计结构和实际装载
质量的要求进行合理配置，装载质量小而发动机功率大和装载质量大而发
动机功率小的配置均不经济、不科学。目前，国内外矿用自卸汽车选装的发
动机主要有：卡特（Cat）、底特律（Detroit Diesel）、康明斯（Cummins）、道依
茨（DEUTZ）、亚姆兹（ЯМЗ）、小松（KOMATSU）各系列柴油发动机。参考
国外同类相近产品的发动机选装情况，考虑有可能出现过载和坡度较大的
情况，适当保留一定的安全裕量，220t 矿用自卸汽车选配 Cummins QSK60
型柴油发动机，其主要参数为：最大排量 60L；总功率 2014（2700）/1900 kw
（HP）/rpm；最大扭矩 9843/1500 N. m/rpm。

矿用自卸汽车的传动方式在第 1 章第 1.2 节已做讨论，220t 矿用自卸
汽车采用交流电传动方式，其工作过程为：底盘发动机输出轴直接驱动交流
发电机输出交流电，经变频器调速和换向后再通过整流装置整流输出直流
电，然后由逆变器转换为交流电驱动电动轮内的交流电动机，最后经差速器
调速和行星齿轮减速器减速带动车轮转动。电动轮内安装有行星齿轮减速
器和轮边减速器（主制动器），可实现二级制动，以避免制动冲击载荷过大。
制动时先由行星齿轮减速器降低车速，然后再由轮边减速器制动或停车。
电动轮的行星减速器壳体一般采用螺栓与后桥壳端部连接固定，组成电驱
动后桥总成[150]。交流电传动系统的结构示意如图 2-4 所示，发动机、发电
机、变频器、整流器和逆变器均为外购件，具体设计时考虑其性能参数匹配
和安装尺寸，需进行必要的理论计算。

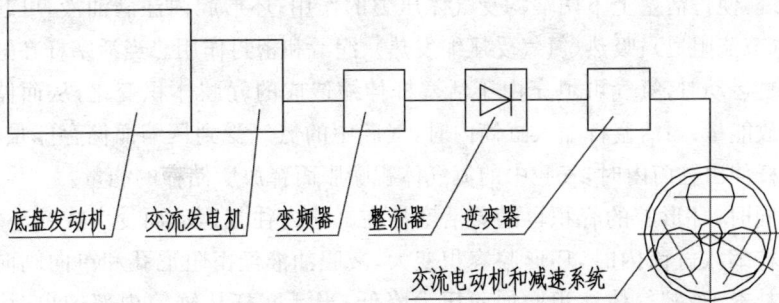

图 2-4　220t 矿用自卸汽车交流电传动系统示意图

2.减振(悬架)系

车辆平顺性的好坏主要取决于悬架系统的性能优劣,理想的悬架装置是其行程和刚度能够随车辆行驶路面的不平度发生变化,保证在好路行驶时悬架行程小且刚度低,从而减小振动频率;而在坏路行驶时悬架行程和刚度都较大,吸振缓冲能力强,使得车辆行驶平顺性好。矿用自卸汽车一般采用筒式油气弹簧悬架,同时在悬架系统中设置调节车身高度的装置,通过调节车身高度,做到装载质量不同时整车的静挠度保持不变,从而保证振动频率和车身高度保持不变[151]。油气弹簧悬架具有尺寸短和质量小等优点,便于在质量大且轴矩短的矿用自卸汽车上布置。220t 矿用自卸汽车前后悬架的安装示意如图 2-5 所示。

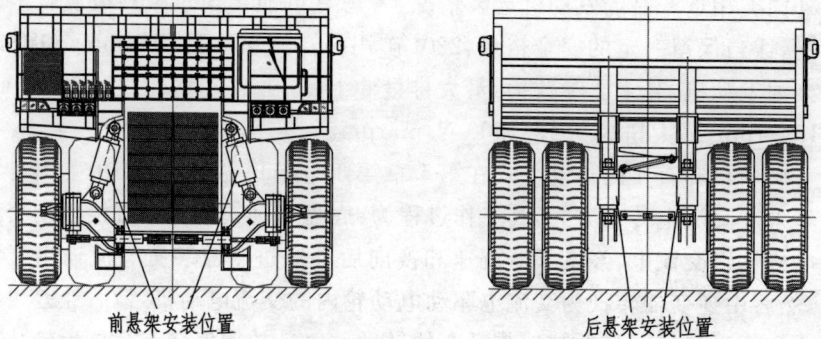

前悬架安装位置　　　　　　　　　　　后悬架安装位置

图 2-5　220t 矿用自卸汽车的悬架安装示意图

筒式油气悬架根据工作原理分为单气室油气悬架、双气室油气悬架、有反压力气室油气悬架。220t 矿用自卸汽车选用有反压力气室油气悬架,其结构示意如图 2-6 所示。油气悬架缸筒内气腔填充压缩氮气,起缓冲弹性作用,可作为弹性介质减缓车轮的跳动冲击;液腔内填充锭子油和氮气,构成反压系统,使得活塞上下两端均受气体压力的作用;环形腔内注满油液,可起到减振(节流阻尼)、吸热(氮气受压缩发热)、润滑和密封作用。当活塞杆在缸筒内往复运动时,氮气可填充由于活塞杆伸缩造成的气腔体积变化,从而储存和释放能量;当活塞杆缩入缸筒内时,气腔中的氮气受到压缩而储存能量,当活塞杆伸出缸筒内时,气腔中的氮气体积膨胀而释放所储存的能量。

同时,环形腔的容积也随着活塞杆在缸筒内往复运动而变大或缩小,当活塞杆缩入缸筒内时,环形腔容积变大,液腔油液经由阻尼孔和单向阀向环形腔补充,液腔气体体积增加而压力降低;当活塞杆从缸筒内部伸出时,环形腔容积减小,环形腔油液经由阻尼孔进入液腔,液腔气体体积压缩而压力增高。当油液出入液腔时,活塞杆上的阻尼孔和单向阀会对油液产生一定的阻尼作用,消耗由振动产生的能量,起到双向减振作用,减缓伸缩弹跳的频率。当活塞杆从缸筒中伸出时,只有阻尼孔起作用,过流面积很小,阻尼孔对油液的阻尼作用相对较大;当活塞杆缩入缸筒内部时,活塞杆上的阻尼孔和单向阀同时产生作用,过流面积增加,对油液的阻尼作用相对减小。

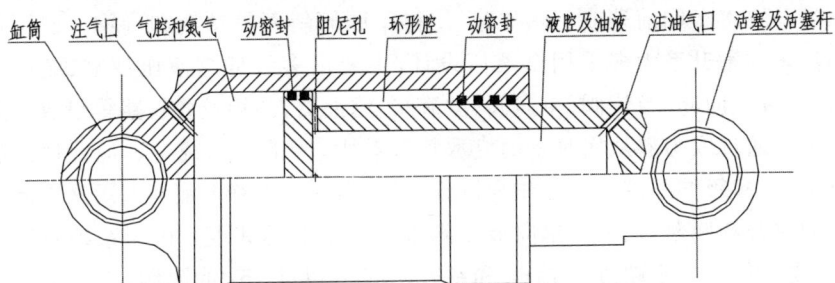

图 2-6　反压力气室油气悬架结构示意图

3. 转向系

　　矿用自卸汽车均采用液压动力转向设计,由转向横拉杆、转向梯形臂、转向球节、转向器和液压系统等组成,完全依靠液压动力进行前轮转向。安装在驾驶室内的方向盘通过转向杆连接转向阀,转向时通过操纵转向阀来控制转向动力缸高压腔和低压腔内的油液流向及流量,从而控制转向动力缸的活塞杆伸缩,再经转向杆机构实现前轮的左转或右转。220t 矿用自卸汽车转向系的执行机构——液压缸、推拉杆和转向臂均安装在前桥上,通过液压控制实现前轮转向,其安装示意如图 2-7 所示。设计布局时主要考虑转向臂的转动轨迹,不使转向液压缸与前桥推拉杆及其支座存在干涉。

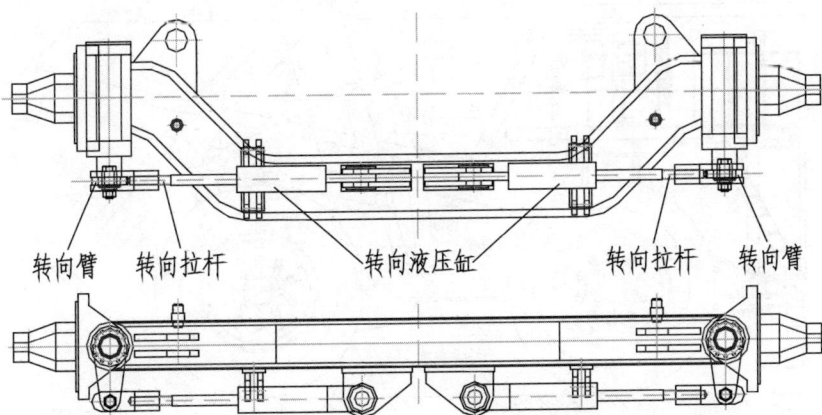

图 2-7　220t 矿用自卸汽车转向系执行机构安装示意图

4.举升系

自卸汽车举升系统的举升机构从工作原理上分为直推式和杆系放大式两类,矿用自卸汽车普遍采用直推式举升机构。举升系是矿用自卸汽车的关键总成,其举升能力关系到矿用自卸汽车的工作能力,倾卸货物时全靠液压举升缸将车厢前端或一侧举起,使得车厢倾斜而自动溜卸货物。矿用自卸汽车的举升系大多采用全液压设计,主要由多级伸缩液压油缸、液压油泵、电液换向阀、节流阀、单向阀、溢流阀、滤油器、油箱及各管路等组成。液压油泵通过取力器从底盘发动机取得源动力,为液压系统中其他元件提供驱动力,多级伸缩液压油缸作为执行元件,用一个多路电液换向阀来控制车厢的举升和回落,用可调单向节流阀来控制举升的速度。由于系统负载较大,受工作压力不超过 20MPa 和举升时间不超过 25s 的限制,举升液压系统的流量很大,一般超过 600L/min[152]。

图 2-8 所示为 220t 矿用自卸汽车液压缸举升工作状态图,两个 3 级举升液压油缸对称布置在车架纵梁外侧,采用大端在上小端在下的倒置式安装方式,下端铰接在车架的举升缸支座上,上端铰接在车厢底板的举升缸支座上,举升液压缸举升时直接顶升车厢底板。多级举升液压缸的倒置式安装有利于将每节缸筒外侧粘附的泥沙和尘土向下推刮而脱落,提高缸筒清洁度,减少砂粒刮擦磨损,延长举升液压缸的使用寿命。多级举升缸液压的分节级数越多,其制造成本和故障率就越高,因此矿用自卸汽车的举升液压缸一般以不超过 3 级为宜,故 220t 矿用自卸汽车液压缸选用 3 级套装结构。

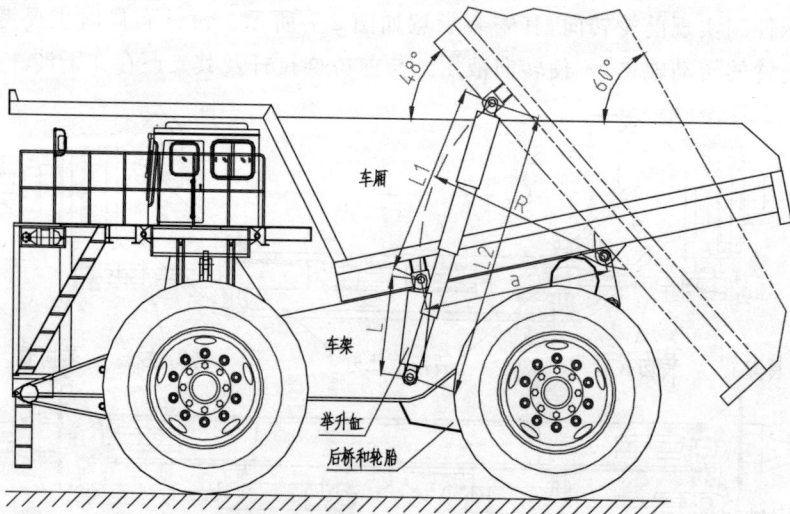

图 2-8　220t 矿用自卸汽车液压举升工作状态图

5.轮胎

矿用自卸汽车承载大,使用环境特殊,对其轮胎的承载能力和刚度要求很高,必须是专业的大型轮胎制造企业才具备生产能力。矿用自卸汽车轮胎专业制造商都建立有专用试验平台,可对轮胎的结构和性能进行精确测试,矿用自卸汽车制造商一般外购这类巨型轮胎。在矿山运营中,轮式设备的轮胎购置费占整机购置费的 10% ～15%,轮胎消耗费用一般占总出矿成本的 20%左右,有的高达 50%[153]。矿用自卸汽车是矿山开采中的主要运载设备,轮胎消耗很大,延长矿用自卸汽车轮胎的使用寿命是降低出矿成本的重要途径之一,因此轮胎的正确选型尤为重要。220t 矿用自卸汽车选配40.00R57 型子午线轮胎,该型轮胎具有越野花纹,在速度为 50km/h 时承载 60000kg,在速度为 10km/h 时承载 100000kg,可满足矿区路面的轮胎抓地力和刚度要求。

2.3　车架设计

矿区路面凸凹不平,弯道和斜坡较多,矿用自卸汽车在实际运行中经常会出现:一轮骑高或下陷;一轮骑高或下陷而对侧轮下陷或骑高;对角车轮一骑高一悬空;对角车轮一骑高一下陷;侧倾和俯仰;甚至是车轮的骑高或下陷与侧倾、俯仰同时出现的工况。在这几种工况下,车架同时承受静载荷和动载荷两种空间力,会受很大的交变重复负荷作用而产生弯曲、剪切和扭转应力,经常发生疲劳断裂事故。车架设计中必须保留足够的储备强度以保证其疲劳可靠性。

2.3.1　纵梁结构型式选择

车架是矿用自卸汽车的核心构件,是整车的基体,承载着所有上装总成、部件及设备的重量,同时承受来自悬架、前后桥横拉杆、前桥推拉杆以及后桥 A 型架等下部构件的作用力,在整车结构中是受力最复杂的构件。车架的强度和寿命决定着整车的使用寿命,其设计力求:结构简单,强度高,韧性好,自重小,承载能力大,使用寿命长。不能为了保证强度和可靠性,将车架设计得很笨重,安全裕量过于富足,在整车总质量一定的情况下,使得有效装载质量降低,增加了悬架、前后桥、轮胎等构件的负荷而降低寿命,从而导致整车使用寿命的降低,违背了整车的设计原则。所以车架材料尽可能选用强度和韧性好的钢种,实际使用经验表明,车架自重为整车总质量的6% ～9%为宜[139]。

矿用自卸汽车的车架一般采用边梁式立体框架结构,前宽后窄,前低后高,由铸钢件、锻件与高强度合金钢板组合全焊接而成。装载质量 50t 以上的车型,其车架横梁一般采用筒形结构,为整体铸钢件或由高强度钢板折弯焊接成筒形;纵梁均采用封闭式矩形截面拼焊成整体结构,在应力集中的区域多采用锻件或铸钢件深层连续包围焊接,以保证高抗弯、抗扭强度。纵梁是车架的主要承载构件,其截面尺寸可根据车架不同段位的安装需要和受力状况做相应变动,尽量做到等强度设计,以保证整体高抗压、抗拉强度。因此纵梁基本都为矩形变截面结构,车架前部由于承受弯曲和扭曲的载荷较小,矩形截面的高度设计得较小;随着纵梁向后延伸,矩形截面的高度平滑渐变增大,在用于铰接后桥 A 型架的横梁处达到最大;然后保持上端面升高斜率不变,只减小下端截面高度,即纵梁截面高度又逐渐减小,以避开与后桥壳的干涉,最后与后横梁相贯焊接。

总结公路自卸汽车和非公路自卸汽车的车架结构,并根据设计经验,可用于矿用自卸汽车的车架纵梁结构形式主要有六种,如图 2-9 所示。

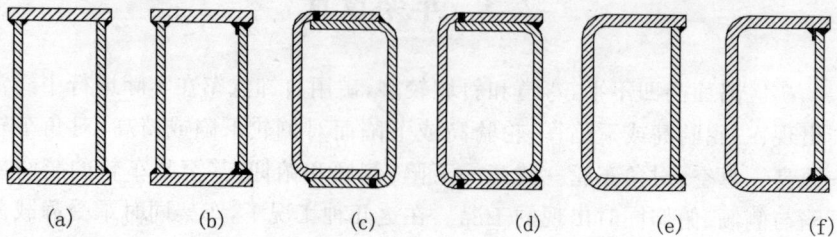

(a)   (b)   (c)   (d)   (e)   (f)

图 2-9　车架纵梁的矩形截面结构

(1) (a)、(b)均由上下翼板及两边侧板拼焊成矩形结构。(a)采用外侧板两边连续角焊,内侧板单边连续角焊,显然内侧板缺少一道焊缝,焊接强度欠佳,且不容易控制内侧板的焊接变形。(b)是外侧板两边连续角焊,内侧板开坡口并加定位块进行连续透焊,为了保证焊接时较好对齐内侧板上下面,也可采用断续坡口,但非透焊处应尽可能小,只起支撑作用,无论是连续透焊或是断续透焊,均于透焊完成后再在外测连续角焊,(b)焊接方式基本上达到了截面全焊接,而且可防止内侧板的焊接变形,明显优于(a)焊接方式。

(2) (c)、(d)均由两条冲压(或滚压)的槽形钢板上下面交叠和重叠拼焊而成,均采用外侧端部连续角焊和内侧端断续透塞焊的焊接方式,可以加强槽形板上下面的强度和刚度。相比(a)、(b)焊接方式,(c)、(d)方式省去两道焊缝,减少了焊接变形因素,而且左右两侧无凸缘,便于安装其他部件。但是(c)、(d)截面结构的槽形钢板需要使用大型冲压(或滚压)设备来进行冲压(或滚压),非大型专业加工厂不能完成,而且板厚大于 12mm 时就难以成型,并较难处理变截面问题。矿用自卸汽车的车架纵梁均为变截面结构,且板厚一般都大于 12mm,所以(c)、(d)截面的纵梁结构不适用于矿用自卸汽车。

(3) (e)、(f)是由一条冲压(或滚压)的槽形钢板与一条内侧板拼焊而成,(e)采用内侧板单边连续角焊,(f)采用内侧板开坡口并加定位块进行连续透焊,(e)、(f)结构无疑综合了前四种结构的优点,特别是(f)结构最为合理。但是(e)、(f)结构的槽形钢板还是需要冲压或滚压,存在与(c)、(d)截面结构一样的不足之处,也不适用于矿用自卸汽车的车架纵梁结构。

因此,对于装载质量较大的矿用自卸汽车,车架纵梁结构采用图 2-9(b)的截面形式比较合理,便于施工和处理变截面问题,220t 矿用自卸汽车的车架纵梁采用该截面形式的结构。

2.3.2　整体结构设计

220t 矿用自卸汽车属于重型矿用自卸汽车范畴,其车架不仅承受上装总成、部件及设备的重力所产生的静载荷,还承受来自路面不平和装载物料产生的冲击动载荷。路面冲击载荷是通过前后悬架、前后桥横拉杆、前桥推拉杆以及后桥 A 型架等下部构件传递,装载冲击载荷是通过上装的车厢传递。当 220t 矿用自卸汽车在凸凹路面行驶或装载物料时,车架会承受很大的垂直动载荷而产生弯曲应力,达到静弯曲应力的 6~8 倍。当车厢卸料举升不平衡或车轮不在同一平面(即车轮骑高或下陷)时,斜对角动载荷会使车架产生扭转应力。当整车侧倾、上下坡和转弯时,又会使车架产生剪切应力。在很多情况下,车架要同时承受方向和数值均变化很大的交变重复负荷作用下,弯曲应力、剪切应力和扭转应力会同时存在。车架的损坏和疲劳失效主要由动载荷引起,一般是由于疲劳应力超过了材料或焊缝的疲劳极限而造成。在多工况、多方向的复杂动载荷作用下,车架损坏不仅发生在小于强度极限应力值的情况,甚至可能发生在小于屈服强度的应力值下,故 220t 矿用自卸汽车的车架设计考虑保留足够的储备强度。

车架设计成前宽后窄、前低后高的结构型式。前宽后窄是考虑到车架前部中央要安装发动机、发电机等动力组件,上方要安装维修平台、驾驶室、配电柜等上装部件和设备;后桥轮胎为两侧各两个,挤占了车架的宽度空间,故车架后部窄些。前低后高是考虑前部维修平台和驾驶室的安装高度不能太高,后部要给后桥壳和安装后悬架留取足够空间,同时保证车厢底部处于前低后高状态,防止车厢里的物料滚落。大多数车架的纵梁分为前后两段,在龙门梁前部变宽度处断开,前纵梁内侧与后纵梁外侧紧贴接触,采用焊接或螺栓连接,前后纵梁均采用封闭式矩形截面拼焊成整体结构。前后纵梁结构在未确定动力组件的安装尺寸和位置时便于调整车架前部宽度,而不影响后纵梁结构尺寸,但前后纵梁连接处会出现应力增大问题,影响车架的整体寿命。在动力组件的安装尺寸和位置确定的情况下,采用贯通式纵梁比较合适,特别是大吨位矿用自卸汽车更适宜采用贯通式纵梁结构的车架。龙门梁大多由左右立柱、上下横梁与纵梁焊接或螺栓连接,形成环形结构,保证安装维修平台不影响车架强度,但此种结构的下部横梁会与动力组件发生干涉,所以下部横梁一般设计成圆弧形,对车架整体强度作用不大,与纵梁采用螺栓连接较为合适。对于前后悬架挂耳、前后桥横拉杆支座、前桥推拉杆支撑轴等支撑结构,材料多采用铸钢件或锻件,屈服强度一般为 240MPa,与纵梁或横梁对接熔透焊接牢固。纵梁和横梁通常均采用低合金高强度钢板 16MnNb,其屈服强度为 390MPa,抗拉强度为 530~680MPa,泊松比为 0.3,具有良好的抗冲击韧性,可在 −20℃ 低温下现场作业。

220t 矿用自卸汽车的车架设计采用贯通式纵梁,龙门梁左右立柱加大前后尺寸与纵梁全焊接牢固,以抵抗侧梁的向外张力,下部横梁可根据动力组件安装尺寸确定,与纵梁内侧螺栓连接,车架总体结构如图 2-10 所示。矿用自卸汽车大多在低温下工作,一些矿区最低气温达 −40℃ 以下,考虑低温工作环境对材料低温冲击韧性的要求,220t 矿用自卸汽车的车架纵梁和横梁材料均选用专业生产的高强度结构钢 WH60E。该钢种为新研发的大型行走工程机械用车架钢,其在 −45℃ 温度下的屈服强度大于 410MPa,抗拉强度 560~780MPa,泊松比 0.255。WH60E 钢具有良好的低温冲击韧性,机械性能好于 16MnNb 钢,价格与 16MnNb 钢相近,特别适用于矿用自卸汽车的车架大梁用钢。

前后悬架挂耳、前后桥横拉杆支座和前桥推拉杆支撑轴的材料采用专业冶炼制造的中低碳合金铸钢 ZG28CrNiMoA,该钢种的机械性能:$\sigma_s \geqslant 520MPa$,$\sigma_b \geqslant 795MPa$,$\sigma_{0.2} \geqslant 655MPa$,$\delta_5 \geqslant 15\%$,$\psi \geqslant 40\%$,$A_{KV} \geqslant 52.5J$($-20℃$ 时 $A_{KV} \geqslant 42J$;$-45℃$ 时 $A_{KV} \geqslant 27J$),可满足这些铰接部位的高强、高硬、高韧和低温要求。前后悬架挂耳和前后桥横拉杆支座的端部均采用大圆角半径过渡,正面受力部位的根部加宽,这种不对称结构可以分散应力集中,使焊缝移到应力较低的地方。中间横梁是后驱动桥 A 型架的铰接支撑,需要穿过 A 型架的铰接孔,大多矿用自卸汽车是安装好 A 型架后将中间横梁与纵梁焊接,当 A 型架损坏时需要切割下中间横梁,设计很不合理。本书将中间横梁设计为可拆卸结构,两端采用法兰与纵梁螺栓连接,便于维修后桥,同时将中间横梁的两端轴头设计为液压举升缸的支撑轴,减少了另外焊接液压举升缸支撑轴的焊接应力。纵梁变宽度处将纵梁后部的外侧板贯通到车架前部,直接作为纵梁前部的内侧板,保证了纵梁强度,减少了焊接应力。纵梁内部间隔布置焊接加强筋板,增加纵梁的抗扭强度及形成等刚度。所有构件的焊接采用二氧化碳气体保护焊和埋弧焊,使用低氢碱性焊条,焊缝为连续角焊和塞透焊,焊缝高度均不小于 30mm,焊后打磨,检查无夹渣、气泡和裂纹等。最后对焊缝进行无损探伤,退火去除焊接残余应力。

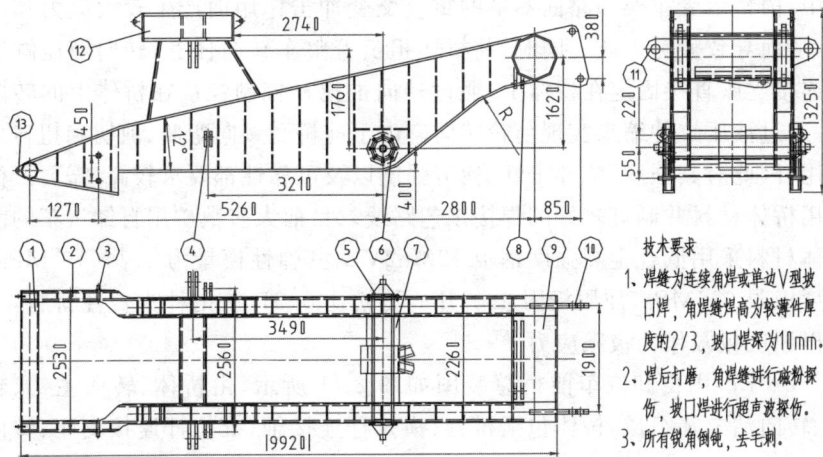

技术要求

1、焊缝为连续角焊或单边V型坡口焊,角焊缝焊高为较薄件厚度的2/3,坡口焊深为10mm。

2、焊后打磨,角焊缝进行磁粉探伤,坡口焊进行超声波探伤。

3、所有锐角倒钝,去毛刺。

1.前部横梁　2.纵梁　3.前桥推拉杆连接轴　4.前桥横拉杆连接支座　5.中间横梁　6.定位环　7.定位套　8.后桥横拉杆上部支座　9.后部横梁　10.后悬架上部挂耳　11.前悬架上部挂耳　12.龙门梁　13.拖耳

图 2-10　220t 矿用自卸汽车的车架结构图

2.4　前后桥设计

前桥和后桥均是矿用自卸汽车的重要受力构件,其结构强度直接影响整车的有效使用寿命。前桥和后桥不仅承受上部车架和悬架传递的载荷,还要承受轮胎传递的地面冲击载荷,与车架一样受静载荷和动载荷同时作用。前桥和后桥是车架下的基础构件,好比人的腿臂,其强度、质量的优劣决定着整车的行驶性能。前后桥的设计须考虑强度、刚度及动态特性,还要考虑整车性能匹配与协调安装等问题,在保证其强度和刚度的情况下,尽量减少自身质量。

2.4.1　前桥

矿用自卸汽车前桥主要由桥体、半轴、轮毂连接盘、转向主销等部件组成,而桥体又由桥箱、转向筒、前悬架支座、横拉杆连接轴、推拉杆支座等构成,零部件较多,形状不规则,受力状况复杂。其承受的载荷源主要有:前悬架传来的上部垂直载荷作用,前轮传来的制动力及侧滑扭矩作用,以及推拉杆及横拉杆传来的动载荷作用。前桥损坏主要受动载荷影响较大,实际运行中,前桥承受车架和路面不平的重复交变冲击作用而产生较大应力和变形,从而导致疲劳失效。同时,前桥还担负着整车转向任务,转向液压缸通过连接支座直接固定在桥体上,通过转向推拉杆控制铰接在桥体上的转向臂,通过液压缸伸缩来实现前轮转向。由于前桥受多向弯曲、剪切和扭转力作用,因此对其强度、抗冲击性、疲劳强度以及可靠性都要求较高,需要严格选用桥体材料并制订较好的焊接工艺路线。目前大多数矿用自卸汽车的前桥体材料采用低合金高强度钢板 12Mn2VB,其弹性模量为 2.1×10^5 MPa,强度极限 686MPa,屈服极限 480MPa,泊松比 0.31,该钢种为塑性材料,一般以屈服极限作为极限应力[155]。

220t 矿用自卸汽车前桥总装图如图 2-11 所示,由桥体、转向主销、轮轴、转向活节等组成,桥体包括桥箱、横拉杆连接轴、推拉杆连接支座、转向油缸固定座、前悬架下支座。由于整车结构和车架、动力组件的安装需要,前桥为不归整结构,采用中部下沉结构解决了车架前部较低的问题,保证整车质心位置尽可能低。很多矿用自卸汽车的前桥采用断开式结构,将前悬架和转向机构合二为一,前悬架的上部固定(刚性连接而不是铰接)在车架上,前悬架液压缸活塞杆的下端直接作为转向主销使用。前桥断开式结构虽然省去了桥体部分,结构简单,加大了车架前部内侧的安装空间,动力组件的安装位置可适当降低,从而降低整车质心高度,前桥左右油气悬架可以独立运动而互不影响。但前轮的行驶阻力、车架传递的垂直载荷以及侧倾、转弯所产生的横向侧偏力等,都施加于左右油气悬架的液压缸活塞杆上,而活塞杆又作为转向主销承担着前轮转向作用,加重了前桥油气悬架活塞与缸筒之间的磨损,降低了前悬架使用寿命。实际使用证明,前桥断开式结构容易导致前桥油气悬架漏油乃至失效,影响整车工作效率。桥体的桥箱材料均选用 WH60E 钢,推拉杆连接支座、转向油缸固定座和前悬架下支座材料均料选用低温铸钢 ZG28CrNiMoA。采用二氧化碳气体保护焊和氩弧焊,焊接方式采用先组焊部件再总装配焊接的方法,即将桥箱作为一个总成件完成组焊,推拉杆连接支座、转向油缸固定座作为单独的组件焊接好后,和横拉杆连接轴、前悬架下支座一起再与桥箱焊接,尽量减少机加工难度。桥箱采用与车架类似的矩形截面结构,上下翼板均突出立板外侧,后焊接的立板内侧加定位块透焊,然后再整体连续角焊。桥箱内部按一定的间隔加筋板,并在圆弧过渡处加补强筋,以增加桥体的抗压、抗弯及抗扭强度。桥箱在焊接第一个立板和上下翼板时,采用多层多道对称焊接的方法,可分段焊接以控制焊接变形。焊后抛光,检查应无夹渣、气泡裂纹等缺陷,打磨时尽量避免较深划痕,特别是不能有竖直划痕,以免影响桥体强度。最后探伤检验,退火去除焊接残余应力。

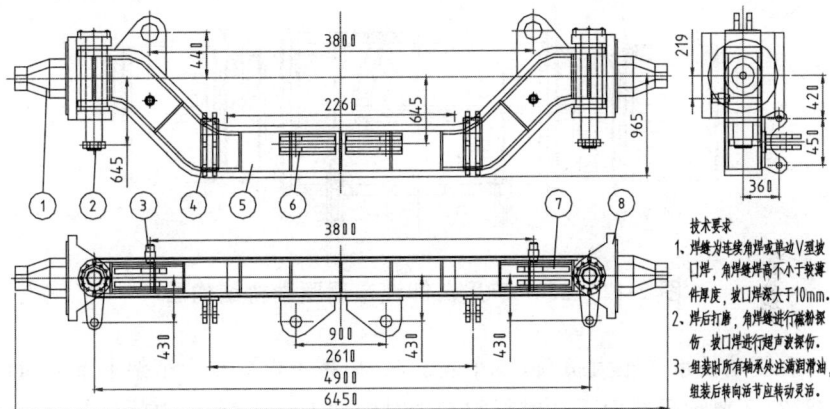

1.轮轴　2.转向主销　3.横拉杆连接轴　4.推拉杆连接支座
5.桥箱　6.转向油缸固定座　7.前悬架下支座　8.转向活节

图 2-11　220t 矿用自卸汽车的前桥结构图

2.4.2　后驱动桥及桥壳

后驱动桥是矿用自卸汽车的主要承载总成之一,主要由桥壳、半轴总成、电动机、主减速器、轮边减速器、差速器、半轴套管等部分组成,220t 矿用自卸汽车的后驱动桥结构如图 2-12 所示,其中电动机、主减速器、差速器安装在桥壳和半轴总成内部。工作时,安装在桥壳内的逆变器输出交流电,给半轴内的电动感应线圈(即电枢或电动机)供电,驱动转子旋转,带动减速行星齿轮组运行,从而驱动轮轴旋转使整车行驶。制动时,首先是行星减速器制动使车速降低,然后轮边减速器(主制动器)投入工作实现停车。只有在需要紧急停车的情况下,才可使用轮边减速器直接制动,当只需减速而不需停车时,仅使用行星主减速器制动即可,这样可减少轮边减速器的使用频率,降低疲劳强度,从而延长轮边减速器的使用寿命。目前多数矿用自卸汽车桥壳本体及其上面焊接件的材料一般采用强度和可焊性都比较好的铸钢

20CrNiMo,左右半轴通过法兰盘与桥壳螺栓连接,因其受力状况与桥壳相近而横截面比桥壳小,还要安装轮胎的轮毂,所以半轴和半轴套管多选用强度、韧性和耐磨性更高的 40CrNiMo 锻件[81] 28。

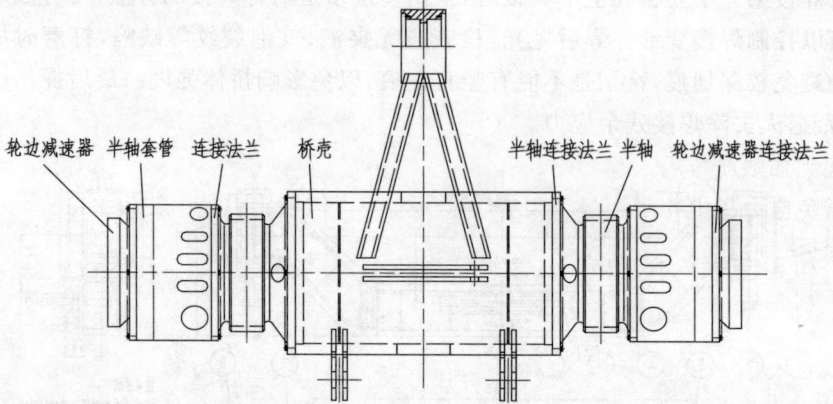

图 2-12   220t 矿用自卸汽车后驱动桥结构图

后驱动桥承受很大负荷,整车满载时,后桥不仅要承受车架上部质量的静载荷,还要承受路面不平或行驶制动时的冲击动载荷,受力状况复杂。施加于后桥的载荷特性和方向多样,主要有:后悬架传递的垂直载荷,A 型架铰接处作用的纵向载荷,横拉杆作用的横向载荷,轮胎作用的冲击和侧滑交变动载荷等。后桥还同时担负着整车动力传动、制动和侧滑平衡等多项任务,在多向重复载荷作用下,后桥会出现弯曲、剪切、扭转应力和变形[77] 15−16。半轴一般突出于车架外测,便于维修,而且与桥壳是螺栓连接,容易拆下维修和更换,故对矿用自卸汽车的运行影响不是很大。而桥壳由于质量和体积较大,并处于车架正下方,维修难度很大,而且其 A 型架与车架中间横梁铰接,桥壳整体拆卸时需要从车架上抽出中间横梁,没有大型起重设备无法完成。矿用自卸汽车桥壳是大型结构件,由于费用和库房的限制,用户一般不存备件,损坏严重需要更换时的供货周期长,对整车的运行效率影响很大,故桥壳的设计和制造与车架一样重要。

图 2-13 所示为 220t 矿用自卸汽车后桥壳的结构图,主要由壳体、A 形架、后悬架下支座、后桥横拉杆下支座等组成。壳体采用铸钢 20CrNiMo 整体铸造成圆柱结构,中部前后开圆形检修孔,后桥内部检修时可直接通过检修孔进入,便于周期性检修和不必要拆下半轴的故障检修,圆孔可分散应力集中。壳体内布置两道隔板,以方便安装内部元件,避免将元件直接安装在壳体上而影响壳体强度,同时也起到加强筋作用,隔板中央开圆孔,如图

中∅×,尺寸根据实际需要确定,方便检修人员在壳体内穿行。A 型架前部连接套是通过球关节轴承与车架中间横梁连接,其材料选用 40CrNiMo 钢锻件,两个支臂材料用 WH60E 钢,支臂采用箱形变截面结构,相贯于壳体前侧并与壳体焊接成一体结构,支臂内部布置 3 道加强筋以提高 A 型架强度。后桥横拉杆下支座和 2 个后悬架下支座材料均选用低温铸钢 ZG28CrNiMoA,在铰接孔周围边缘采用大圆弧过渡,以分散应力集中。在保证不与车架干涉的情况下,将后桥横拉杆下支座的非铰接端延长,对桥壳起到加强筋作用。2 个后悬挂支座根部做较大延伸,对称焊接在壳体后部,避免应力集中并对桥壳起到了一定的加强作用。桥壳也是矿用自卸汽车实际使用中容易疲劳失效的构件,发生开裂部位大多是焊缝处,因此在焊接桥壳时应制订严格的焊接工艺,尽量保证焊接质量,避免应力集中[79] 14。

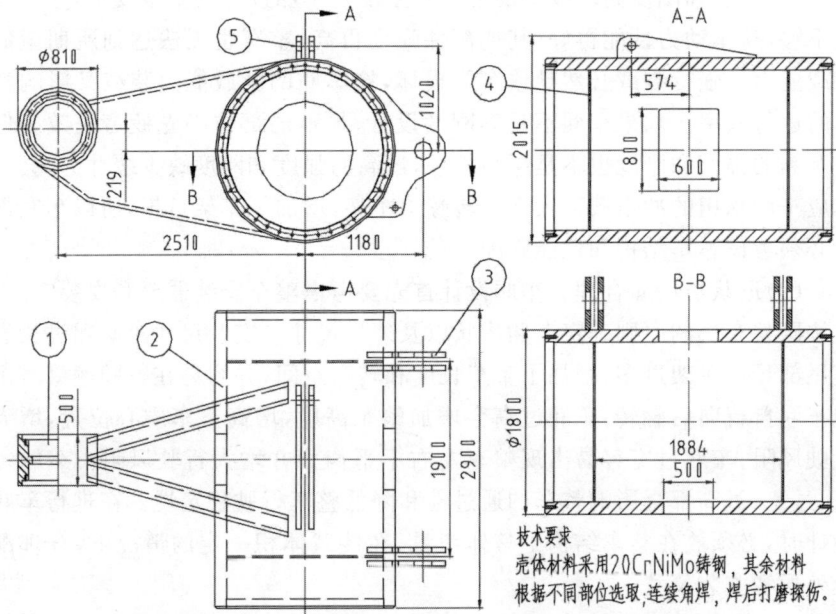

技术要求
壳体材料采用20CrNiMo铸钢,其余材料根据不同部位选取;连续角焊,焊后打磨探伤。

1.A 型架　2.壳体　3.后悬架下支座　4.隔板　5.后桥横拉杆下支座

图 2-13　220t 矿用自卸汽车的后桥壳结构图

2.5　车厢设计

矿用自卸汽车的车厢一般为铲斗型全焊接结构,其尾部敞开无后栏板,底部前低后高,12°～15°的倾斜角可保证整车在上坡行驶状态时物料也不会从车尾滚落,前部向前伸出保护罩(ROPS),保护驾驶室及维修平台上的部件不被物料撞击损坏。车厢放置在车架上,后部两侧通过支座与车架尾部铰链,前部两侧通过支座与举升液压缸铰接,其安装情况见图 2-3。卸料时,举升液压缸将车厢前部顶起,车厢绕后部与车架铰接处旋转翻升,达到一定倾斜角度时,物料便开始从厢内滑出,车厢翻转至最大角度可将物料完全卸出,车厢举升状态见图 2-10。车厢举升翻转接近最大角度前,举升液压缸将提前自动卸压,减少供油,达到最大角度时,由自动限位开关发出停止电信号,并有限位块挡住车厢,不再举升翻转。

2.5.1 整体结构设计原则

220t 矿用自卸汽车的车厢整体结构设计主要遵循以下原则。

(1)强度和刚度高。较高的强度和刚度是车厢设计的基本要求,车厢强度不够,整车动力性能再好,其他部件强度再高,整车也无法达到所期望的装载能力。强行装载必然导致车厢损坏,按车厢的承载能力装载又影响整车的运行效率。如果车厢不是等刚度设计,最薄弱部位必先疲劳失效。但是车厢的强度和刚度也不是越高越好,过高的强度和刚度缺少缓冲力,会将本应车厢承担的冲击载荷大部分转嫁给车架,增加了车架负担,所以车厢设计必须考虑整车结构和性能匹配。

(2)形状与尺寸合理。车厢设计首先要考虑整车安装需要和安装空间,应按照整车协调原则确定车厢形状以及外形尺寸和安装尺寸。车厢过长会使尾部悬出车架过多,增加了整车长度和转弯空间,并容易在行驶颠簸时出现车厢自行向后翻转;车厢过高会增加整车高度,增高整车质心位置,增大行驶风阻;车厢过宽容易出现整车左右不平衡力并增大行驶风阻。车厢过长、过宽、过高都会影响整车的通过性和降低整车行驶稳定性。在进行车厢设计时,必须放在整车结构中整体考量,在装载体积一定的情况下,合理配比外形和安装尺寸。

(3)抗冲击能力强。矿用自卸汽车运载的物料主要有:高冲击力的大块岩石,中等冲击力的岩石碎块和土方混料,低冲击力的压实干土。在装载作业时,车厢会受到物料很大的冲击力,作业条件、物料大小以及物料落下的高度主要决定着车厢需要吸收的冲击力,当来自物料的冲击力超出车厢的吸收能力时,会引起车厢结构弯曲变形乃至散裂失效。所以车厢设计考虑 3~5 的强度安全系数。

(4)选用高强度、高硬度、韧性好、耐腐蚀材料。矿用自卸汽车工作的环境条件差,其运载的物料大多硬度高或腐蚀性大,容易对车厢造成很大的磨蚀和腐蚀。所以车厢尽量选用强度和低温冲击韧性好的材料;车厢内部的底板、侧板和前挡板直接与物料接触,尽量选用硬度高和耐腐蚀性好的材料。性能良好的材料可保证车厢自身质量小而承载能力强,提高整车性能和运行效率。

(5)焊接工艺合理。材料性能良好但焊接工艺不合理,会造成车厢的一些部位出现焊接应力集中,形成最薄弱部位而降低整个车厢的性能。所以在车厢骨架和钢板布置合理的情况下,应制订合理的焊接工艺,确定焊接方式和焊接次序,尽可能保证焊接对车厢整体性能影响最小。

(6)车厢与装载设备铲斗的合理配比。在矿山作业中,车厢与装载设备铲斗的配比也很重要,未达到有效载荷所引起的欠载会使设备没有得以充分利用而增加运行成本,过载会造成对车厢及其他部件的损伤,影响整车的使用寿命。在矿山装载设备铲斗容量确定的情况下,应合理设计车厢容量,使厢—铲达到最佳配比,提高整车的运行效率,延长使用寿命。

2.5.2 车厢结构设计

矿用自卸汽车的车厢一般有平底和双斜面两种形式,平底车厢的底板为一平面,较易制造和卸净物料,但不宜运载易滚动的大块岩石,适宜运载碎石、煤、土方等较散物料;双斜面车厢的底板为两侧高中间低,运载大块岩石时不至于左右滚动,减少或减轻行驶时岩石对侧壁造成的冲击,但较难制造,在运载散装物料时较易黏结和卡料。220t 矿用自卸汽车采用双斜面车厢设计,如图 2-14 所示。

车厢主体结构和锁紧支座材料均选用 WH60E 钢,以减少不同材料的焊接缺陷。车厢内侧与物料接触的钢板采用调质 WH60E 钢,以满足高强度、抗冲击、抗刮磨和耐腐蚀的要求。锁紧支座也采用调质 WH60E 钢,举升缸上支座和铰链支座材料均采用低温铸钢 ZG28CrNiMoA。矿用自卸汽车的车厢设计与制造目前还没有规范化标准,其结构和外形看似简单,好像任何制造厂都能生产,但是各不同厂家制造出的车厢质量却差距很大,很多车厢使用寿命很短,这是因为没有考虑到车厢的受力及实际使用环境状况造成的。

考虑车厢的等刚度设计,主体尽量采用相同材料,将不同厚度钢板按照车厢上不同的受力部位进行合理布置。底座、前挡板骨架、两侧板横竖骨架和前部落物保护顶棚骨架均采用 12mm 厚钢板折焊成方管,所有骨架均按一定间隔焊接成整体骨架结构。底座由 2 道一体式全长纵梁、9 道翼展式横梁和 1 道尾部通梁组成,底座先组焊成一体结构后再与其他部件焊接,对于受力较大的前部,横梁间隔小些,以保证底座的支撑强度。厢斗内侧的底板、侧板和前板均采用 16mm 厚的调质钢板,以提高车厢强度及其内部的硬度和耐腐蚀性。落物保护顶棚由于平时受冲击较少,采用 12mm 厚钢板即可。总之,车厢设计时,对受力较大部位的骨架布置就密集些,材料厚些,受力较小部位可适当减少钢板厚度并且骨架布置稍稀疏些,力求使车厢整体形成等刚度。

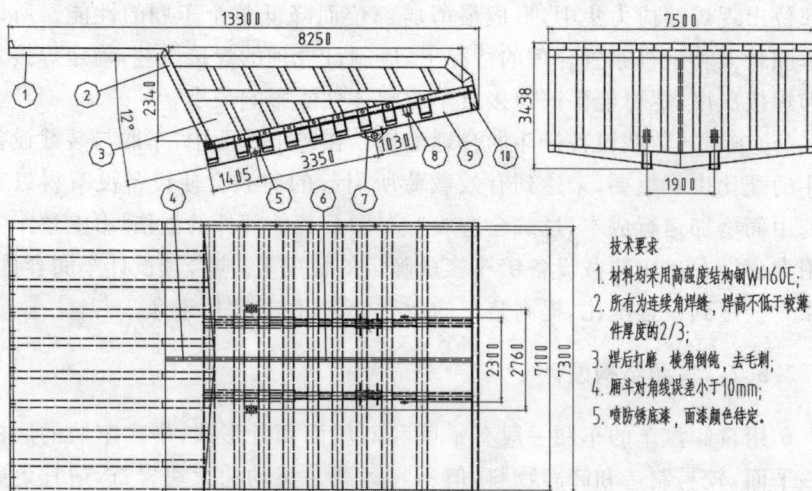

技术要求
1. 材料均采用高强度结构钢WH60E;
2. 所有为连续角焊缝,焊高不低于较薄件厚度的2/3;
3. 焊后打磨,楼角倒锐,去毛刺;
4. 厢斗对角线误差小于10mm;
5. 喷防锈底漆,面漆颜色待定。

1.落物保护顶棚　2.前挡板及骨架　3.侧板及骨架　4.前挡板连接板　5.举升缸上支座　6.底板连接板　7.铰链支座　8.锁紧支座　9.底座　10.尾部通梁

图 2-14　220t 矿用自卸汽车的车厢结构图

2.6　液压系统设计

220t 矿用自卸汽车的液压系统包括全液压制动系统、液压动力转向系统、全液压举升系统和整车自动润滑系统。

2.6.1　液压制动

矿用自卸汽车的自身结构和工作环境特殊,为确保行车安全,除了提高其主制动器功能并加装 ABS 防抱死系统以外,还需加强辅助缓速制动能力,即制动系统三重保证:(1)发动机排气制动;(2)液力或电力缓速器制动;(3)机械式驻车制动。发动机排气制动和液力电力缓速器制动的功能均为无磨损、吸收汽车动能及减缓车速,以减少机械式驻车制动的使用频率。制动功能设计先进,在制动踏板的最初 25% 行程中,首先是发动机排气制动投入工作;继而在 26%～50% 的行程中,液力缓速器(液力传动车型)或电缓速器(电传动车型)也投入工作,加入缓速制动功能;当确需汽车快速停止驻车,踏板的后半段行程即操纵机械式驻车制动投入工作,从 51% 的行程开始,车轮主制动器又投入工作,从而使主制动器使用频率大大减少,经常处于最好状态,制动蹄片使用寿命得以延长。

相对于气动液压系统,采用全液压制动系统可显著提高可靠性、响应度、操控性和维修方便性。液压控制的盘式制动器具有优越的抗退效制动和缓行制动能力,性能可靠,在各种恶劣的运输路面条件下也能控制自如。制动器自动调节,在地面湿滑的条件下也能保持行驶平衡、控制良好,使操作员可以集中精力驾驶。如图 2-15 所示为矿用自卸汽车制动器的结构示意图,双片式活塞结构把行车制动、辅助制动、停车制动和缓行制动功能结合在统一系统里,主活塞由可调整的液压作用操纵行车制动和缓行制动功能,辅助活塞靠弹簧和液压作用保持释放位置来控制辅助制动器及停车制动器,可确保在液压彻底出现故障时进行制动。液压系统的压力一旦降到指定的压力以下,弹簧作用的辅助活塞就自动施加到制动器,长效盘式制动器摩擦片可提供持续的制动力和较小噪音。制动系统配以主蓄能器和辅助蓄能器,在发生故障时备用制动,蓄能器在停止后能自动排压,不需要排出系统压力,缩短了维护保养过程和时间,降低了高压爆裂的风险。

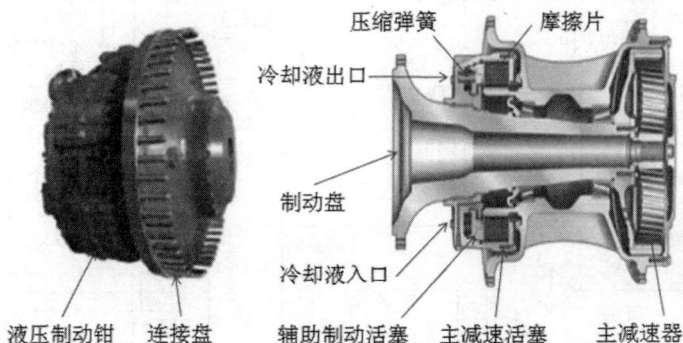

图 2-15　矿用自卸汽车制动器结构示意图

图 2-16 为矿用自卸汽车全液压制动系统原理图,采用双路制动系统。前后制动器(28、29)各由一个蓄能器(22、21)供油,以双路踏板阀(23)作为先导阀来控制继动阀(26、27)而实现制动。制动锁定压力开关(25)可实现制动与推进互锁,同时控制刹车指示灯(24)。停车制动电磁阀(12)由驾驶室的钥匙开关和停车制动压力开关(11)控制,只有钥匙开关打开使发动机运转后,停车制动压力开关(11)才可起控制作用,以实现制动与推进的互锁。当停车制动压力开关(11)断开时,停车制动电磁阀(12)通电,系统压力油进入停车制动器(30),解除停车制动则行驶开始。当停车制动压力开关

(11)闭合时,停车制动电磁阀(12)断电,停车制动油路接通油箱使得停车制动器(30)的油压降低而行驶中断。单向阀(6.4)可阻止停车制动器(30)内的压力油流回供油油路,保持停车制动器处于解除位置。三通减压阀(18)起溢流作用以避免高压油损坏继动阀(26),按下制动锁定压力开关(25),制动锁定电磁阀(19)通电,系统压力油经过三通减压阀(18)减压后,压下继动阀(26),后制动蓄能器(21)的油液经继动阀(26)进入后桥的后轮制动器(29),实现制动锁定。如果踏板阀(23)发生故障,则制动锁定变为次级制动系统。如果转向蓄能器(7)的油路出现故障,单向阀(6.2、6.3)可防止制动蓄能器(21、22)内的油液倒流,保证制动系统有足够的能量进行制动。

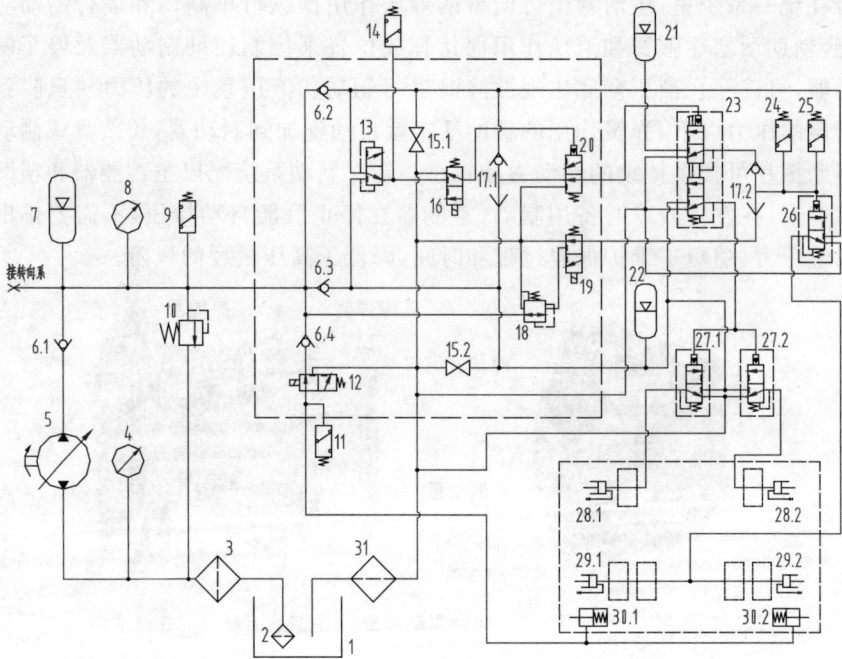

1.液压油箱 2.网式吸油滤 3.滤油器 4.负压表 5.电控变量柱塞泵 6.单向阀 7.转向蓄能器 8.系统压力表 9.系统压力开关 10.系统调压阀 11.停车制动压力开关 12.停车制动电磁阀 13.梭阀 14.制动压力开关 15.球阀 16.电磁阀 17.梭阀 18.三通减压阀 19.制动锁定电磁阀 20.三通顺序阀 21.制动储能器 22.制动储能器 23.双路踏板阀 24.刹车灯开关 25.制动锁定压力开关 26.后轮继动阀 27.前轮继动阀 28.前轮制动器 29.后轮制动器 30.停车制动器 31.散热器

图 2-16 矿用自卸汽车全液压制动系统原理图

系统调压阀(10)可设定液压系统的压力。如果供油中断,设置在变量泵(5)和转向蓄能器(7)之间油路上的单向阀(6.1)可防止系统压力损失。自动紧急制动与制动压力低报警通过梭阀(13)、制动压力开关(14)和三通顺序阀(20)来实现,梭阀(13)获取前后两个制动蓄能器(22、21)的较低压力,制动压力开关(14)设定系统报警压力,三通顺序阀(20)设定自动紧急制动压力。当梭阀(13)获取的压力低于制动压力开关(14)的设定压力时则系统报警;如果压力继续降低而低于三通顺序阀(20)的设定压力时,则三通顺序阀(20)复位,前后制动蓄能器(22、21)的油液进入梭阀(17.1),压力较高的油液进入双路踏板阀(23)的控制腔而压下踏板阀(23),使得所有制动器加载而实现全面制动。电磁阀(16)设置在梭阀(13)和三通顺序阀(20)之间,由安装在操纵台上的紧急制动按钮控制,当按下紧急制动按钮时,电磁阀(16)动作,三通顺序阀(20)复位,压下双路踏板阀(23),实现所有制动器制动。当转向蓄能器(7)的压力低于系统压力开关(9)的设定值时,自动打开转向和制动压力低指示灯,制动压力低报警器报警。

2.6.2　液压转向

矿用自卸汽车均采用液压动力转向设计,由转向横拉杆、转向梯形臂、转向球节、转向器和液压系统组成。前轮的转向完全依靠液压动力,驾驶员在驾驶室内操纵方向盘仅是操纵转向阀,控制转向动力缸前端或后端的高压油流向和流量,从而控制转向动力缸的活塞推杆伸缩,在经转向杆系实现前轮的左转或右转,系统为液压动力转向而不是助力转向。转向系统对矿用自卸汽车的性能起着关键作用,转向液压系统提供的转向力取决于系统设定的工作压力,流量取决于液压泵。矿用自卸汽车实用液压转向系统工作原理如图 2-17 所示。

汽车直线行驶时,方向盘保持不动,转向器(14)处于中位,变量泵(5)卸载,液压油直接回油箱(1)。当驾驶员旋转方向盘进行转向时,使得螺杆作微前移或后移,转向器(14)内滑阀偏离中位,压力油自变量泵(5)出来,经开式减压阀(11)、液控背压阀(12)、单向节流阀(13)稳流稳压后,经转向器(14)的分配阀进入液压转向缸(16),由液压转向缸推动转向轮转动以实现转向。当转向器(14)工作时,液控背压阀(12)控制支路系统产生背压,操作液控换向阀(15)使液压转向缸工作;单向节流阀(13)控制液控背压阀(12)的阀芯滑动速度从而控制液控背压阀(12)的进出口流量;当系统压力随转向轮负荷的增加而上升,并高于低压转向器额定工作压力时,开式减压阀(11)卸荷使得支路压力保持恒定,保证转向器压力不超过工作压力。在左右转向的转换过程中,转向器(14)分配阀的阀芯回到中位后又移到任一转向位置的瞬间,液控背压阀(12)的阀芯在回位弹簧和单向节流阀(13)的作用下迅速释放油液并关闭,使得支路建压并迅速控制液控换向阀(15)工作。为确保转向功能,矿用自卸汽车均装有备用电动应急转向油泵(6),若发动机突然停转,应急转向油泵会立即感应并投入运转,送出高压油。

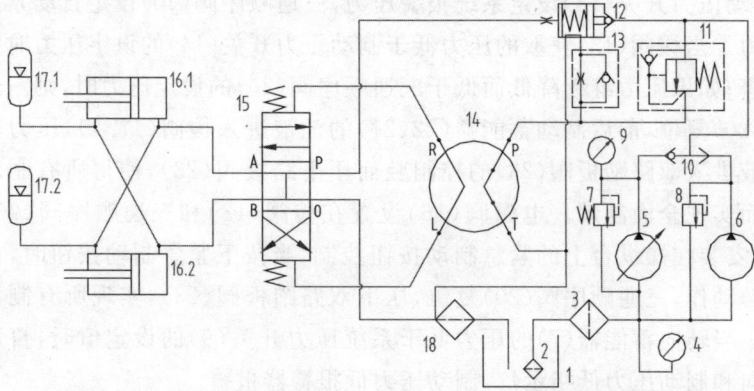

1.液压油箱 2.网式吸油滤 3.滤油器 4.负压表 5.变量泵 6.紧急转向泵 7.系统调压阀 8.安全卸荷阀 9.系统压力表 10.梭阀 11.开式减压阀 12.液控背压阀 13.单向节流阀 14.转向器 15.液控换向阀 16.转向缸 17.转向储能器 18.散热器

图 2-17 矿用自卸汽车液压转向系统原理图

2.6.3 液压举升

矿用自卸汽车举升系具有举升、中间停止、压力迫降、浮动四种功能,其液压原理图如图 2-18 所示。当车厢举升时,多路电磁换向阀(10)右位的电磁铁得电接通油路,从变量柱塞泵(5)输出的高压油液经调速阀(9)、多路电磁换向阀(10)右位、主插装阀(12)、单向阀(6.2)进入三级举升液压缸(18)的无杆腔,同时电磁换向阀(15)得电断开油路,回油插装阀(13)关闭,三级举升液压缸(18)有杆腔内的油液经多路电磁换向阀(10)左位回油箱,车厢开始举升。当三级举升液压缸(18)举升到限定高度时,行程传感器发出电信号使得多路电磁换向阀(10)右位的电磁铁断电断开油路,而左位的电磁铁得电接通高压油路,同时电磁换向阀(15)断电使得回油插装阀(13)开启,从变量柱塞泵(5)输出的高压油液经调速阀(9)、多路电磁换向阀(10)左位进入三级举升液压缸(18)的有杆腔,其无杆腔的油液经回油插装阀(13)回油箱,三级举升液压缸(18)有杆腔内的高压油液迫使三级举升液压缸回缩,车厢迫降。当所有电磁铁均断电时,高压油经调速阀(9)、多路电磁换向阀(10)内部的卸荷阀回油箱,回油插装阀(13)开启,三级举升液压缸(18)的无杆腔油液回油,车厢在自重作用下缓慢回落。当电磁换向阀(15)的电磁铁得电而其余电磁铁断电时,高压油经调速阀(9)、多路电磁换向阀(10)内部的卸荷阀回油箱,回油插装阀(13)关闭,三级举升液压缸(18)的两个腔内均无油液进出,车厢停止运动。有杆腔油路上的平衡阀(17)可防止拔缸,单向阀(6.3)增加压力迫降时系统的通油能力,通过插装式节流阀(11)的开口量来限制压力迫降时的流量,安全溢流阀(8)用来设定系统压力,利用调速阀(9)调节系统流量从而控制升降速度。

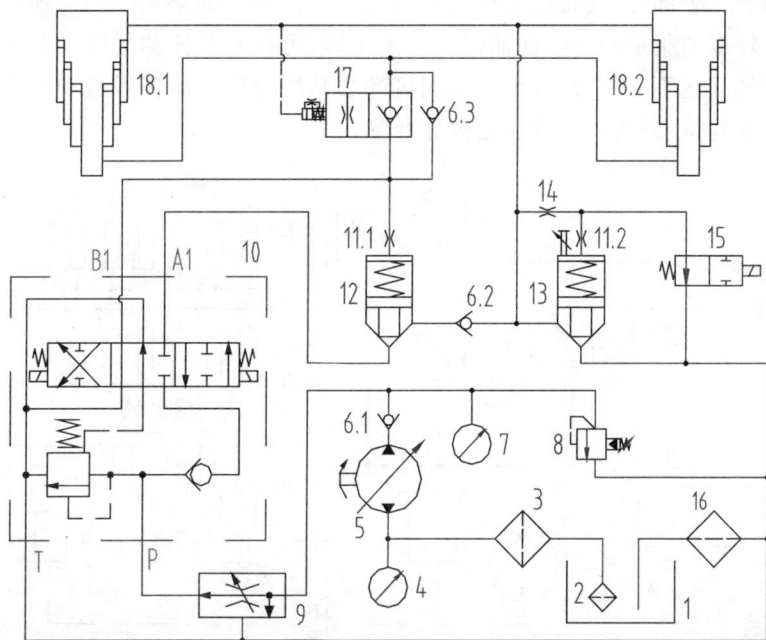

1.液压油箱　2.网式吸油滤　3.滤油器　4.负压表　5.变量泵　6.单向阀
7.系统压力表　8.安全溢流阀　9.调速阀　10.多路电磁换向阀　11.插装式
节流阀　12.主插装阀　13.回油插装阀　14.节流阀　15.电磁换向阀　16.散
热器　17.平衡阀　18.三级液压缸

图 2-18　矿用自卸汽车举升液压原理图

2.6.4　自动润滑系

矿用自卸汽车的自动润滑系统主要是采用防冻 $0^{\#}$ 极压锂基润滑油脂,对车体和车上各活动关节、轴承以及回转部位进行定期定量的自动润滑,以降低劳动强度,减轻磨损,延长车辆及设备的使用寿命。图 2-19 为矿用自卸汽车的自动润滑系统原理图,主要由时间控制器、电磁阀、气动干油泵、系统调压阀、注油分配器等组成,通过气动干油泵提供泵压给自动润滑注油器而实现各润滑部位的泵注润滑。需要加注润滑油时,打开启动开关(1)使得时间控制器(2)按设定时间周期输出电源,同时气路系统输入不少于0.5MPa 的压缩空气,二者控制电磁阀(3)周期地向气动干油泵(5)提供气源,使得气动干油泵(5)工作,输出高压油脂。由系统调压阀(8)设定系统所需油压,一般不低于 10MPa,然后通过前后桥润滑分配器(10、12)供给每个自动润滑注油器(11),按预调定量给各个润滑点注入润滑油脂。一个注油器只润滑一个部位,其每次输出油量约 0.2～1.6mL,如果某一润滑部位需要注入较多油脂量而一个注油器无法满足时,可将几个注油器串联起来使用。当气马达不工作时,安全卸荷阀可卸去系统内的高压使得自动润滑注油器活塞复位,并为下一次注脂做好准备。

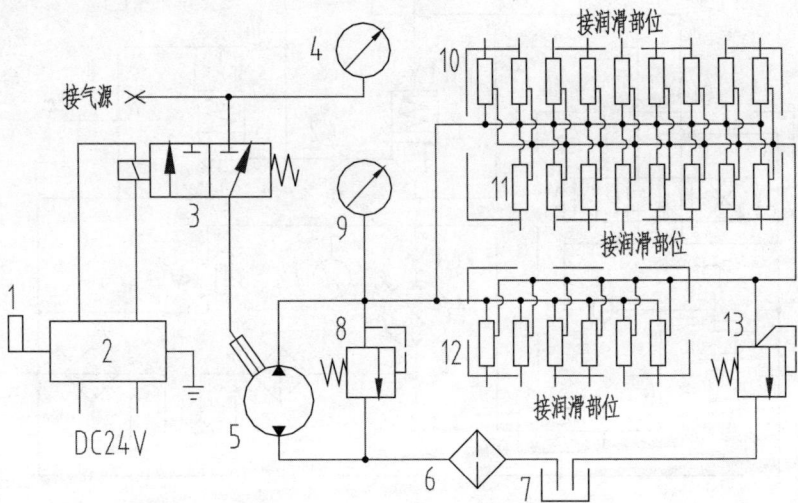

图 2-19　矿用自卸汽车自动润滑系统原理图

1.启动开关;2.时间控制器;3.电磁阀;4.气压表;5.气动干油泵;6.滤油器;7.润滑油箱;8.系统调压阀;9.系统压力表;10.后桥润滑分配器;11.自动润滑注油器;12.前桥润滑分配器;13.安全卸荷阀

2.7　本章小结

本章结合矿用自卸汽车的结构特征和作业特点,对 220t 矿用自卸汽车进行了整车结构设计,对主要结构件的安装布局进行了论述,并对主要受力构件车架、前后桥、车厢和液压系统进行了设计。

主要内容如下：

（1）220t 矿用自卸汽车采用刚性二轴结构，交—直—交电传动方式，4×2 驱动，后卸式车厢。悬架选用有反压力气室的油气弹簧悬架，选配 Cummins QSK60 型柴油发动机，轮胎选配 40.00R57 型子午线越野花纹轮胎。

（2）车架采用铸钢件、锻件与高强度结构钢 HW60E 组合全焊接成整体式框架结构，考虑其他总成和部件的安装需要，车架呈现前低后高、前宽后窄的特殊样式。纵梁采用纵向贯通式矩形变截面结构，内部按一定间隔设加强筋，以加强纵梁的抗弯抗扭能力。横梁采用筒形结构，龙门梁立柱加宽，车架整体组焊成型后强度可靠，可满足 220t 矿用自卸汽车的承载需要。

（3）前桥采用中部下沉的箱形全焊接结构，解决了车架前部较低和安装动力组件的问题。桥箱内部按一定间隔设加强板，并在圆弧过度处焊接加强筋，可提高前桥整体强度。桥体的桥箱材料均选用 WH60E 钢，推拉杆连接支座、转向油缸固定座和前悬架下支座材均料选用低温铸钢 ZG28CrNiMoA。

（4）后驱动桥壳设计考虑不同部位的强度要求，分别选用低温性能好的：铸钢 20CrNiMo 为壳体材料，RGW60E 钢为 A 型架支臂材料，锻钢 40CrNiMo 为 A 型架端部的铰接体材料，ZG28CrNiMoA 铸钢为后悬架支座和后桥横拉杆支座的材料，组焊成后桥壳。壳体内布置 2 道隔板，以方便安装内部元件并起到加强筋作用。后桥横拉杆下支座和 2 个后悬架下支座的铰接孔周围边缘均采用大圆弧过渡，以分散应力集中。后桥横拉杆下支座的非铰接端延长，2 个后悬架下支座根部做较大延伸，避免应力集中并对桥壳起到了一定的加强作用。

（5）制订车厢设计原则，考虑高强度、抗冲击、抗刮磨和耐腐蚀要求，采用方管骨架和钢板组焊方式，设计全焊接铲斗型双斜面车厢。

（6）设计 220t 矿用自卸汽车的液压系统，包括全液压制动系统、液压动力转向系统、全液压举升系统和整车自动润滑系统的设计。

第 3 章　整车静力学分析

现有文献对矿用自卸汽车的静力学研究大多是基于水平路面条件下的满载静止状态分析计算，而对于坡路、侧倾、沟坎等多路况状态下的整车静力学研究较少，尤其是对多路况下的整车结构应力状态进行对比分析未见报道。本章对 220t 矿用自卸汽车进行多路况满载静态分析，得到整车及其主要受力构件的应力分布规律，并对主要受力部位的应力状态进行分析比较。

3.1　轮胎和悬架刚度计算

由前文设计可知，220t 矿用自卸汽车为 2 轴 6 胎结构，轮胎布置形式为前 2 后 4，选装的是 40.00R57 型子午线轮胎。按照设计的整车结构，空载时前后桥的质量分配约为整备质量的 48% 和 52%，满载时前后桥的质量分配约为总质量的 33% 和 67%，则前后桥的空载和满载质量如表 3-1 所示。

表 3-1　220t 矿用自卸汽车质量分配表

整备质量	满载总质量	前桥空载质量	后桥空载质量	前桥满载质量	后桥满载质量
168000/kg	388000/kg	80000/kg	88000/kg	127000/kg	261000/kg

3.1.1　轮胎材料参数计算

40.00R57 型子午线轮胎的结构主要由胎冠、胎肩、胎体和胎圈等组成，使用了橡胶、纤维和钢丝等十几种材料，其基本参数为：测量轮辋宽度代号 29.00；允许使用轮辋 29.00/6.0；设计断面宽度 1095mm；设计外直径 3525mm；使用最大总宽度 1215mm；使用最大外直径 3690mm；自重 3.5t；充气压力 725KPa±15%[156]。40.00R57 型子午线轮胎是典型的复合材料，根据复合材料的结构力学和材料力学理论，假设轮胎材料为均匀、连续、正交各向异性、线弹性且变形很小的单向复合材料，纤维和基体在纤维方向上的应变一致，并且为平面应力状态，忽略厚度方向的应力。采用材料力学方法来确定轮胎材料参数，由艾凯厄尔（Ekavall）法建立等效的轮胎简化力学模型[157]：

$$\begin{cases} E_x = \sum E_{fx}V_f + \sum E_mV_m, & \nu_x = \sum \nu_{fx}V_f + \sum \nu_mV_m \\[2mm] E_y = \dfrac{\sum E_{fy}\sum E_m}{\sum E_m \sum V_f + \sum E_{fy}\sum V_m(1-\nu_m^2)}, & \\[4mm] & \nu_y = \sum \nu_{fy}V_f + \sum \nu_mV_m \\[2mm] E_z = \dfrac{\sum E_{fz}\sum E_m}{\left(\sum E_m \sum V_f + \sum E_{fz}\sum V_m\right)}, & \nu_z = \sum \nu_{fz}V_f + \sum \nu_mV_m \end{cases} \quad (3.1)$$

式(3.1)中，E_x 为轮胎的纵向（径向）杨氏模量；E_y 为轮胎的横向（侧向）杨氏模量；E_z 为轮胎的剪切（切向）模量；E_f 为胎体带束层帘线的弹性模量；E_m 为胎体橡胶的弹性模量；V_f 为带束层帘线在胎体中所占的体积百分比；$V_m = 1 - V_f$ 为胎体中橡胶所占的体积百分比；ν_f 为胎体帘线的泊松比；ν_m 为胎体橡胶的泊松比；ν_x、ν_y、ν_z 分别为轮胎的径向、侧向和切向泊松比。

文献[158]给出了工程子午线轮胎 13 种组成材料的工程常数和特性参数，如表 3-2 和表 3-3 所示，根据 40.00R57 型子午线轮胎的材料及结构组成，参照表 3-2 和表 3-3 所列参数，利用复合原理将轮胎的多种材料简化成一种材料，由式(3.1)求得轮胎的材料参数为：$E_x = 2401.0064\text{MPa}$，$E_y = 42.8807\text{MPa}$，$E_z = 33.4266\text{MPa}$，$\nu_x = 0.486$，$\nu_y = 0.465$，$\nu_z = 0.482$。

表 3-2　工程子午线轮胎橡胶的工程常数

材料名称	胎冠胶	油皮胶	三角胶	胎侧胶	胎肩胶	子口胶	缓冲胶	外层胶	内层胶
杨氏模量/（MPa）	2.501	1.892	5.091	3.321	3.94	2.79	3.55	2.63	2.23
泊松比	0.48								
体积比（%）	0.2	0.02	0.06	0.1	0.1	0.02	0.25	0.03	0.02

表 3-3　工程子午线轮胎复合材料的特性参数

材料名称	弹性模量/（MPa）			泊松比			体积比（%）
	E_{fx}	E_{fy}	E_{fz}	ν_{fx}	ν_{fy}	ν_{fz}	
钢丝圈	47000	59.5	59.5	0.51	0.36	0.49	0.05
帘布层	294	14.1	14.1	0.51	0.43	0.49	0.08
钢丝带束层	470	60	60	0.51	0.36	0.49	0.02
尼龙带束层	309	21.6	21.6	0.51	0.43	0.49	0.05

3.1.2　轮胎径向刚度计算

轮胎的径向刚度对整车的通过性、平顺性和操纵稳定性影响最大,可采用一种半经验方法求取[159]。轮胎负荷均按满载静止状态计算,轮胎自重包括在内。

1. 前轮胎径向刚度计算

$$F_{tf} = \frac{m_{tf}g}{2} = \frac{127000 \times 9.8}{2} = 622300 \text{N} \tag{3.2}$$

式(3.2)中,F_{tf} 为前轮胎单轮满载负荷,N;m_{tf} 为前桥满载质量,kg。

$$P_{icf} = -\frac{bF_{tf}}{SR_0} = -\frac{-21.54 \times 622300}{109.5 \times 184.5} = 663.5 \text{KPa} \tag{3.3}$$

式(3.3)中,P_{icf} 为前轮胎临界气压,KPa;为轮胎断面宽度,cm;R_0 为轮胎自由半径,cm;$b = -21.54$ 为修正系数。轮胎使用充气压力 $P_i = 725$KPa 大于临界气压,可以向下计算求取前轮胎的参数因子 α_f 和刚性因子 β_f:

$$\alpha_f = \frac{F_{tf}}{SR_0 P_i} = -\frac{622300}{109.5 \times 184.5 \times 725} = 0.042486534 \tag{3.4}$$

$$\beta_f = ae^{b\alpha_f} = 22.54 \times e^{-21.54 \times 0.042486534} = 9.0262 \tag{3.5}$$

式(3.5)中,$a = 22.54$ 为修正系数。

从而求得前轮胎的径向变形量 f_{tf} 和径向刚度 K_{tf}:

$$f_{tf} = \left[1 - \sqrt{1 - (\alpha_f \beta_f)^2}\right] R_0 = 14.1 \text{cm} \tag{3.6}$$

$$K_{tf} = \frac{F_{tf}}{f_{tf}} = \frac{622300}{0.141} = 4.413475 \times 10^6 \, \frac{\text{N}}{\text{m}} \tag{3.7}$$

2. 后轮胎径向刚度计算

$$F_{tr} = \frac{m_{tr}g}{4} = \frac{261000 \times 9.8}{4} = 639450 \text{N} \tag{3.8}$$

式(3.8)中,F_{tr} 为后轮胎单轮满载负荷,N;m_{tr} 为后桥满载质量,kg。

$$P_{icr} = -\frac{bF_{tr}}{SR_0} = -\frac{-21.54 \times 639450}{109.5 \times 184.5} = 681.5 \text{KPa} \tag{3.9}$$

式(3.9)中,P_{icr} 为后轮胎临界气压,KPa;$P_i = 725$KPa $> P_{icr}$,可向下计算求取后轮胎的参数因子 α_r 和刚性因子 β_r:

$$\alpha_r = \frac{F_{tr}}{SR_0 P_i} = -\frac{639450}{109.5 \times 184.5 \times 725} = 0.0436574228756 \tag{3.10}$$

$$\beta_r = ae^{b\alpha_r} = 22.54 \times e^{-21.54 \times 0.0436574228756} = 8.8014 \tag{3.11}$$

求得后轮胎的径向变形量 f_{tr} 和径向刚度 K_{tr}：

$$f_{tr} = \left[1 - \sqrt{1 - (\alpha_r \beta_r)^2}\right] R_0 = 14.164 \text{cm} \qquad (3.12)$$

$$K_{tr} = \frac{F_{tr}}{f_{tr}} = \frac{639450}{0.14164} = 4.514614 \times 10^6 \ \frac{\text{N}}{\text{m}} \qquad (3.13)$$

由以上计算结果看出，前后轮胎的径向刚度值差别不大。220t 矿用自卸汽车的前后轮胎均为 40.00R57 型子午线轮胎，如果刚度相差太大，说明前后桥的质量分配不合理，在实际行驶时刚度小的轮胎必然磨损严重而先失效。而计算得到的前后轮胎径向刚度值基本相等，说明整车结构设计基本合理。

3.1.3　轮胎径向和侧偏刚度仿真

按 40.00R57 型子午线轮胎的结构参数和材料参数，以路面为刚性并固定，轮胎与地面之间采用接触，并在轮胎内径上建立一个刚体轮轴与轮胎作为一体，建立轮胎有限元模型。在轮轴两端中心同时施加 315000N 的向下垂直载荷（沿 x 轴的反方向），使轮胎下半部受压而径向变形，得到轮胎的径向位移云图，如图 3-1 所示。最大径向位移 0.138014m（即沿 x 轴的位移）出现在轮胎中心垂线下方与地面接触处，从而求得轮胎径向刚度为 $\frac{315000 \times 2}{0.138014} = 4.56 \times 10^6 \ \frac{\text{N}}{\text{m}}$。220t 矿用自卸汽车前后轮胎所受负荷分别为 622300N 和 639450N，仿真施加的载荷介于前后轮胎实际载荷之间，并且差别不大，所以有限元计算的轮胎刚度值与半经验公式求得的前后轮胎刚度值基本相符，互相验证了计算结果较为准确。

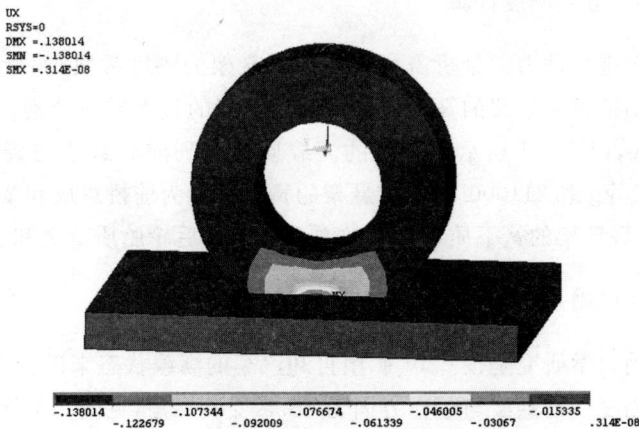

UX
RSYS=0
DMX =.138014
SMN =-.138014
SMX =.314E-08

-.138014　　　-.107344　　　-.076674　　　-.046005　　　-.015335
　　-.122679　　　-.092009　　　-.061339　　　-.03067　　　.314E-08

图 3-1　40.00R57 轮胎径向位移云图

保持轮胎的径向加载条件不变，在刚体轮轴中心再施加一个 35000N

的侧向载荷,即沿 z 轴的反方向加载,得到轮胎的侧向位移云图如图 3-2 所示。由图可以看出,轮胎的侧向位移很小,最大侧向位移 0.01016m(即沿 z 轴的位移)出现在轮胎下部与地面接触处,从而求得轮胎侧偏刚度为

$$\frac{35000}{0.01016} = 3.445 \times 10^6 \, \frac{\text{N}}{\text{m}}。$$

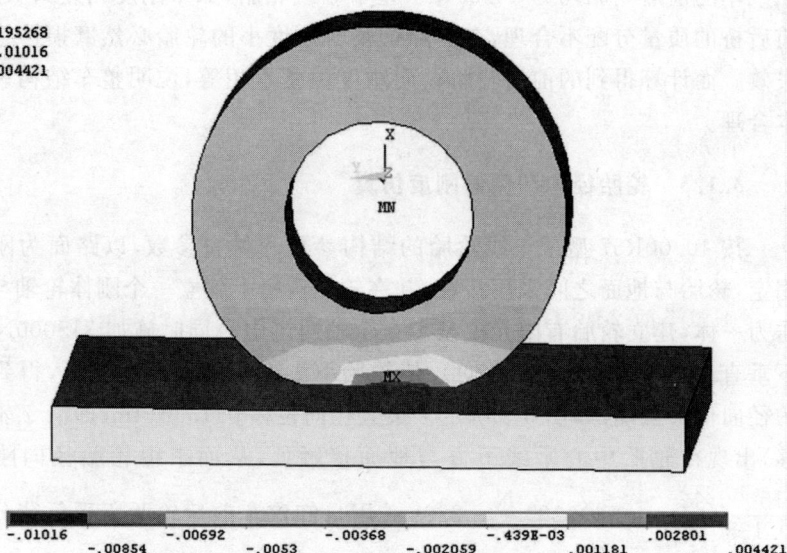

图 3-2   40.00R57 轮胎侧偏位移云图

3.1.4   悬架刚度计算

对整车进行动力学分析需要获取前后悬架的刚度参数,而计算前后悬架刚度须知道每个悬架的簧载质量。前后悬架的簧下质量分别为 17000kg 和 50000kg,由表 3-1 所示前后桥的满载质量得到前后悬架的簧载质量分别为 110000kg 和 211000 kg。前悬架的簧下质量为前桥总成和 2 个前轮胎质量之和,后悬架的簧下质量为后桥总成和 4 个后轮胎质量之和。

1. 前悬架刚度计算

整车动力学研究是按 220t 矿用自卸汽车的满载状态来进行,故计算悬架的满载刚度。前悬架与竖直方向为 16.5°安装夹角,见图 2-5 所示的前悬架安装情况,则单个前悬架的满载负荷为:

$$W_{sf} = \frac{m_{sf}g}{2\cos\alpha} = \frac{110000 \times 9.8}{2\cos16.5^o} = 562149\text{N} \tag{3.14}$$

式(3.14)中，m_{sf} 为前悬架满载簧上质量。按单质量振动系统的频率公式：

$$f_{f0} = \frac{1}{2\pi}\sqrt{\frac{k_f}{m_{sf}}} \tag{3.15}$$

式(3.15)中，f_{f0} 为前悬架固有频率，取 $1.05\,\text{Hz}$；k_f 为前悬架和前轮胎的等效刚度，$\dfrac{\text{N}}{\text{m}}$。由式(3.15)得到：

$$K_f = (2\pi f_{f0})^2 m_{sf} = \frac{(2\pi f_{f0})^2 W_{sf}}{g} \tag{3.16}$$

而前悬架和前轮胎的等效刚度为：

$$K_f = \frac{K_{tf} K_{sf}}{K_{tf} + K_{sf}} \tag{3.17}$$

式(3.17)中，K_{tf} 为前轮胎径向刚度，上文已计算为 4.413475×10^6 $\dfrac{\text{N}}{\text{m}}$。则单个前悬架满载刚度：

$$K_{sf} = \frac{K_f K_{tf}}{K_{tf} - K_f} = \frac{(2\pi f_{f0})^2 W_{sf} K_{tf}}{K_{tf}\,g - (2\pi f_{f0})^2 W_{sf}} \tag{3.18}$$

从而得到前悬架刚度为 5.735301×10^6 $\dfrac{\text{N}}{\text{m}}$。

2. 后悬架刚度计算

220t 矿用自卸汽车后悬架的安装情况如图 3-3 所示，忽略后桥横拉杆的作用。由图得出力平衡方程为：

$$\begin{cases} W_r = F_r + 2W_{sr}\cos 1.554468^\circ \\ 2510 F_r = 1180 \times 2W_{sr}\cos 1.554468^\circ \end{cases} \tag{3.19}$$

已知后悬架满载簧上质量为 $211000\,\text{kg}$，即 $W_r = 2067800\,\text{N}$。由式(3.19)得出单个后悬架满载负荷 $W_{sr} = 703535\,\text{N}$，则后悬架满载刚度的计算公式：

$$K_{sr} = \frac{(2\pi f_{r0})^2 W_{sr} K_{tr}}{K_{tr}\,g - (2\pi f_{r0})^2 W_{sr}} \tag{3.20}$$

式(3.20)中，f_{r0} 为后悬架固有频率，取 $1.08\,\text{Hz}$；k_{tr} 为后轮胎径向刚度，上文计算值为 4.514614×10^6 $\dfrac{\text{N}}{\text{m}}$。得到单个后悬架满载刚度为：$1.23 \times 10^7$ $\dfrac{\text{N}}{\text{m}}$。

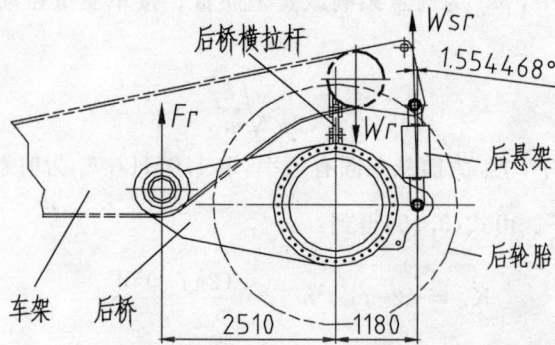

图 3-3　220t 矿用自卸汽车的后悬架安装示意图

3.2　水平路满载静止工况下整车应力分析

220t 矿用自卸汽车在水平路满载静止时,车架和后桥均比其他受力构件承受载荷大,受力状况复杂。车架不仅承受车厢、物料以及其他上装部件的垂直载荷作用,还承受前后悬架、前后桥横拉杆以及前桥推拉杆的支撑力作用,是矿用自卸汽车结构中受力最复杂的部件。后桥承受约 67% 整车质量,承受后悬架、后桥横拉杆、轮胎及车架中间横梁的作用力,与车架一样,均会产生较大的局部应力集中。所以对整车的静力学分析,主要是对车架和后桥进行应力分析。

3.2.1　建立有限元模型

220t 矿用自卸汽车的结构复杂,零部件众多,建立整车实体模型需对实际结构做适当的简化处理,针对设计的整车结构做以下简化。

(1)忽略所有焊接结构的焊接残余应力、焊缝高度、小圆弧和小倒角。

(2)所有焊接处焊缝的性能均视同于母材性能。

(3)采用螺栓连接或铆接的结构均视为一体。

(4)前后油气悬架弹簧的刚度非线性等效处理为线性。

(5)轮胎视为具有一定刚度的弹簧,考虑其径向刚度和侧偏刚度,刚度参数采用上文有限元仿真得到的数据。

轮胎与悬架均采用线性弹簧单元,车架与 A 型架采用壳单元,后桥采用实体单元,前桥采用梁单元。桥壳与后悬架的铰接,A 型架与车架的铰接,桥壳与横拉杆的铰接,横拉杆与车架的铰接,以及前悬架、前桥横拉杆、前桥推拉杆与前桥和车架的铰接均采用节点耦合的方法处理。轮胎与地面采用接触。车厢及物料以质量块加载在车架后半部,驾驶室、平台、燃油箱、动力系、液压系、车载用电器及其他部件和总成采用集中质量的形式加载于龙门梁上,质量单元与其他部位的连接均采用刚性约束处理。建立整车有限元模型,如图 3-4 所示。

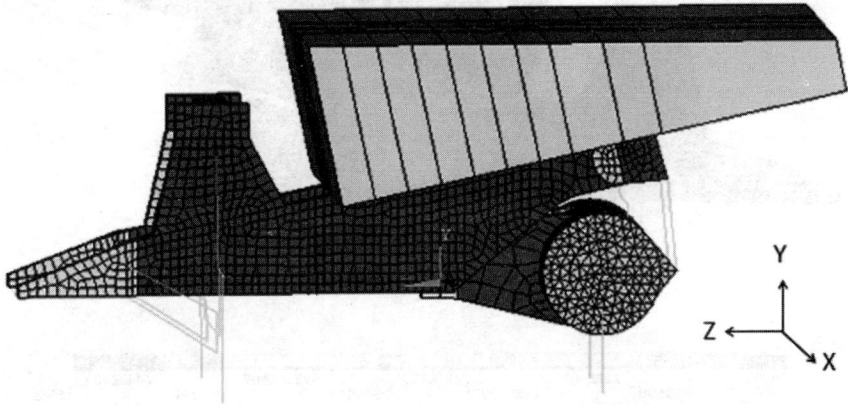

图 3-4　220t 矿用自卸汽车的整车有限元模型

220t 矿用自卸汽车关于车架中心线左右对称,为减少计算量,取整车左半部研究即可,得到的 1/2 整车有限元模型如图 3-5 所示。

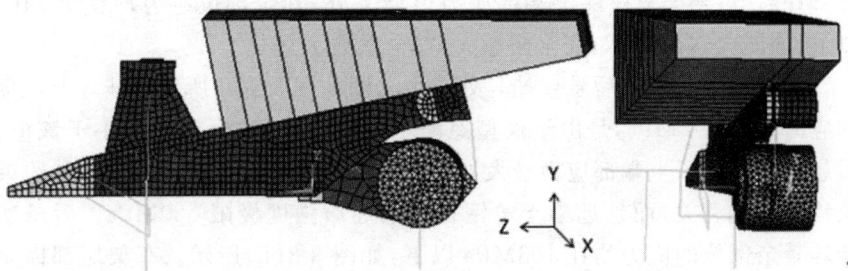

图 3-5　1/2 整车有限元模型

3.2.2　整车应力状态分析

给 1/2 整车有限元模型施加载荷后,得到其 mises 应力云图如图 3-6 所示。

由图 3-6 看出整车的应力分布基本均匀,车架的龙门梁、纵梁、横梁以及后桥壳的 A 型架、壳体均应力较小,因没有前后和左右方向的不平衡作用力,后桥横拉杆支座应力很小,前桥横拉杆支座应力较大。最大应力 504MPa 出现在后桥壳上的后悬架支座端部,如图 3-7(a)所示,接近铸钢

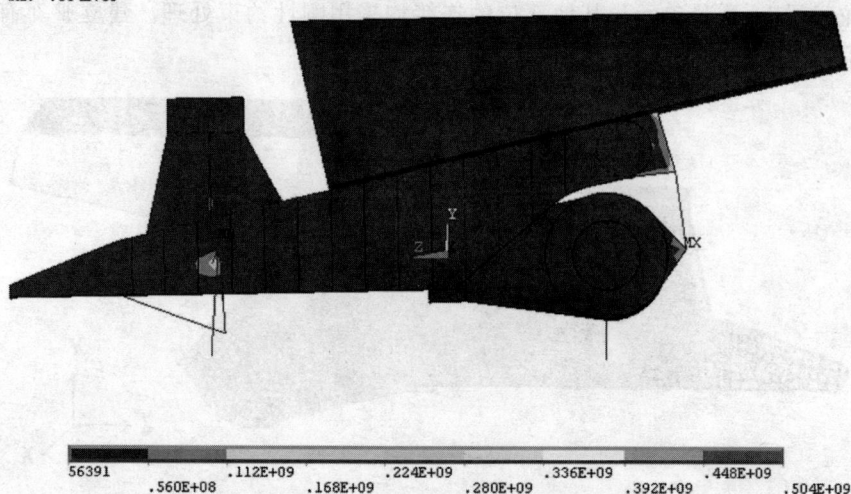

```
SEQV    (AVG)
DMX =.296675
SMN =56391
SMX =.504E+09
```

```
56391        .112E+09        .224E+09        .336E+09        .448E+09
      .560E+08        .168E+09        .280E+09        .392E+09        .504E+09
```

图 3-6 满载静止工况下的 1/2 整车应力云图

ZG28CrNiMoA 的材料屈服强度极限 520MPa 而远小于材料的极限强度
795MPa,这是由于约束及约束简化所致,实际使用中的应力应远小于
504MPa。后悬架支座除了端部应力值最大外,其余部位应力均在 74MPa
以下,如图 3-7(b)所示,安全裕量大,安全系数 7.03。

车架尾部横梁上后悬架挂耳处应力云图如图 3-8(a)所示。挂耳上端部
的应力值为 492MPa,是由于模型忽略小圆弧所致,实际应力应小于该值。
后悬架挂耳除了上端部应力最大外,下端部的最大应力为 274MPa,与约束
及约束简化有关,而且远小于铸钢材料的屈服强度极限 520MPa。后悬架
挂耳其余部位的应力均在 108MPa 以下,如图 3-8(b)所示。车架尾部横梁
的应力均在 72.4MPa 以下,以其材料 RGW60E 钢的屈服强度极限
460MPa 计算,安全系数为 6.35。

SEQV   (AVG)
DMX =.200759
SMN =230652
SMX =.504E+09

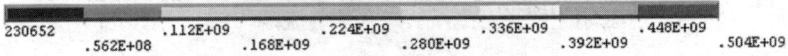

230652 　　　.112E+09 　　　.224E+09 　　　.336E+09 　　　.448E+09
　　.562E+08 　　.168E+09 　　.280E+09 　　.392E+09 　　.504E+09

(a)

SEQV   (AVG)
DMX =.111894
SMN =171466
SMX =.740E+08

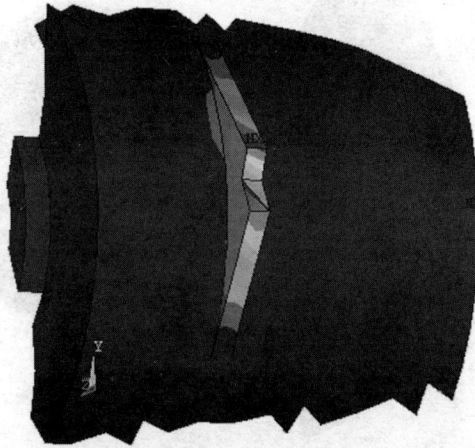

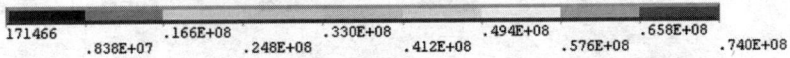

171466 　　　.166E+08 　　　.330E+08 　　　.494E+08 　　　.658E+08
　　.838E+07 　　.248E+08 　　.412E+08 　　.576E+08 　　.740E+08

(b)

图 3-7　后悬架支座处应力云图

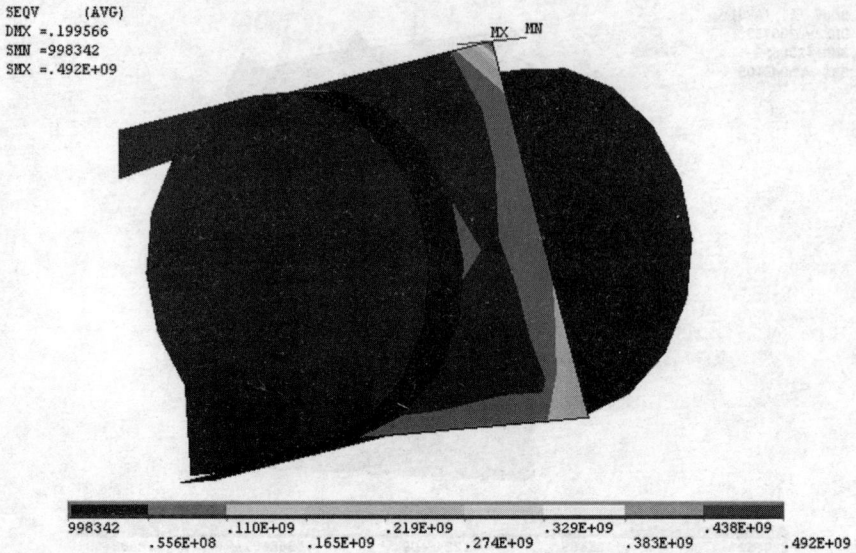

(a)

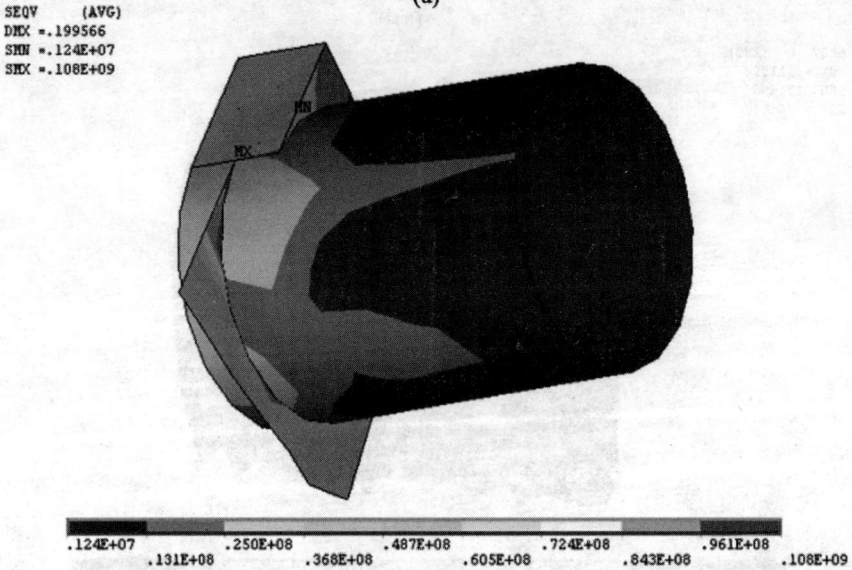

(b)

图 3-8   后悬架挂耳处应力云图

图 3-9 所示为铰接 A 型架的车架中间横梁应力云图,最大应力 62MPa 在纵梁内部,同时该处也是纵梁应力最大部位,远小于材料屈服强度极限 460MPa,安全系数 7.42,也即车架纵梁的安全系数。

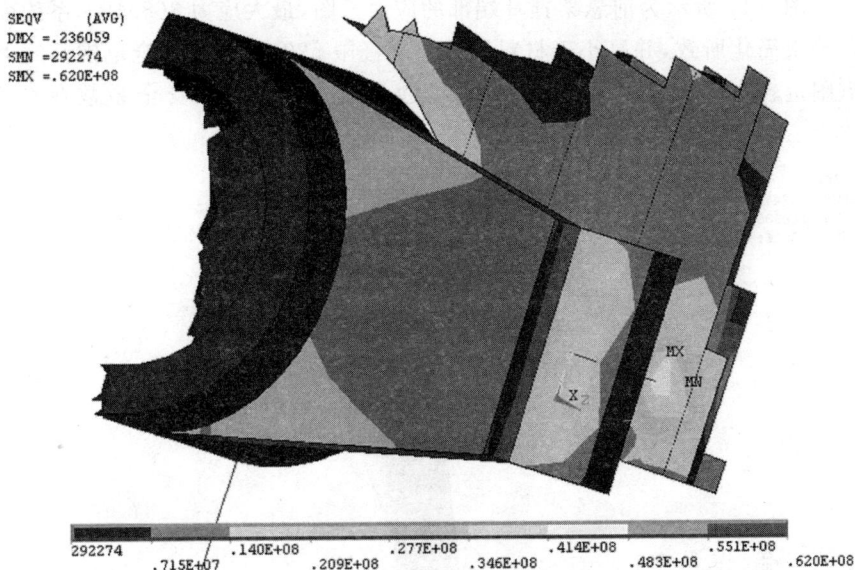

```
SEQV    (AVG)
DMX =.236059
SMN =292274
SMX =.620E+08
```

292274								
	.715E+07	.140E+08	.209E+08	.277E+08	.346E+08	.414E+08	.483E+08	.551E+08	.620E+08

图 3-9　车架中间横梁应力云图

图 3-10 所示为 A 型架应力云图,应力均在 23.3MPa 以下,安全裕量很大,而后桥壳体的应力更小。

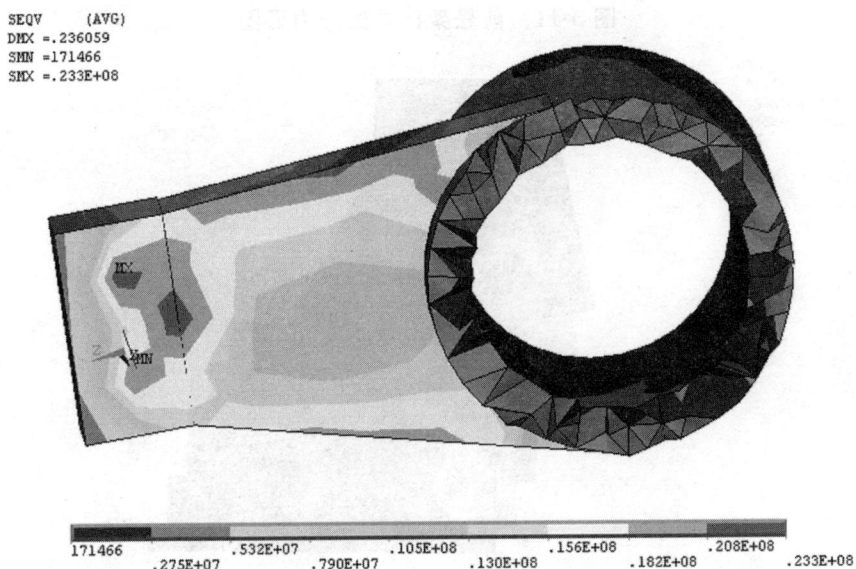

```
SEQV    (AVG)
DMX =.236059
SMN =171466
SMX =.233E+08
```

171466								
	.275E+07	.532E+07	.790E+07	.105E+08	.130E+08	.156E+08	.182E+08	.208E+08	.233E+08

图 3-10　A 型架应力云图

图 3-11 所示为前悬架挂耳端部的应力云图,最大应力 368MPa,系约束及约束简化所致,并且小于材料屈服强度极限 520MPa,在安全范围。约束点附近较小区域应力也较大,越靠近龙门梁应力越小,安全系数在 2.5 以上。

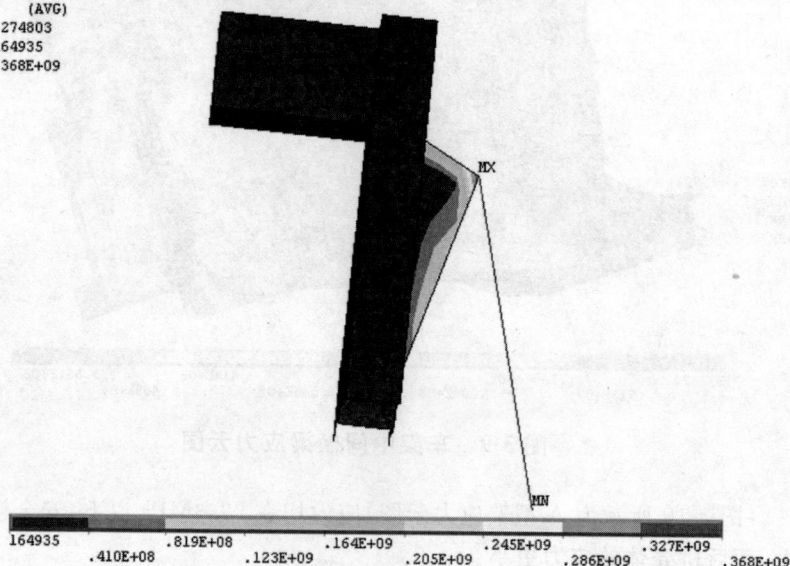

图 3-11　前悬架挂耳处应力云图

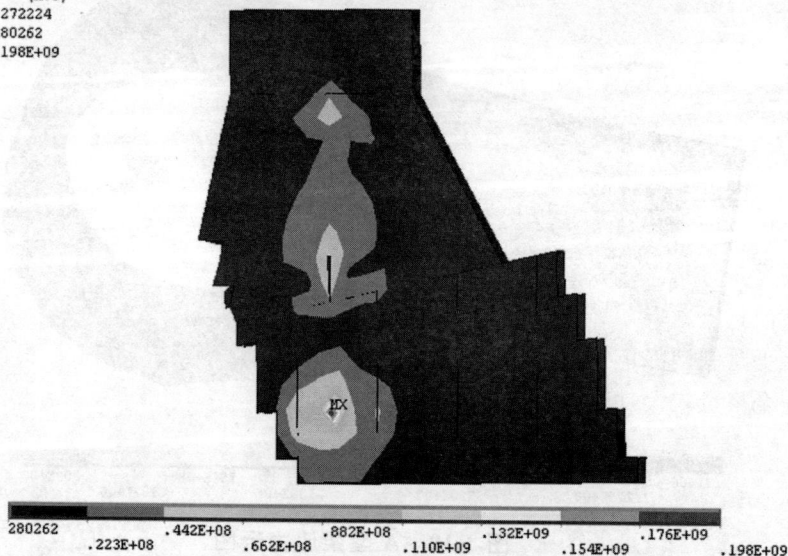

图 3-12　前桥横拉杆挂耳处应力云图

图 3-12 所示为车架上前桥横拉杆挂耳处的应力云图,最大应力 198MPa 出现在约束点处,约束点附近区域应力值较大,在 132～176MPa 之间,与约束点的影响有关;离约束点较近区域的应力在 66.2～132MPa 之间,离约束点较远区域的应力在 22.3～66.2MPa 之间;远离约束点的区域应力 23.2～45MPa 之间,其他部位的应力值均在 23.2Mpa 以下。龙门梁上前悬架挂耳的根部应力均在 66.2MPa 以下,龙门梁安全系数 7.85。

图 3-13 所示为车架前部应力云图,应力均在 17MPa 以下,安全裕量很大。

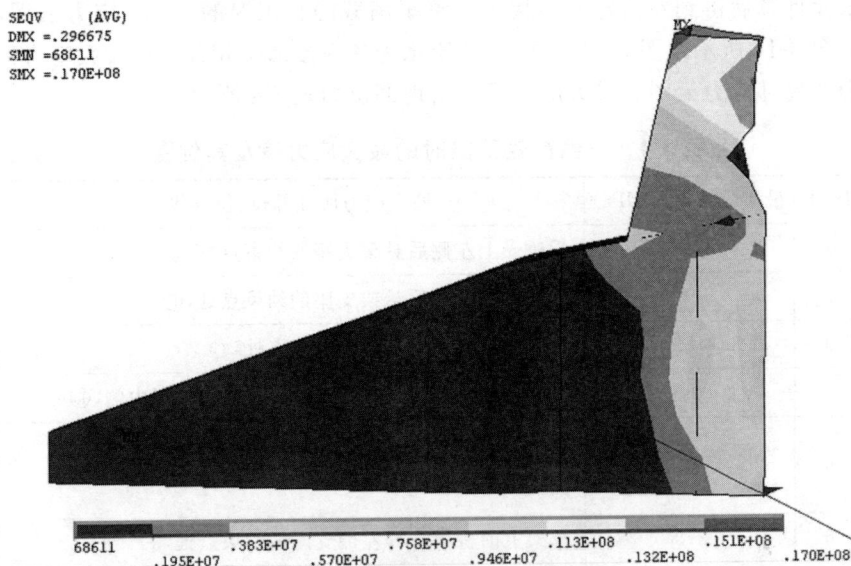

图 3-13　车架前部应力云图

由以上分析可以看出,除了后悬架支座和挂耳端部的最大应力接近材料屈服极限,以及前悬架挂耳端部的应力较大外,其他部位的应力均较小,安全裕量较大。前后悬架的挂耳和支座端部应力较大是由于施加约束及约束简化所致,实际使用时这些部位的应力应远小于计算值。从整体来看,在水平路满载静止工况条件下,整车各部位的应力状态均在安全范围内,而且安全裕量较大,可完全满足该工况下的实际作业要求。

3.3　一侧轮下陷或骑高

矿区道路一般凸凹不平,多坡多湾,矿用自卸汽车在静止状态下会出现一轮下陷或骑高、对角轮一下陷一骑高、对角轮同时下陷或骑高、侧倾以及上下坡等不同的受力状况。220t 矿用自卸汽车关于车架中心线（Z 轴）左右对称,对于一轮下陷或骑高、对角轮一下陷一骑高、侧倾只分析一侧状态即可。

3.3.1 一侧前轮下陷或骑高

1. 一侧前轮下陷

给图 3-4 所示整车有限元模型的左前弹簧施加 500mm 的向下位移,有限元计算后得到左前轮下陷状态下整车满载静止工况的 mises 应力云图,如图 3-14 所示。图 3-15 至图 3-19 所示为各焊接部位并且存在较大应力集中的局部应力云图。最大应力及其出现部位如表 3-4 所示。

表 3-4　一侧前轮下陷时的最大应力值及其位置

序号	最大应力值/(MPa)	最大应力所处部位,位置代号
1	518	后桥壳上左侧后悬架支座的约束点处,Ⓐ
2	490	后桥壳上右侧后悬架支座的约束点处,Ⓑ
3	483	右侧前悬架上部挂耳的约束点处,Ⓒ
4	355	车架右纵梁与尾部横梁相贯焊接处的下部内侧,Ⓓ
5	302	后桥壳上 A 型架与壳体上部相贯部位的左连接支臂内侧,Ⓔ
6	275	车架上前桥横拉杆左侧支座的约束点处,Ⓕ
7	272	后桥壳上 A 型架与壳体下部相贯部位的右连接支臂内侧,Ⓖ
8	262	后桥壳上 A 型架与壳体下部相贯部位的右连接支臂外侧,Ⓗ
9	253	左侧前悬架上部挂耳的约束点处,Ⓘ
10	252	左侧后悬架上部挂耳的约束点处,Ⓙ
11	247	后桥壳上 A 型架与壳体下部相贯部位的左连接支臂外侧,Ⓚ
12	239	右侧后悬架上部挂耳的约束点处,Ⓛ

SEQV　　(AVG)
DMX =.55409
SMN =39086
SMX =.518E+09

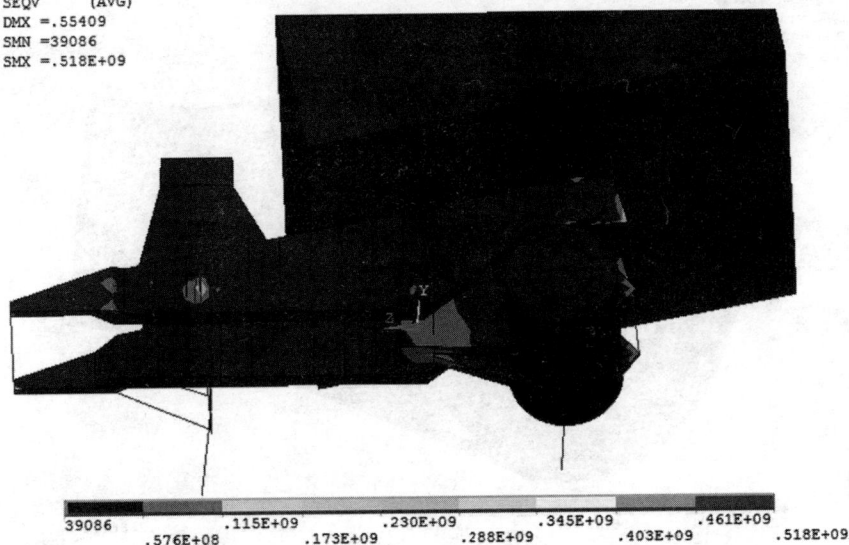

| 39086 | | .115E+09 | | .230E+09 | | .345E+09 | | .461E+09 | |
| | .576E+08 | | .173E+09 | | .288E+09 | | .403E+09 | | .518E+09 |

图 3-14　一侧前轮下陷整车应力云图

SEQV　　(AVG)
DMX =.245776
SMN =.192E+07
SMX =.355E+09

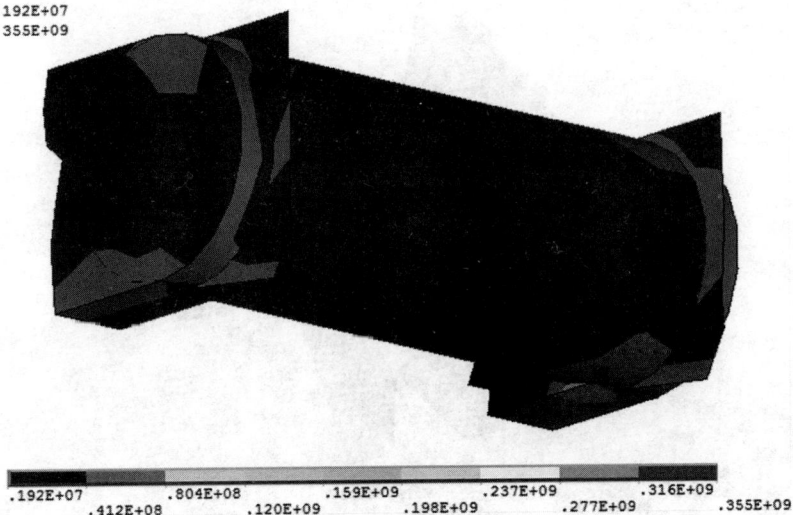

| .192E+07 | | .804E+08 | | .159E+09 | | .237E+09 | | .316E+09 | |
| | .412E+08 | | .120E+09 | | .198E+09 | | .277E+09 | | .355E+09 |

图 3-15　车架尾部横梁应力云图

SEQV   (AVG)
DMX =.309879
SMN =128470
SMX =.302E+09

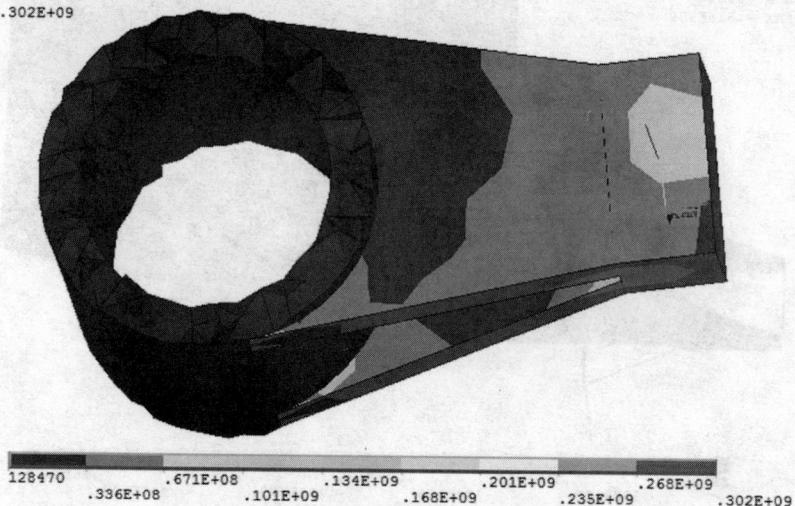

128470		.671E+08		.134E+09		.201E+09		.268E+09
	.336E+08		.101E+09		.168E+09		.235E+09	.302E+09

图 3-16　后桥壳应力云图

SEQV   (AVG)
DMX =.336532
SMN =619346
SMX =.147E+09

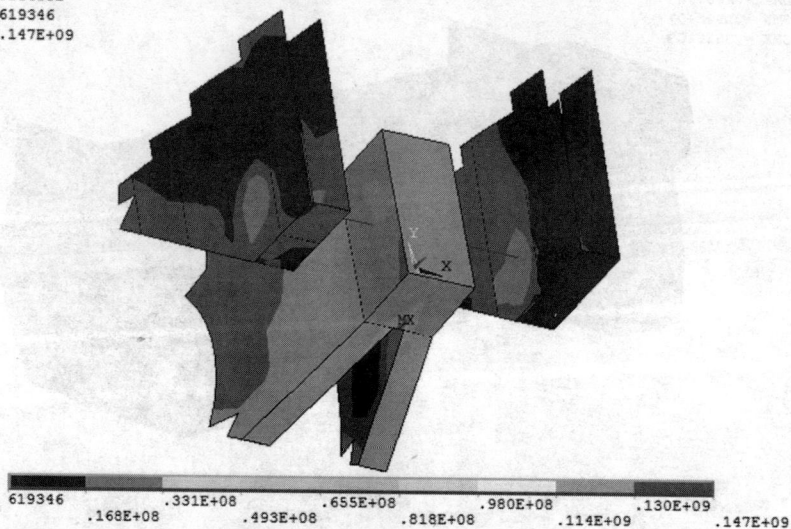

619346		.331E+08		.655E+08		.980E+08		.130E+09
	.168E+08		.493E+08		.818E+08		.114E+09	.147E+09

图 3-17　A 型架应力云图

SEQV (AVG)
DMX =.473657
SMN =364533
SMX =.148E+09

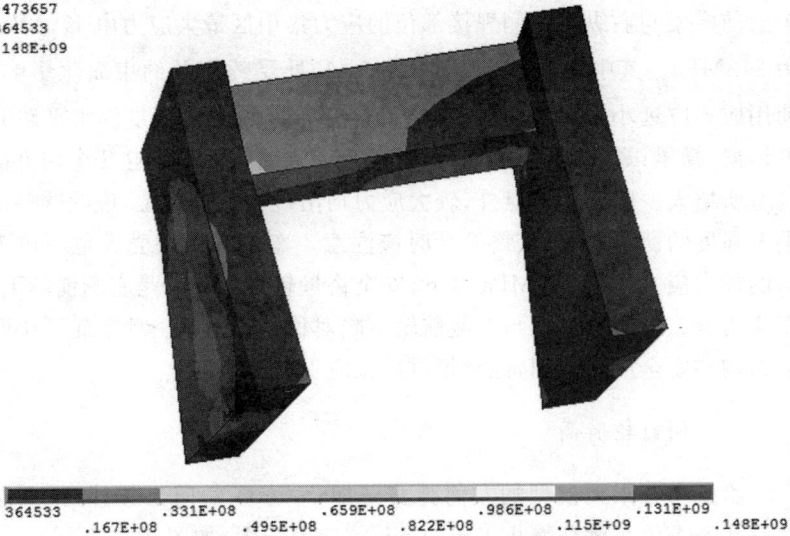

364533	.331E+08		.659E+08		.986E+08		.131E+09	

.167E+08　　.495E+08　　.822E+08　　.115E+09　　.148E+09

图 3-18　龙门梁应力云图

SEQV (AVG)
DMX =.55409
SMN =279645
SMX =.218E+09

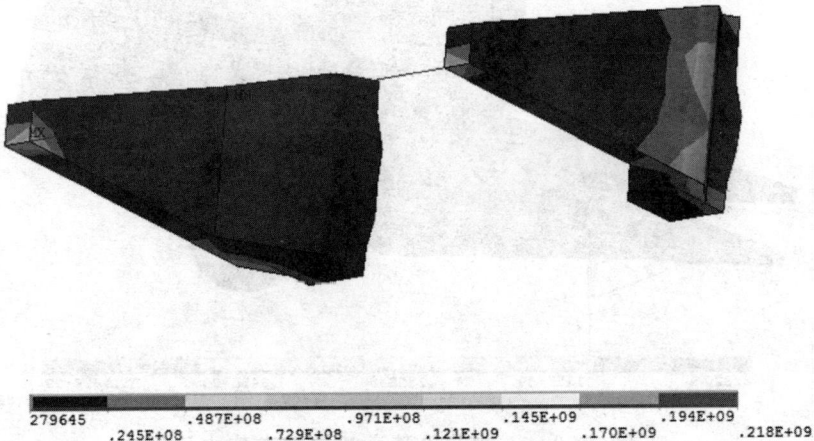

279645　.487E+08　.971E+08　.145E+09　.194E+09

.245E+08　　.729E+08　　.121E+09　　.170E+09　　.218E+09

图 3-19　车架前部应力云图

由图 3-14 至图 3-19 和表 3-4 看出，相比水平路况，一侧前轮下陷时整车应力状态发生了一些变化，后桥壳上左侧后悬架支座端部的最大应力由504MPa 增加为 518MPa，更接近铸钢 ZG28CrNiMoA 的材料屈服强度极限520MPa。车架右纵梁与尾部横梁相贯焊接处的最大应力为 355MPa，增大很多。车架上前桥横拉杆左侧支座的最大应力由 198MPa 变为 275MPa，车架前横梁与右纵梁内侧焊接部位的应力集中区最大应力由 170MPa 增大为 218MPa。其中Ⓐ、Ⓑ、Ⓒ、Ⓕ、Ⓘ、Ⓙ、Ⓛ处受约束及约束简化影响，实际使用应力应远小于表中的最大应力值，有一定的安全裕量。水平路时车架的纵梁、横梁以及后桥壳的应力均很小，一侧前轮下陷时这几个构件的应力均有所增大。除了约束点外，较大应力均出现在相贯部位，说明这些部位是整车强度的薄弱部位，最终设计时应注意。车架和后桥壳大范围应力集中区的最大应力均在 150MPa 以下，安全裕量较大。如果是右侧前轮下陷，整车应力分布情况会出现与左侧前轮下陷对称的位置。一侧前轮下陷时整车应力均在安全应力范围，但对相贯部位应引起注意。

  2. 一侧前轮骑高

  给整车有限元模型的左前弹簧施加 500mm 的向上位移，得到左前轮骑高状态下整车满载静止工况的 mises 应力云图，如图 3-20 所示。

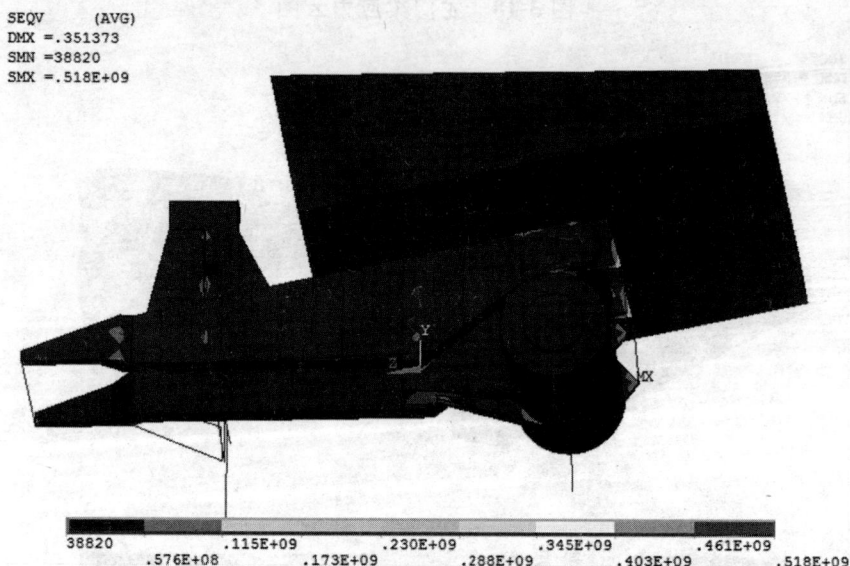

图 3-20　一侧前轮骑高时的整车应力云图

表 3-5　一侧前轮骑高时的最大应力及其位置

序号	最大应力值/(MPa)	最大应力所处部位，位置代号
1	518	后桥壳上右侧后悬架支座的约束点处，Ⓑ
2	490	后桥壳上左侧后悬架支座的约束点处，Ⓐ

序号	最大应力值/(MPa)	最大应力所处部位,位置代号
3	483	左侧前悬架上部挂耳的约束点处,Ⓘ
4	339	车架右纵梁与尾部横梁相贯焊接处的下部内侧,Ⓓ
5	298	后桥壳上 A 型架与壳体下部相贯部位的右连接支臂内侧,Ⓖ
6	275	车架上前桥横拉杆右侧支座的约束点处,Ⓜ
7	273	后桥壳上 A 型架与壳体上部相贯部位的左连接支臂内侧,Ⓔ
8	264	后桥壳上 A 型架与壳体下部相贯部位的左连接支臂外侧,Ⓚ
9	253	右侧前悬架上部挂耳的约束点处,Ⓒ
10	252	右侧后悬架上部挂耳的约束点处,Ⓛ
11	242	后桥壳上 A 型架与壳体下部相贯部位的右连接支臂外侧,Ⓗ
12	238	左侧后悬架上部挂耳的约束点处,Ⓘ

最大应力出现部位及应力值如表 3-5 所示。由图 3-20 和表 3-5 看出,一侧前轮骑高时的整车应力分布与一侧前轮下陷时的整车应力分布情况相比变化不大,应力较大区域也是出现在约束处和相贯焊接部位,部分应力集中位置出现转移,最大应力值略有变化但基本在同一量级。所有部位的最大应力均小于材料屈服强度,整车处于安全范围内。

3.3.2　一侧后轮下陷或骑高

1. 一侧后轮下陷

给整车模型的左后弹簧施加 500mm 的向下位移,加载后得到左后轮下陷时整车满载静止工况的 mises 应力云图,如图 3-21 所示。

最大应力及其出现部位如表 3-6 所示。图 3-22～图 3-26 所示为各焊接部位并且存在较大应力集中的局部应力云图。由表 3-6 和图 3-21～图 3-26 看出,一侧后轮下陷时的整车应力分布情况发生很大变化,有两个部位的最大应力大于材料屈服强度极限,但这两个部位均为约束点处,受约束及约束简化影响较大,实际使用应力应远小于表中的最大应力值,而且这些最

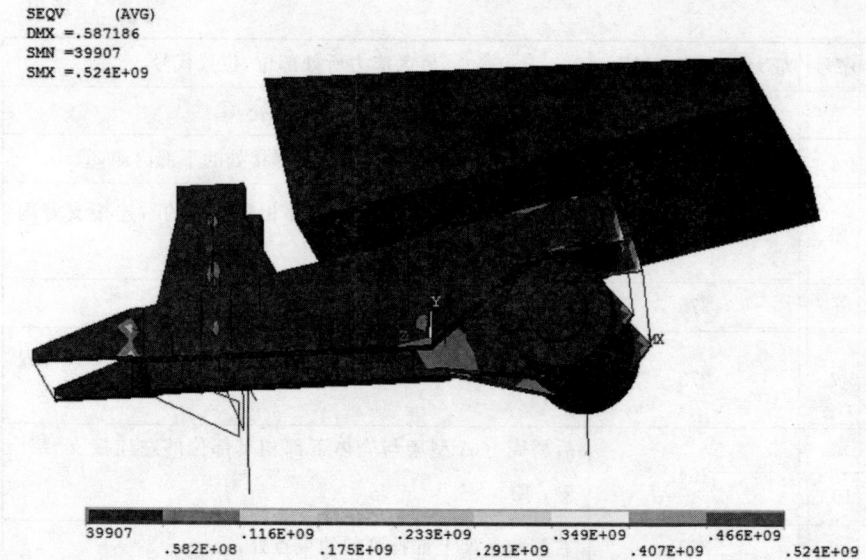

```
SEQV      (AVG)
DMX =.587186
SMN =39907
SMX =.524E+09
```

39907	.116E+09	.233E+09	.349E+09	.466E+09
.582E+08	.175E+09	.291E+09	.407E+09	.524E+09

图 3-21　一侧后轮下陷时的整车应力云图

大应力集中部位附近的塑性区范围很小并且发生在材料表面,对右侧后悬架支座和左侧前悬架上部挂耳的结构强度影响不大。相贯部位均出现了较大应力,但还有一定的安全裕量,可以安全工作。A 型架出现了大区域应力集中,尤其是 44.7～111MPa 应力范围占比较大,最大应力 199MPa 出现在两个支臂与铰接套的对称中心,与材料屈服强度极限 460MPa 相比有较大安全裕量,能承受一定的动载荷。车架前部横梁与纵梁的焊接处最大应力达 277MPa,有一定安全裕量。龙门梁应力范围均在 160MPa 以下,较安全。车架和桥壳的主体结构强度足够,能保证安全使用。鉴于此工况的应力状态,为保证较大塑性变形不发生扩展而影响车架和桥壳的主体结构强度,可适当补强应力接近材料屈服极限的部位,以满足实际道路行驶要求。实际使用中应尽量避免满载静止时一侧后轮下陷深度超过 500mm。

表 3-6　一侧后轮下陷时的最大应力及其位置

序号	最大应力值/(MPa)	最大应力所处部位,位置代号
1	524	后桥壳上右侧后悬架支座的约束点处,Ⓑ
2	523	左侧前悬架上部挂耳的约束点处,Ⓣ
3	484	后桥壳上左侧后悬架支座的约束点处,Ⓐ
4	388	后桥壳上 A 型架与壳体下部相贯部位的右连接支臂内侧,Ⓖ

序号	最大应力值/(MPa)	最大应力所处部位,位置代号
5	363	后桥壳上 A 型架与壳体下部相贯部位的左连接支臂内侧,Ⓔ
6	340	后桥壳上 A 型架与壳体下部相贯部位的左连接支臂外侧,Ⓚ
7	333	车架右纵梁与尾部横梁相贯焊接处的下部内侧,Ⓓ
8	318	后桥壳上 A 型架与壳体下部相贯部位的右连接支臂外侧,Ⓗ
9	277	车架前横梁与左纵梁内侧焊接部位,Ⓝ
10	270	车架上前桥横拉杆右侧支座的约束点处,Ⓜ
11	256	左侧前悬架上部挂耳的上端,Ⓞ
12	255	车架上右侧后悬架上部挂耳的约束点处,Ⓛ
13	252	车架前横梁与右纵梁内侧焊接部位,Ⓟ
14	236	车架上左侧后悬架上部挂耳的约束点处,Ⓙ
15	232	后桥壳上 A 型架与壳体上部相贯部位的右连接支臂内侧,Ⓠ

SEQV　　(AVG)
DMX =.394483
SMN =.507E+07
SMX =.333E+09

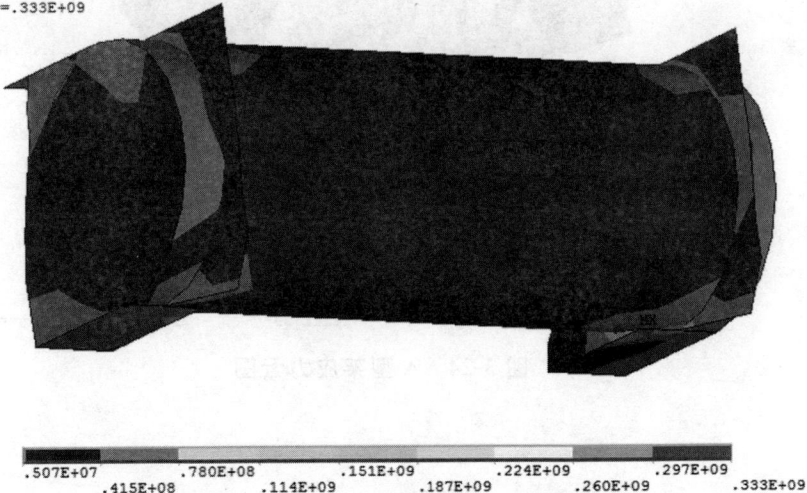

.507E+07　　　　.780E+08　　　　.151E+09　　　　.224E+09　　　　.297E+09
　　　.415E+08　　　　.114E+09　　　　.187E+09　　　　.260E+09　　　　.333E+09

图 3-22　车架尾部横梁应力云图

```
SEQV    (AVG)
DMX =.338534
SMN =219567
SMX =.388E+09
```

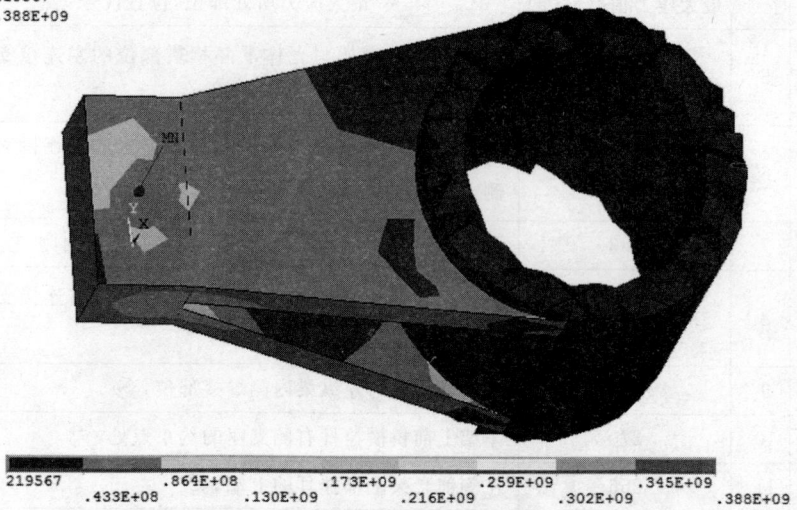

219567   .864E+08   .173E+09   .259E+09   .345E+09
     .433E+08   .130E+09   .216E+09   .302E+09   .388E+09

图 3-23   后桥壳应力云图

```
SEQV    (AVG)
DMX =.372189
SMN =686448
SMX =.199E+09
```

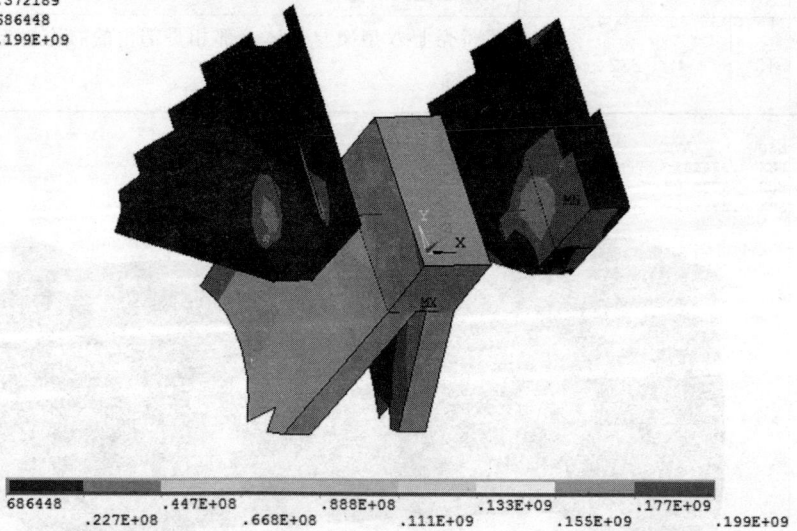

686448   .447E+08   .888E+08   .133E+09   .177E+09
     .227E+08   .668E+08   .111E+09   .155E+09   .199E+09

图 3-24   A 型架应力云图

SEQV (AVG)
DMX =.342363
SMN =202452
SMX =.160E+09

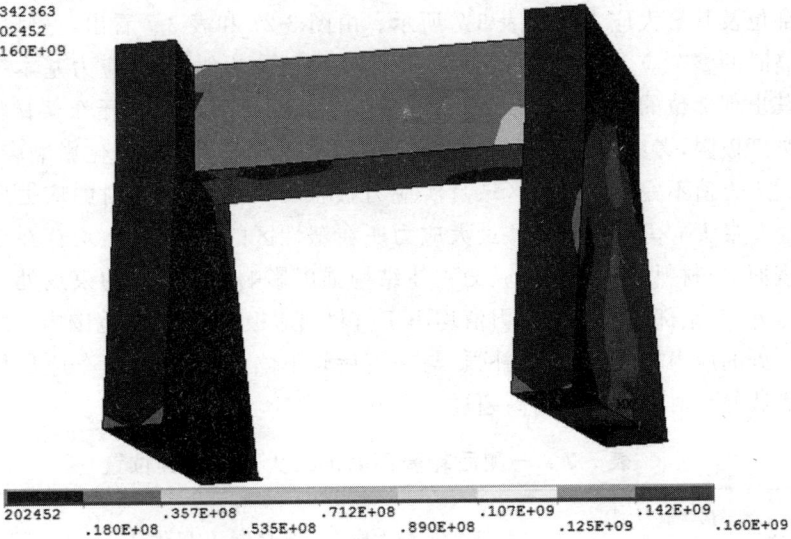

| 202452 | .357E+08 | .712E+08 | .107E+09 | .142E+09 |
| .180E+08 | .535E+08 | .890E+08 | .125E+09 | .160E+09 |

图 3-25 龙门梁应力云图

SEQV (AVG)
DMX =.306974
SMN =516522
SMX =.277E+09

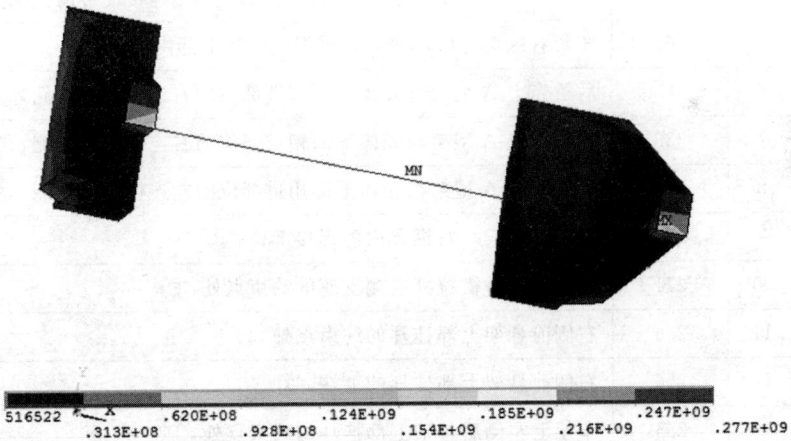

| 516522 | .620E+08 | .124E+09 | .185E+09 | .247E+09 |
| .313E+08 | .928E+08 | .154E+09 | .216E+09 | .277E+09 |

图 3-26 车架前部应力云图

2. 一侧后轮骑高

给整车有限元模型的左后弹簧施加 500mm 向上位移,得到左后轮骑高状态下整车满载静止工况的 mises 应力云图,如图 3-27 所示。应力集中部位及其最大应力值如表 3-7 所示。由图 3-27 和表 3-7 看出,一侧后轮骑高时的整车应力分布与一侧后轮下陷情况基本相似,最大应力基本接近而其出现部位的顺序有所改变。整车有两个部位的应力值大于车架材料屈服强度极限,考虑到这些部位均在约束点处,受约束及约束简化影响较大,最大应力值不完全是这些区域真实应力状态反映,实际使用时的应力应小于这些最大应力。而且这些最大应力所在塑性区的范围很小,均存在于材料表面,对材料及车架和桥壳的主体结构强度影响很小。除约束点处出现屈服外,其余部位的最大应力值均小于材料屈服极限,在安全范围内。所有相贯处的应力较大,应适当补强,与一侧后轮下陷情况一样,整车应尽量避免满载静止时一侧后轮骑高超过 500mm。

表 3-7　一侧后轮骑高时的最大应力及其位置

序号	最大应力值/（MPa）	最大应力所处部位,位置代号
1	524	后桥壳上左侧后悬架支座的约束点处,Ⓐ
2	523	右侧前悬架上部挂耳的约束点处,Ⓒ
3	484	后桥壳上右侧后悬架支座的约束点处,Ⓑ
4	392	后桥壳上 A 型架与壳体下部相贯部位的左连接支臂内侧,Ⓔ
5	365	车架右纵梁与尾部横梁相贯焊接处的下部内侧,Ⓓ
6	363	后桥壳上 A 型架与壳体下部相贯部位的右连接支臂内侧,Ⓖ
7	338	后桥壳上 A 型架与壳体下部相贯部位的右连接支臂外侧,Ⓗ
8	323	后桥壳上 A 型架与壳体下部相贯部位的左连接支臂外侧,Ⓚ
9	277	车架前横梁与右纵梁内侧焊接部位,Ⓟ
10	271	车架上前桥横拉杆左侧支座的约束点处,Ⓕ
11	256	右侧前悬架上部挂耳的约束点处,Ⓒ
12	256	右侧前悬架上部挂耳的上端,Ⓡ
13	255	车架上左侧后悬架上部挂耳的约束点处,Ⓙ
14	252	车架前横梁与左纵梁内侧焊接部位,Ⓝ
15	237	后桥壳上 A 型架与壳体上部相贯部位的左连接支臂内侧,Ⓔ
16	236	车架上右侧后悬架上部挂耳的约束点处,Ⓛ
17	227	右侧前悬架上部挂耳的约束点下部,Ⓢ

SEQV   (AVG)
DMX =.456641
SMN =40239
SMX =.524E+09

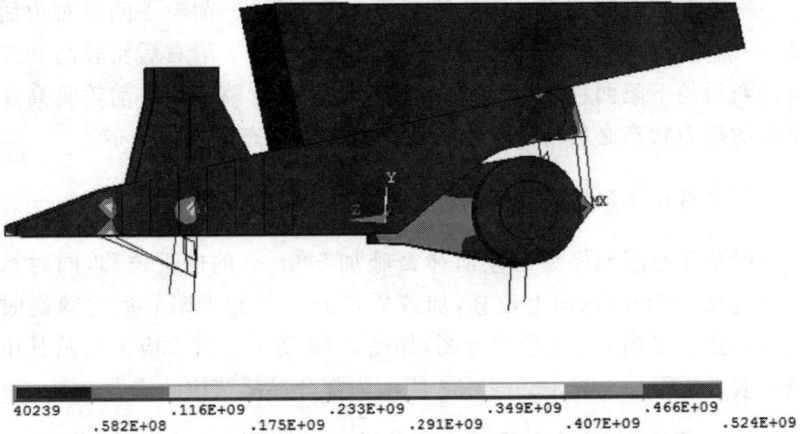

40239   .116E+09   .233E+09   .349E+09   .466E+09
    .582E+08   .175E+09   .291E+09   .407E+09   .524E+09

SEQV   (AVG)
DMX =.456641
SMN =40239
SMX =.524E+09

40239   .116E+09   .233E+09   .349E+09   .466E+09
    .582E+08   .175E+09   .291E+09   .407E+09   .524E+09

图 3-27　一侧后轮骑高时的整车应力云图

3.4　对角轮下陷或骑高

对角轮下陷或骑高有两种基本状态：一轮下陷或骑高而对角轮骑高或下陷，对角轮同时下陷或骑高。整车左右对称，只计算左前右后对角的应力状态即可。

3.4.1 对角轮—轮下陷—轮骑高

一轮下陷或骑高而对角轮骑高或下陷包括：一前轮下陷及对角后轮骑高，一前轮骑高及对角后轮下陷。只分析左前轮下陷右后轮骑高和左前轮骑高右后轮下陷两种状态，而右前轮下陷左后轮骑高和右前轮骑高左后轮下陷的应力状态必然与以上两种路况的应力状态呈对称分布。

1.左前轮下陷右后轮骑高

给整车有限元模型的左前弹簧施加 500mm 的向下位移，同时给右后弹簧施加 500mm 的向上位移，加载后得到左前轮下陷右后轮骑高时整车满载静止工况的 mises 应力云图，如图 3-28 所示。较大应力值及其出现部位如表 3-8 所示。图 3-29～3-33 所示为部分局部结构的应力云图。

表 3-8   左前轮下陷右后轮骑高时的最大应力及其位置

序号	最大应力值/(MPa)	最大应力所处部位，位置代号
1	520	后桥壳上右侧后悬架支座的约束点处，Ⓑ
2	488	后桥壳上左侧后悬架支座的约束点处，Ⓐ
3	485	左侧前悬架上部挂耳的约束点处，①
4	289	后桥壳上 A 型架与壳体下部相贯部位的右连接支臂内侧，Ⓖ

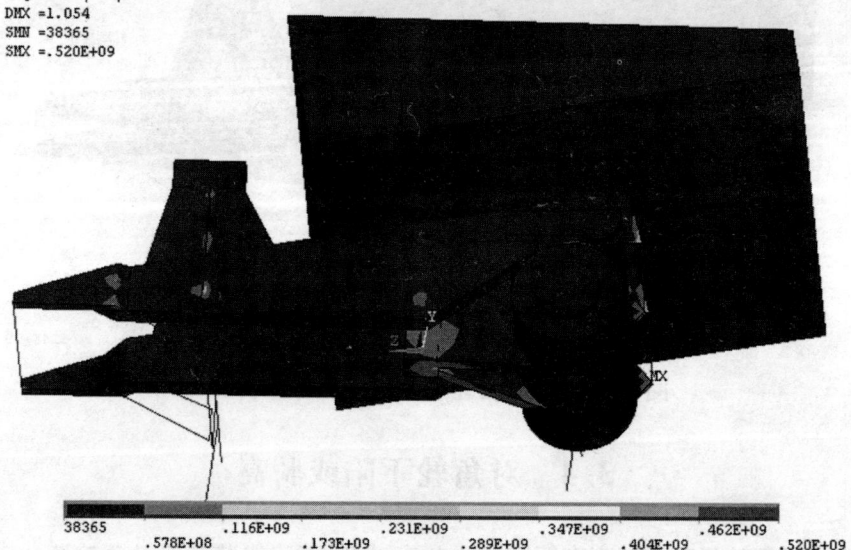

DMX =1.054
SMN =38365
SMX =.520E+09

38365　.116E+09　.231E+09　.347E+09　.462E+09
　.578E+08　.173E+09　.289E+09　.404E+09　.520E+09

图 3-28   左前轮下陷右后轮骑高整车应力云图

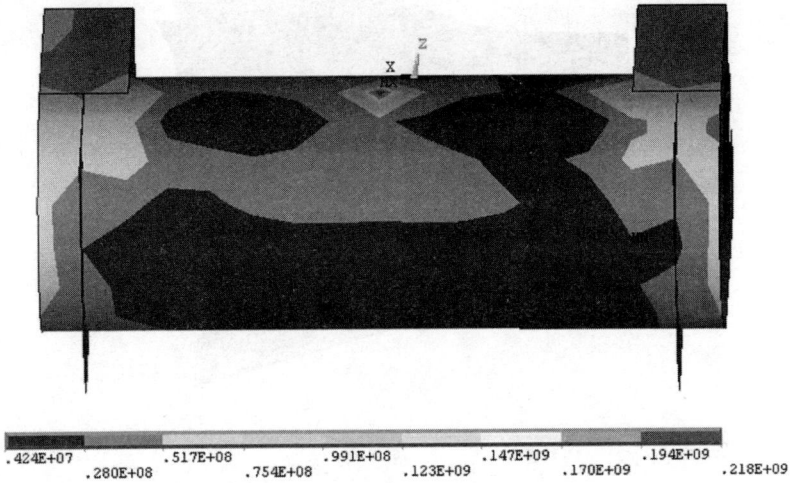

图 3-29　车架尾部横梁应力云图

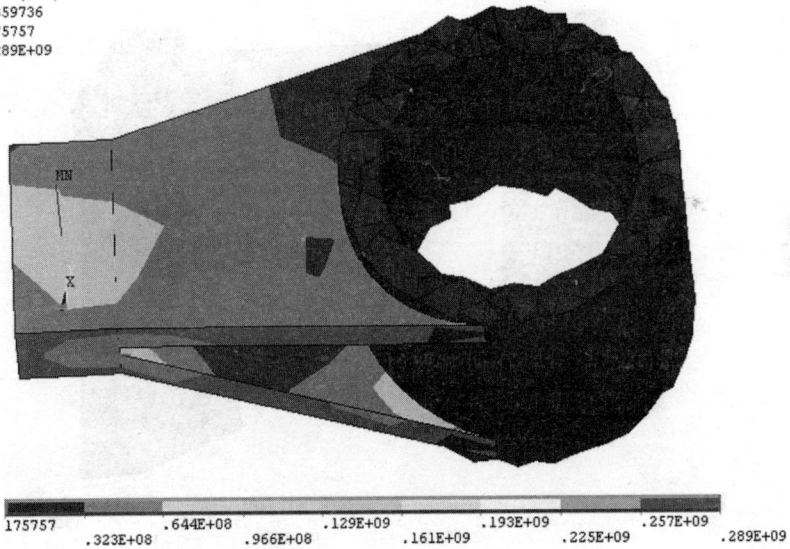

图 3-30　后桥壳应力云图

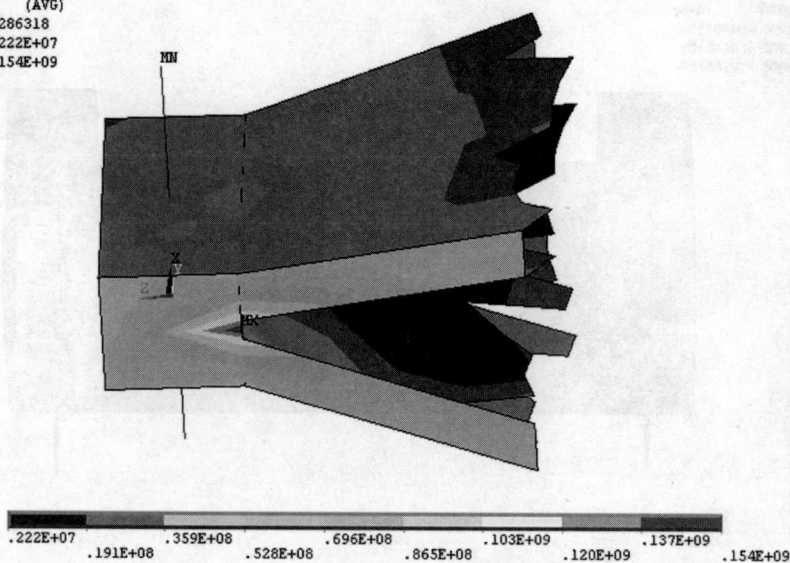

SEQV   (AVG)
DMX =.286318
SMN =.222E+07
SMX =.154E+09

MN

.222E+07   .359E+08   .696E+08   .103E+09   .137E+09
      .191E+08   .528E+08   .865E+08   .120E+09   .154E+09

图 3-31   A 型架应力云图

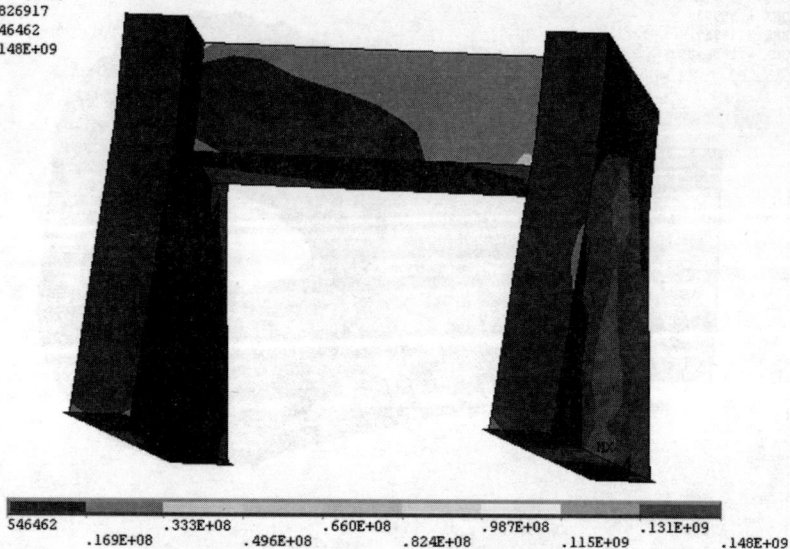

SEQV   (AVG)
DMX =.826917
SMN =546462
SMX =.148E+09

546462   .333E+08   .660E+08   .987E+08   .131E+09
      .169E+08   .496E+08   .824E+08   .115E+09   .148E+09

图 3-32   龙门梁应力云图

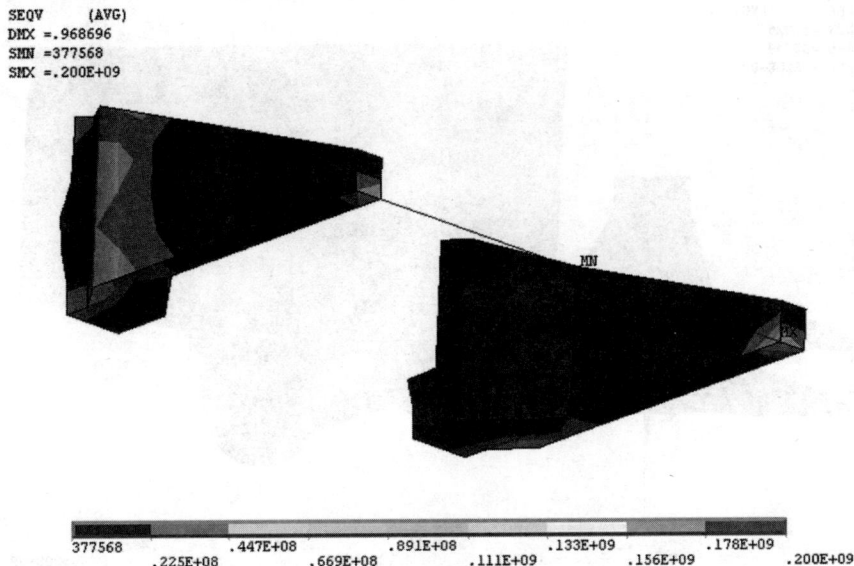

```
SEQV    (AVG)
DMX =.968696
SMN =377568
SMX =.200E+09
```

```
377568        .447E+08        .891E+08        .133E+09        .178E+09
     .225E+08        .669E+08        .111E+09        .156E+09        .200E+09
```

图 3-33　车架前部应力云图

由图 3-28～图 3-33 和表 3-8 看出,左前轮下陷右后轮骑高陷时,最大应力 520MPa 出现在后桥壳上右侧后悬架支座的约束点处,等于铸钢 ZG28CrNiMoA 的材料屈服强度极限 520MPa 而远小于材料的极限强度 795MPa,这是由于约束及约束简化所致,实际使用时的应力应远小于该值。三个较大应力均出现在约束点处,除了约束点及其附近有较大应力集中外,其他部位应力均较小,在材料极限强度之内,有一定的安全裕量。

2. 左前轮骑高右后轮下陷

给整车有限元模型的左前弹簧施加 500mm 的向上位移,同时给右后弹簧施加 500mm 的向下位移,加载后得到左前轮骑高右后轮下陷时整车满载静止工况的 mises 应力云图,如图 3-34 所示。整车较大应力值及其出现部位如表 3-9 所示。

SEQV   (AVG)
DMX =1.326
SMN =38439
SMX =.520E+09

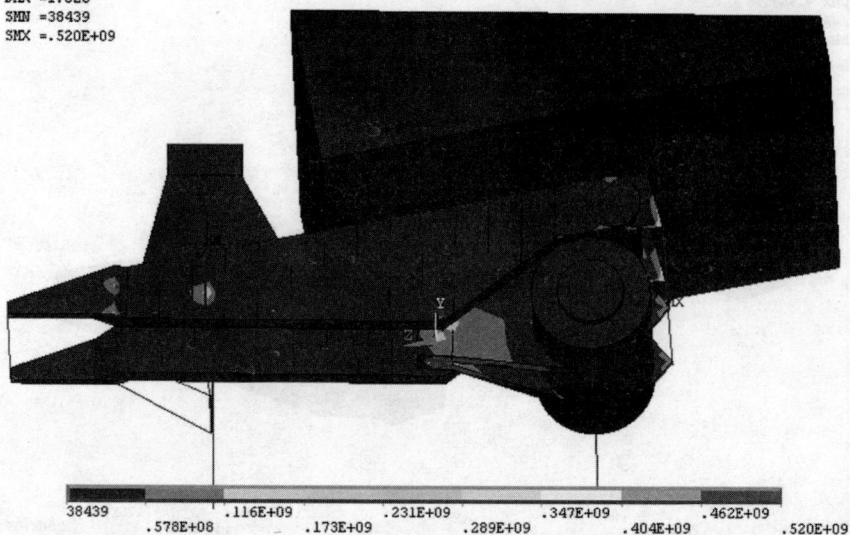

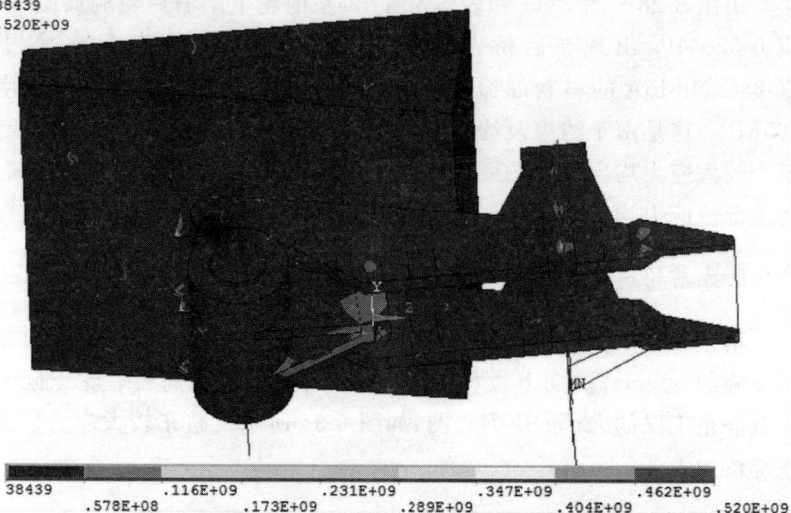

```
38439        .116E+09        .231E+09        .347E+09        .462E+09
     .578E+08        .173E+09        .289E+09        .404E+09        .520E+09
```

SEQV   (AVG)
DMX =1.326
SMN =38439
SMX =.520E+09

```
38439        .116E+09        .231E+09        .347E+09        .462E+09
     .578E+08        .173E+09        .289E+09        .404E+09        .520E+09
```

图 3-34   左前轮骑高右后轮下陷时的整车应力云图

表 3-9 左前轮骑高右后轮下陷时的最大应力及其位置

序号	最大应力值/(MPa)	最大应力所处部位,位置代号
1	520	后桥壳上左侧后悬架支座的约束点处,Ⓐ
2	488	后桥壳上右侧后悬架支座的约束点处,Ⓑ
3	485	右侧前悬架上部挂耳的约束点处,Ⓒ
4	292	后桥壳上 A 型架与壳体下部相贯部位的左连接支臂内侧,Ⓔ

该路况时整车应力状态与左前轮下陷右后轮骑高时的应力分布状况类似,只是应力区域出现在与左前轮下陷右后轮骑高时对称的部位。只有 3 个约束点处的应力值较大,系施加约束及约束简化所致,与左前轮下陷右后轮骑高时的情况一样,整车具有足够的安全裕量。

3.4.2 对角轮同时下陷或骑高

对角轮同时下陷或骑高时,车架和前后桥会出现很大的对角扭转变形,是所有路况中最差状态。考虑到轮胎径向变形量和悬架最大行程,给模型对角轮同时施加向上或向下位移以 300mm 为宜,比较符合实际运行工况。施加的位移量过小则不能正确反映整车实际使用时的应力状态,位移量过大则超出了整车的实际工况范畴而不是 220t 矿用自卸汽车的实际工作状态。

1.对角轮同时下陷

给整车模型的左前和右后弹簧同时施加 300mm 向下位移,加载后得到左前轮和右后轮同时下陷时整车满载静止的 mises 应力云图,如图 3-35 所示。

整车较大应力值及其出现部位如表 3-10 所示。图 3-36～图 3-40 所示为部分局部结构的应力云图。

表 3-10 对角轮同时下陷时的最大应力及其位置

序号	最大应力值/(MPa)	最大应力所处部位,位置代号
1	523	后桥壳上左侧后悬架支座的约束点处,Ⓐ
2	518	右侧前悬架上部挂耳的约束点处,Ⓒ
3	485	后桥壳上右侧后悬架支座的约束点处,Ⓑ
4	394	车架右纵梁与尾部横梁相贯焊接处的下部内侧,Ⓓ

序号	最大应力值/(MPa)	最大应力所处部位,位置代号
5	385	后桥壳上 A 型架与壳体上部相贯部位的左连接支臂内侧,Ⓔ
6	355	后桥壳上 A 型架与壳体下部相贯部位的右连接支臂内侧,Ⓖ
7	333	后桥壳上 A 型架与壳体下部相贯部位的右连接支臂外侧,Ⓗ
8	318	后桥壳上 A 型架与壳体下部相贯部位的左连接支臂外侧,Ⓚ
9	281	车架上前桥横拉杆左侧支座的约束点处,Ⓕ
10	274	车架前横梁与右纵梁内侧焊接部位,Ⓟ
11	254	车架上左侧后悬架上部挂耳的约束点处,Ⓙ
12	254	后桥壳上 A 型架与壳体上部相贯部位的左连接支臂内侧,Ⓔ
13	254	右侧前悬架上部挂耳的上端,Ⓡ
14	249	车架前横梁与左纵梁内侧焊接部位,Ⓝ
15	236	车架上右侧后悬架上部挂耳的约束点处,Ⓛ

```
SEQV     (AVG)
DMX =.405344
SMN =40158
SMX =.523E+09
```

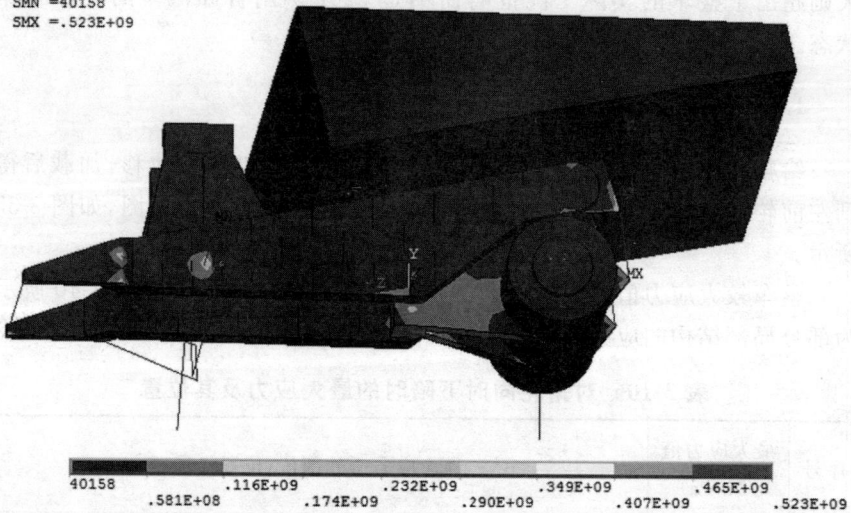

```
40158        .116E+09        .232E+09        .349E+09        .465E+09
    .581E+08        .174E+09        .290E+09        .407E+09        .523E+09
```

图 3-35 对角轮同时下陷时的整车应力云图

SEQV   (AVG)
DMX =.300526
SMN =913365
SMX =.394E+09

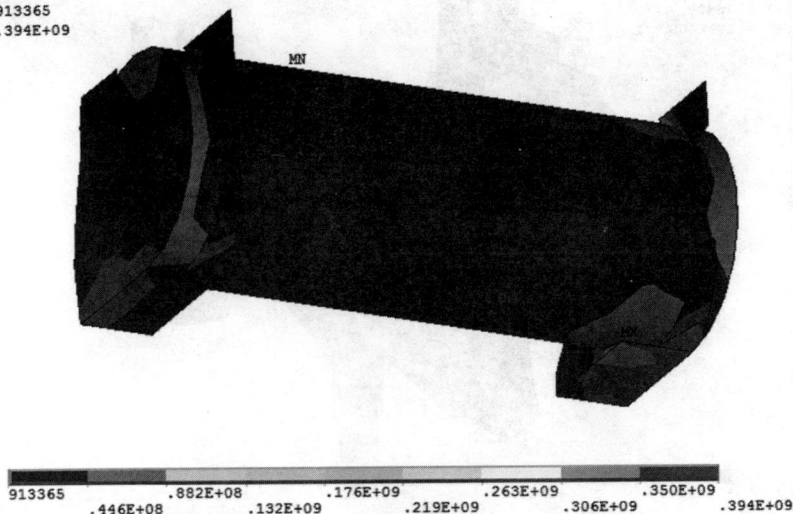

| 913365 | | .882E+08 | | .176E+09 | | .263E+09 | | .350E+09 | |
| | .446E+08 | | .132E+09 | | .219E+09 | | .306E+09 | | .394E+09 |

图 3-36　车架尾部横梁应力云图

SEQV   (AVG)
DMX =.3169
SMN =192654
SMX =.385E+09

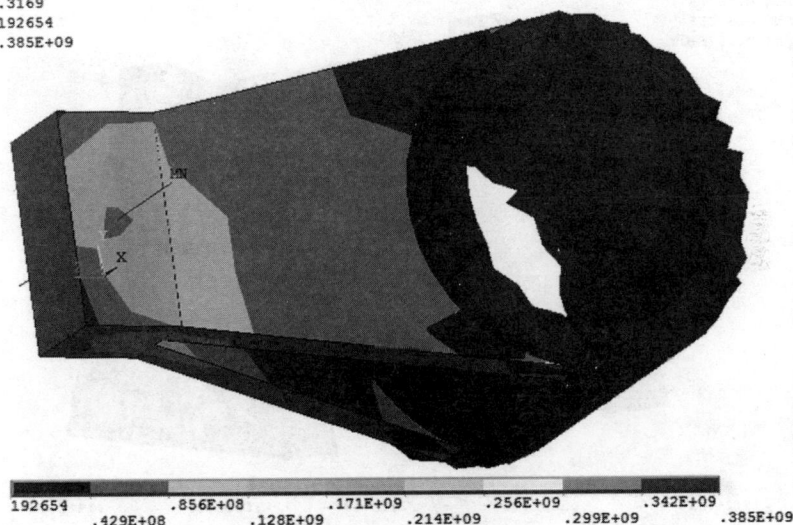

| 192654 | | .856E+08 | | .171E+09 | | .256E+09 | | .342E+09 | |
| | .429E+08 | | .128E+09 | | .214E+09 | | .299E+09 | | .385E+09 |

图 3-37　后桥壳应力云图

SEQV (AVG)
DMX =.328694
SMN =573429
SMX =.193E+09

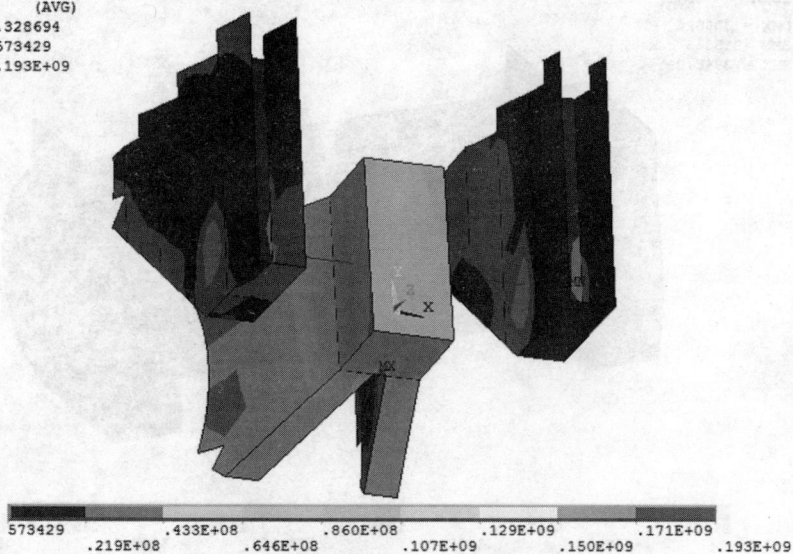

573429		.433E+08		.860E+08		.129E+09		.171E+09	
	.219E+08		.646E+08		.107E+09		.150E+09		.193E+09

图 3-38　A 型架应力云图

SEQV (AVG)
DMX =.36719
SMN =249216
SMX =.159E+09

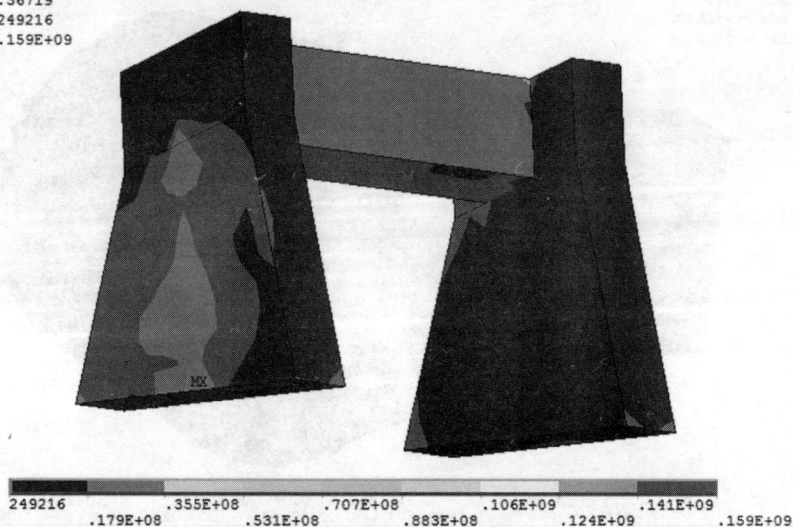

249216		.355E+08		.707E+08		.106E+09		.141E+09	
	.179E+08		.531E+08		.883E+08		.124E+09		.159E+09

图 3-39　龙门梁应力云图

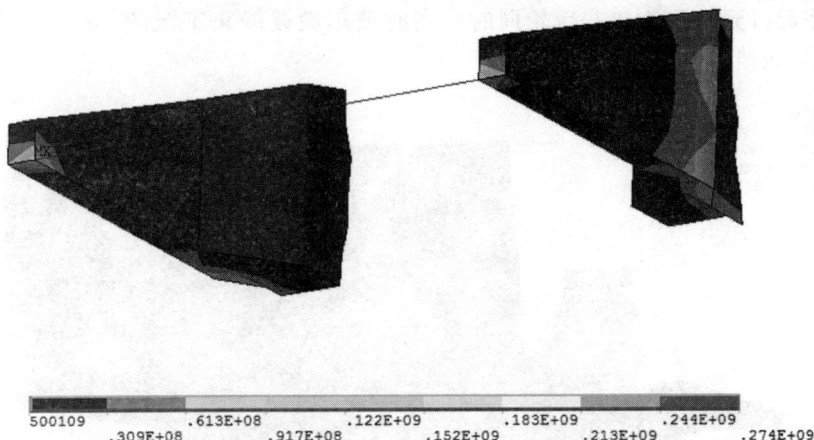

SEQV　(AVG)
DMX =.390174
SMN =500109
SMX =.274E+09

```
500109          .613E+08          .122E+09          .183E+09          .244E+09
      .309E+08          .917E+08          .152E+09          .213E+09          .274E+09
```

图 3-40　车架前部应力云图

由图 3-35 至图 3-40 和表 3-10 看出,对角轮同时下陷 300mm 时,只有后桥壳上左侧后悬架支座约束点处的最大应力超出材料屈服强度极限 520MPa,系约束及约束简化所致,实际工况的应力值应小于计算值。车架的纵梁和尾部横梁相贯部位、后桥壳体和 A 型架相贯部位的最大应力均较大,最终设计时应注意适当补强。约束点及其附近出现较大应力系约束及约束简化影响,实际工作时的应力值应小于计算值。车架前部横梁和纵梁焊接处最大应力 274MPa,有一定的安全裕量,可满足实际工况需要。车架的纵梁和龙门梁以及后桥壳体强度较高,应力均在 127MPa 以下,安全裕量足够。

由于矿用自卸汽车大多情况是处于满载运动状态,如再考虑振动的影响,对角轮同时下陷 300mm 工况已接近结构和材料所能承受的临界极限强度,车架和后桥壳上的相贯部位可能会产生局部裂纹,最后导致构件疲劳失效。鉴于此工况的应力状态,为保证大的塑性变形不发生或不迅速发生扩展而影响车架和桥壳的主体结构强度,可采取增设加强板措施对相贯焊接部位进行适当补强。补强措施未必能完全将薄弱部位强度提高到足以抵抗该极限工况和振动同时出现,但至少可提高局部强度,将较大应力集中区分散转移,延缓局部裂纹扩展速度,增加结构抵御危险工况的能力,从而提高整车的使用寿命。整车实际使用时,尽量避免出现对角轮同时下陷较大深度。

2. 对角轮同时骑高

给整车有限元模型的左前和右后弹簧同时施加 300mm 向上位移,加载后得到左前轮和右后轮同时骑高时整车满载静止工况的 mises 应力云图,如图 3-41 所示。

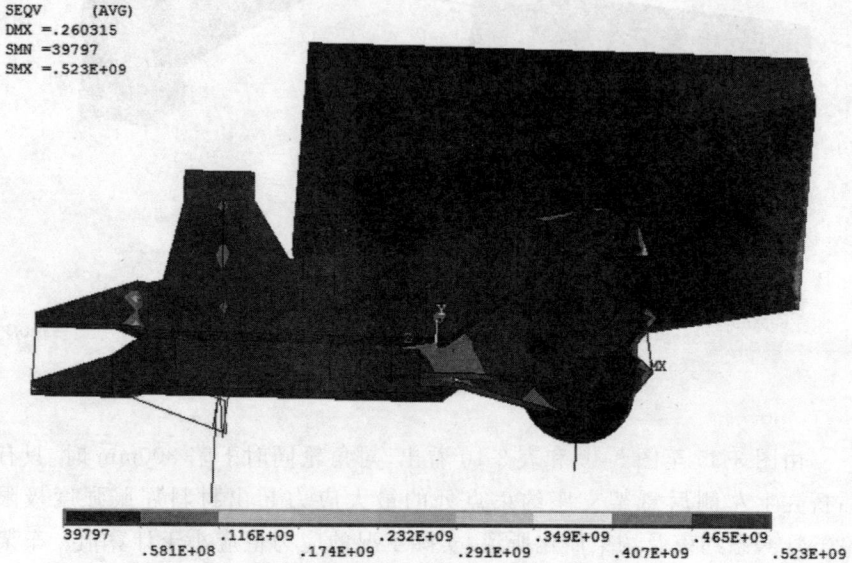

SEQV   (AVG)
DMX =.260315
SMN =39797
SMX =.523E+09

39797   .116E+09   .232E+09   .349E+09   .465E+09
    .581E+08   .174E+09   .291E+09   .407E+09   .523E+09

图 3-41   对角轮同时骑高时的整车应力云图

整车较大应力值及其出现部位如表 3-11 所示。图 3-42～图 3-46 所示为部分局部结构的应力云图。由表 3-11 和图 3-41～图 3-46 看出,对角轮同时骑高时整车应力状态与对角轮同时下陷时的应力分布状况类似,其应力值同在一个量级并基本相等,只是最大应力出现在与对角轮同时下陷时对称的部位,也就是右前轮和左后轮同时下陷时的应力状态。

表 3-11   对角轮同时骑高时的最大应力及其位置

序号	最大应力值/(MPa)	最大应力所处部位,位置代号
1	523	后桥壳上右侧后悬架支座的约束点处,Ⓑ
2	518	左侧前悬架上部挂耳的约束点处,Ⓘ
3	485	后桥壳上左侧后悬架支座的约束点处,Ⓐ
4	380	后桥壳上 A 型架与壳体下部相贯部位的右连接支臂内侧,Ⓖ

序号	最大应力值 /(MPa)	最大应力所处部位,位置代号
5	366	车架右纵梁与尾部横梁相贯焊接处的下部内侧,Ⓓ
6	356	后桥壳上 A 型架与壳体上部相贯部位的左连接支臂内侧,Ⓔ
7	335	后桥壳上 A 型架与壳体下部相贯部位的左连接支臂外侧,Ⓚ
8	313	后桥壳上 A 型架与壳体下部相贯部位的右连接支臂外侧,Ⓗ
9	281	车架上前桥横拉杆右侧支座的约束点处,Ⓜ
10	274	车架前横梁与左纵梁内侧焊接部位,Ⓝ
11	254	车架上右侧后悬架上部挂耳的约束点处,Ⓛ
12	254	左侧前悬架上部挂耳的上端,Ⓞ
13	249	车架前横梁与右纵梁内侧焊接部位,Ⓟ
14	249	后桥壳上 A 型架与壳体上部相贯部位的右连接支臂内侧,Ⓠ
15	236	车架上左侧后悬架上部挂耳的约束点处,Ⓙ

```
SEQV     (AVG)
DMX =.154202
SMN =.363E+07
SMX =.366E+09
```

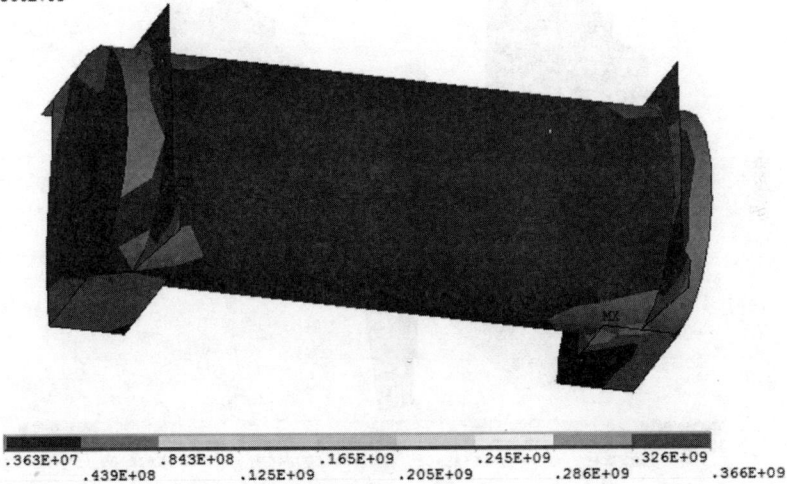

```
.363E+07        .843E+08         .165E+09        .245E+09        .326E+09
       .439E+08        .125E+09        .205E+09        .286E+09        .366E+09
```

图 3-42　车架尾部横梁应力云图

SEQV   (AVG)
DMX =.167497
SMN =213563
SMX =.380E+09

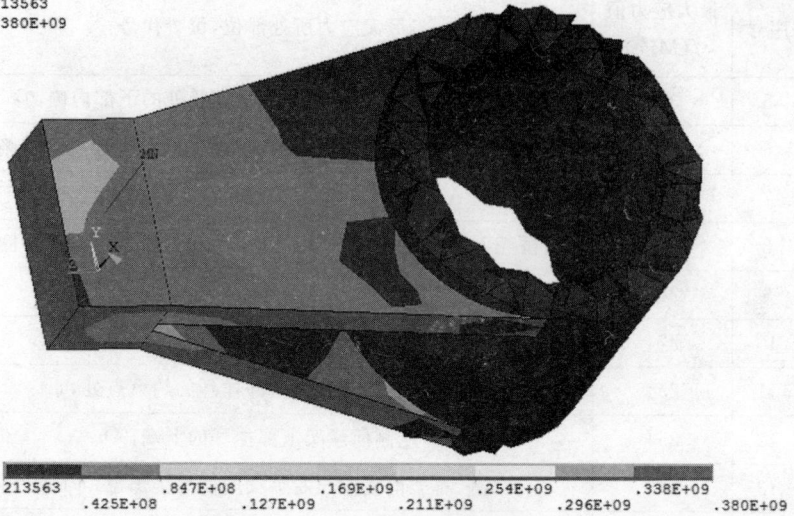

213563		.847E+08		.169E+09		.254E+09		.338E+09
	.425E+08		.127E+09		.211E+09		.296E+09	.380E+09

图 3-43　后桥壳应力云图

SEQV   (AVG)
DMX =.179802
SMN =388976
SMX =.193E+09

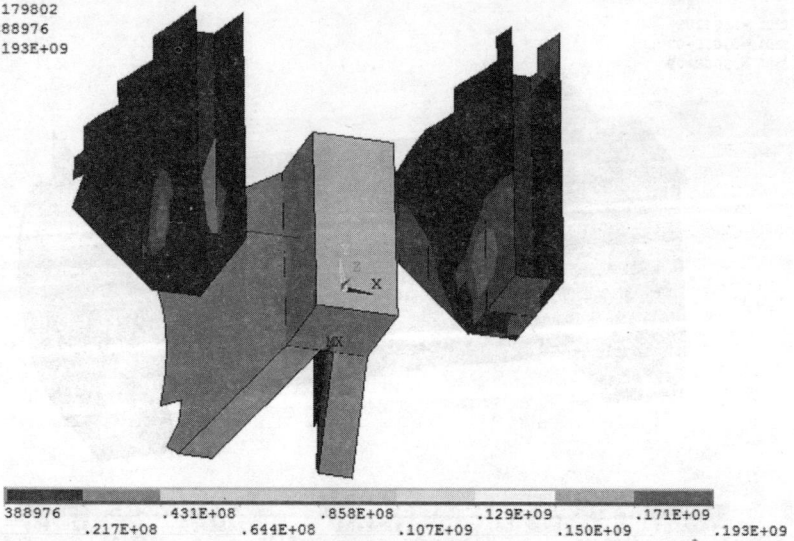

388976		.431E+08		.858E+08		.129E+09		.171E+09
	.217E+08		.644E+08		.107E+09		.150E+09	.193E+09

图 3-44　A 型架应力云图

SEQV   (AVG)
DMX =.21998
SMN =264438
SMX =.159E+09

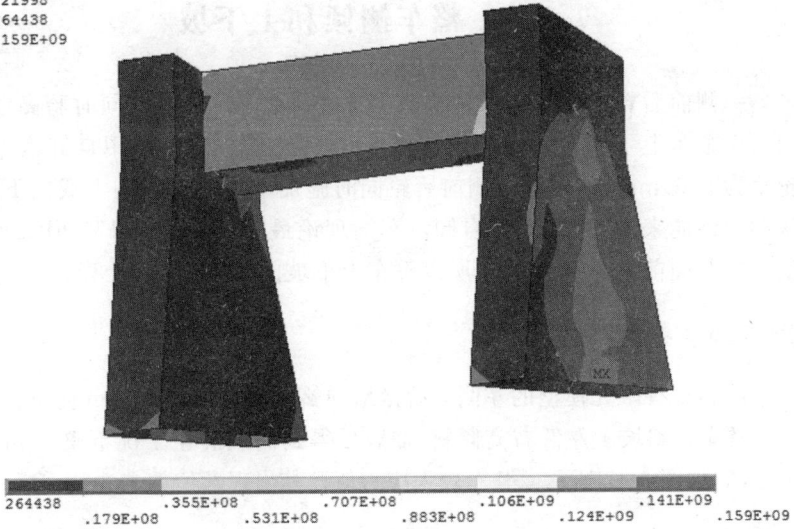

264438   .355E+08   .707E+08   .106E+09   .141E+09
    .179E+08   .531E+08   .883E+08   .124E+09   .159E+09

图 3-45　龙门梁应力云图

SEQV   (AVG)
DMX =.240183
SMN =505268
SMX =.274E+09

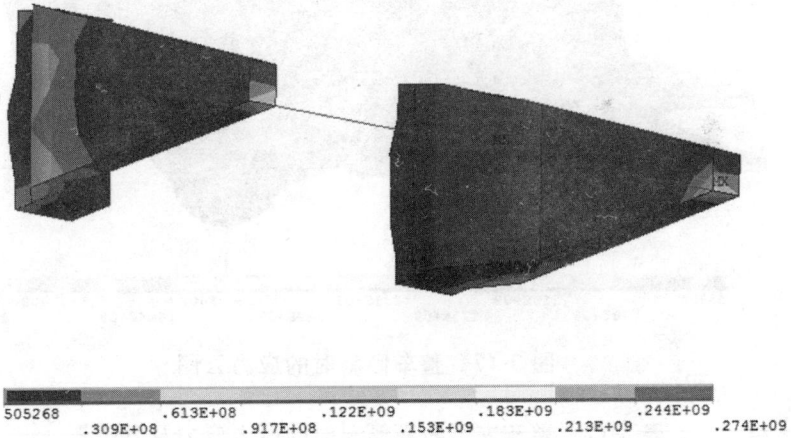

505268   .613E+08   .122E+09   .183E+09   .244E+09
    .309E+08   .917E+08   .153E+09   .213E+09   .274E+09

图 3-46　车架前部应力云图

3.5　整车侧倾和上下坡

一侧前后轮同时下陷或骑高相当于整车侧倾,两前轮同时骑高或下陷相当于整车上下坡。整车侧倾按侧倾角 12°计算,220t 矿用自卸汽车后桥轮距为 5300mm,则需给一侧前后轮同时施加 1100mm 的向上或向下位移。从动力性能来说,220t 矿用自卸汽车的理论最大爬坡度是 17°,但整车结构设计的车厢前倾角度为 12°,所以整车上下坡的角度按 12°计算。

3.5.1　整车侧倾

给整车有限元模型的左侧前后接地弹簧同时施加 1100mm 向下位移,相当于整车在斜坡上左低右高倾斜,加载后得到满载静止工况下整车 mises 应力云图,如图 3-47 所示。整车较大应力值及其出现部位如表 3-12 所示。

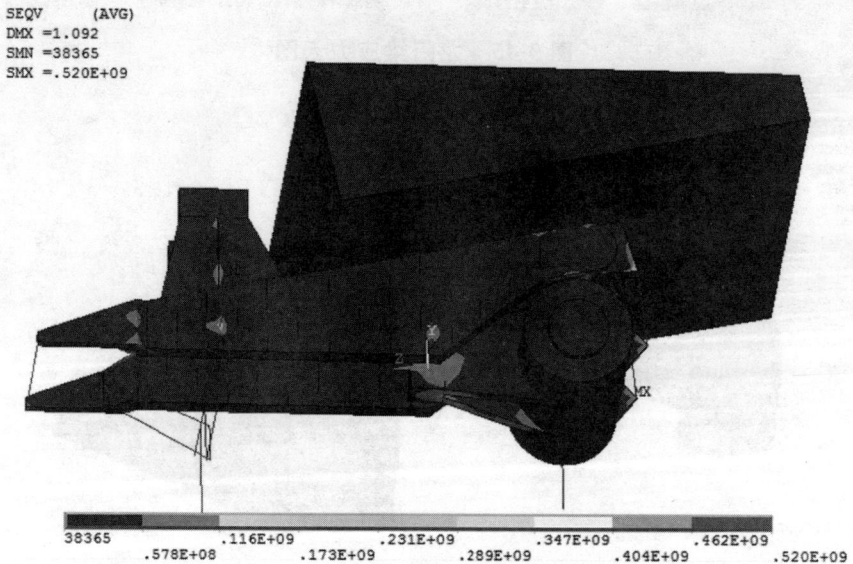

图 3-47　整车倾斜时的应力云图

表 3-12　整车左低右高倾斜时的最大应力及其位置

序号	最大应力值/(MPa)	最大应力所处部位,位置代号
1	520	后桥壳上右侧后悬架支座的约束点处,Ⓑ
2	488	后桥壳上左侧后悬架支座的约束点处,Ⓐ

续表

序号	最大应力值/(MPa)	最大应力所处部位,位置代号
3	485	左侧前悬架上部挂耳的约束点处,Ⓐ
4	289	后桥壳上 A 型架与壳体下部相贯部位的右连接支臂内侧,Ⓖ
5	262	后桥壳上 A 型架与壳体上部相贯部位的左连接支臂内侧,Ⓔ
6	253	车架上右侧后悬架上部挂耳的约束点处,Ⓛ
7	251	右侧前悬架上部挂耳的约束点处,Ⓒ
8	245	后桥壳上 A 型架与壳体下部相贯部位的左连接支臂外侧,Ⓚ
9	238	车架上左侧后悬架上部挂耳的约束点处,Ⓙ

图 3-48～图 3-52 所示为部分局部结构的应力云图。由表 3-12 和图 3-47～图 3-52 看出,整车应力均小于材料屈服强度极限,三个应力较大部位均为约束点处,系约束及约束简化影响较大,实际使用时应力值应小于计算值。车架前部横梁和纵梁焊接处的最大应力为 200MPa,具有一倍以上的安全裕量。车架后横梁上部中间最大应力为 218MPa,车架的纵梁和龙门梁以及后桥壳体强度较高,应力均在 150MPa 以下,安全裕量足够。后桥壳体和 A 型架相贯部位的应力均较大,但均具有较充足的安全裕量。给模型左侧前后接地弹簧同时施加 1100mm 向上位移,也就是左高右低倾斜,整车应力状态则与左低右高倾斜时的应力状态呈对称分布,应力值应相等或接近,侧倾工况下整车结构强度在安全范围。

```
SEQV    (AVG)
DMX =.653707
SMN =.424E+07
SMX =.218E+09
```

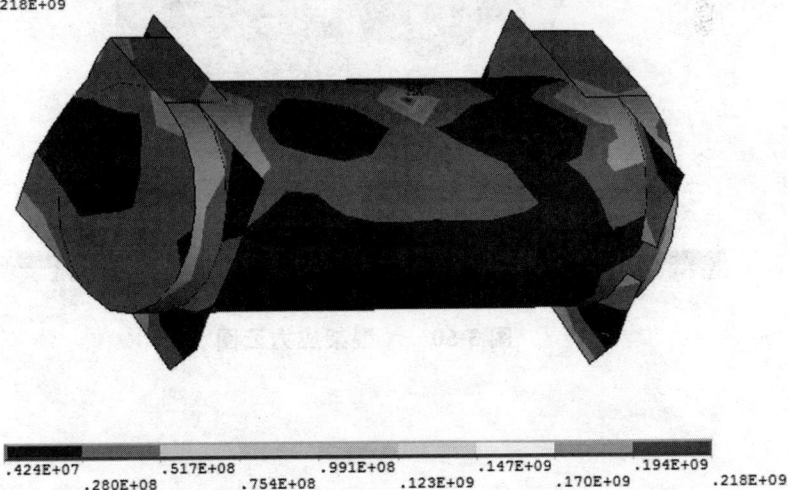

.424E+07　.517E+08　.991E+08　.147E+09　.194E+09
　.280E+08　.754E+08　.123E+09　.170E+09　.218E+09

图 3-48　车架尾部横梁应力云图

SEQV (AVG)
DMX =.583027
SMN =175754
SMX =.289E+09

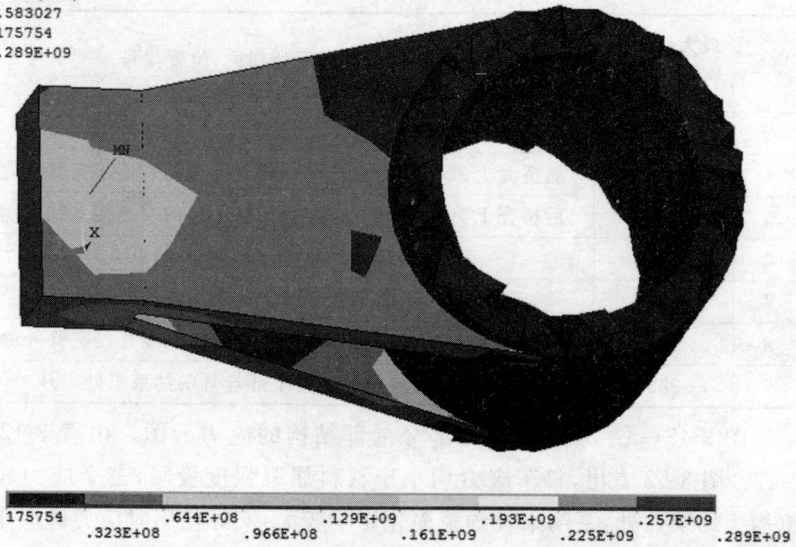

175754　　.644E+08　　.129E+09　　.193E+09　　.257E+09
　　.323E+08　　.966E+08　　.161E+09　　.225E+09　　.289E+09

图 3-49　后桥壳应力云图

SEQV (AVG)
DMX =.643085
SMN =312675
SMX =.154E+09

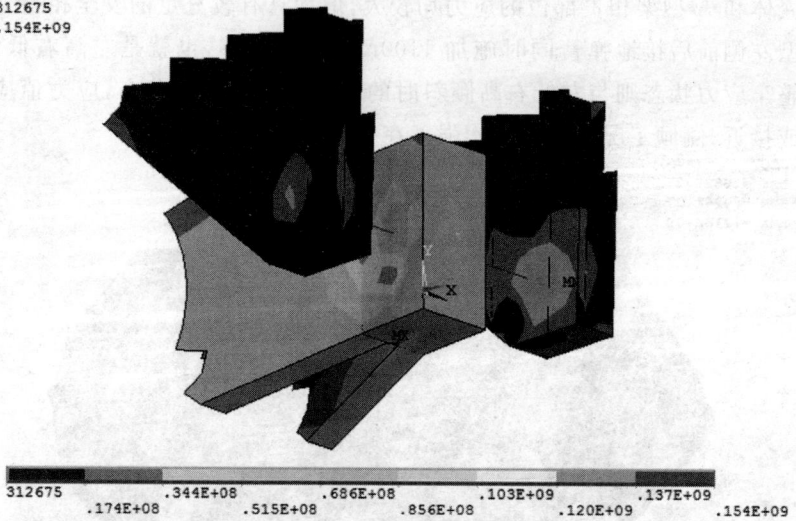

312675　　.344E+08　　.686E+08　　.103E+09　　.137E+09
　　.174E+08　　.515E+08　　.856E+08　　.120E+09　　.154E+09

图 3-50　A 型架应力云图

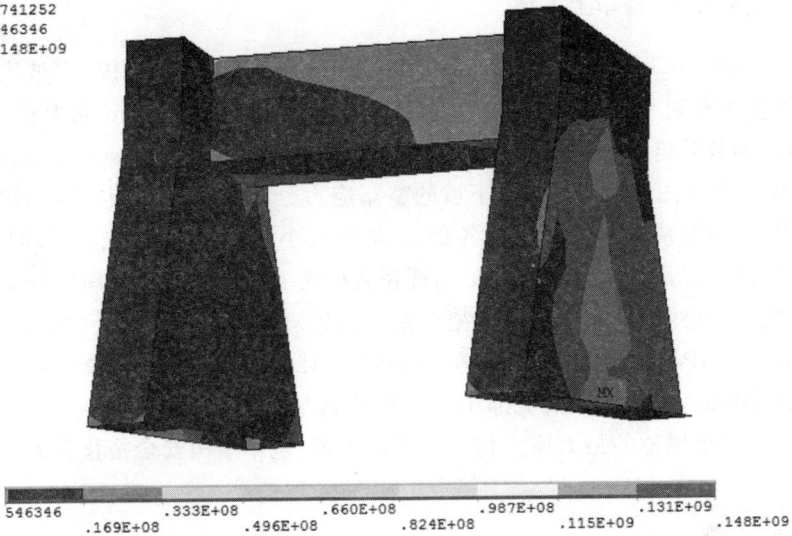

图 3-51　龙门梁应力云图

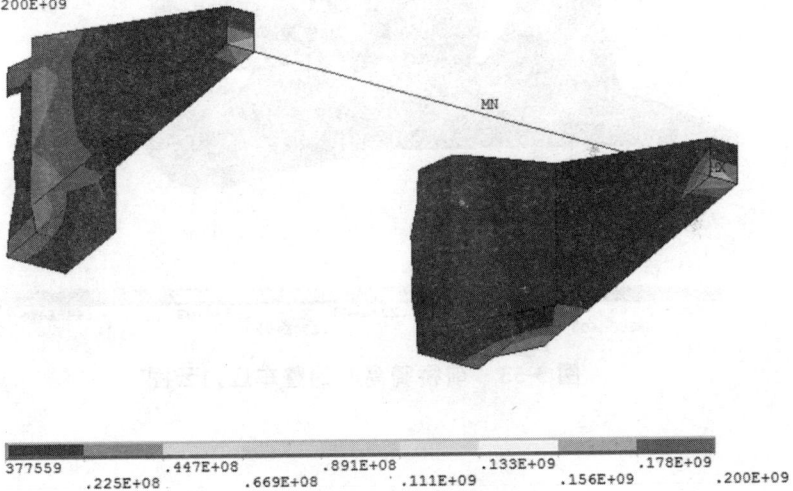

图 3-52　车架前部应力云图

3.5.2 整车上下坡

　　220t 矿用自卸汽车的轴距为 6000mm，见图 2-3 所示，按 12°坡度计算，给整车有限元模型的前部左右接地弹簧分别施加 1470mm 向上或向下位移，加载后得到满载静止工况下整车及部分局部结构的 mises 应力云图，如图 3-53 至图 3-58 所示，上下坡的整车应力分布相同。由图 3-53 至图 3-58 看出，整车应力分布均匀，各部位应力均小于材料极限强度 520MPa 和 460MPa。最大应力 504MPa 出现在后桥壳上左右后悬架支座的约束点处，受约束及约束简化影响。车架上左右前悬架挂耳的约束点处的最大应力均为 368MPa，车架后横梁上左右前悬架挂耳的约束点处最大应力均为 245MPa。车架后横梁上部中心出现小区域应力集中，最大应力 218MPa，整车其余部位的最大应力均小于该应力值，整车结构安全裕量较大。

```
SEQV      (AVG)
DMX =1.937
SMN =27900
SMX =.504E+09
```

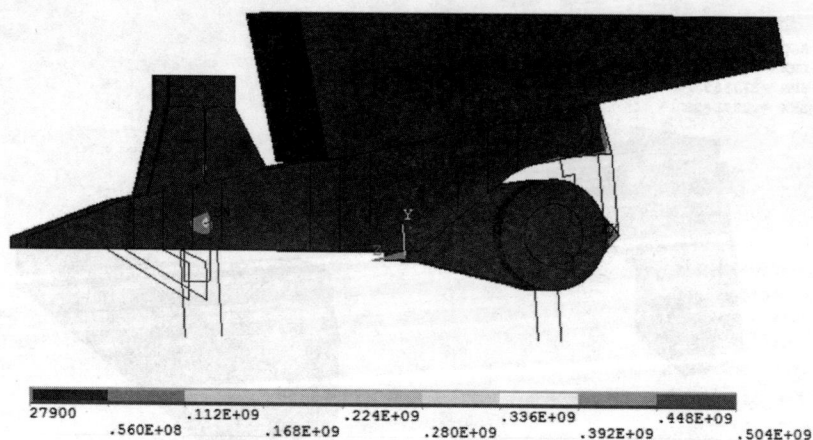

```
27900          .112E+09         .224E+09        .336E+09         .448E+09
      .560E+08        .168E+09         .280E+09        .392E+09        .504E+09
```

图 3-53　前桥骑高时的整车应力云图

SEQV　(AVG)
DMX =.634912
SMN =844782
SMX =.218E+09

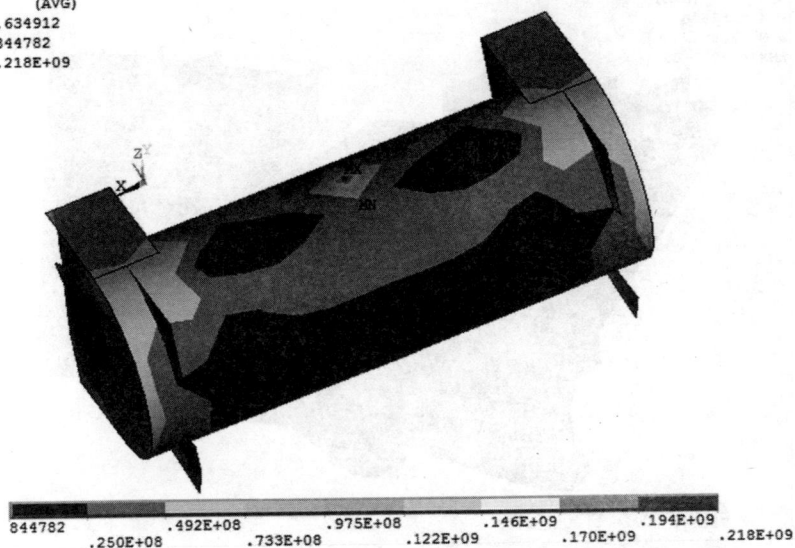

844782　.492E+08　.975E+08　.146E+09　.194E+09
　.250E+08　.733E+08　.122E+09　.170E+09　.218E+09

图 3-54　车架尾部横梁应力云图

SEQV　(AVG)
DMX =.444138
SMN =170543
SMX =.234E+08

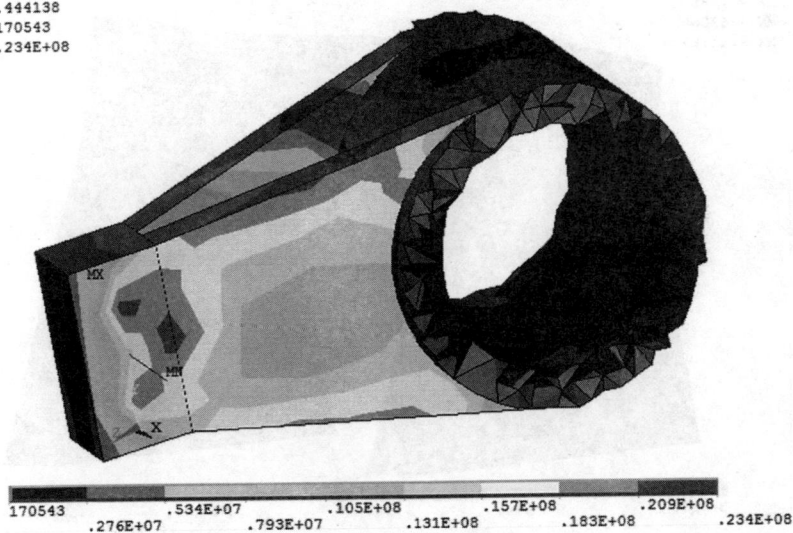

170543　.534E+07　.105E+08　.157E+08　.209E+08
　.276E+07　.793E+07　.131E+08　.183E+08　.234E+08

图 3-55　后桥壳应力云图

SEQV   (AVG)
DMX =.53676
SMN =284841
SMX =.726E+08

284841   .163E+08   .324E+08   .485E+08   .645E+08
      .832E+07   .244E+08   .404E+08   .565E+08   .726E+08

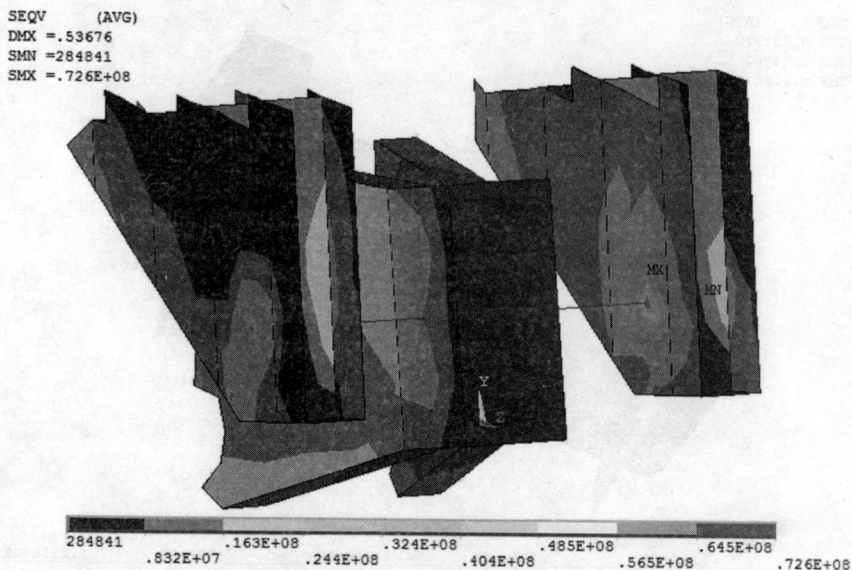

图 3-56   A 型架应力云图

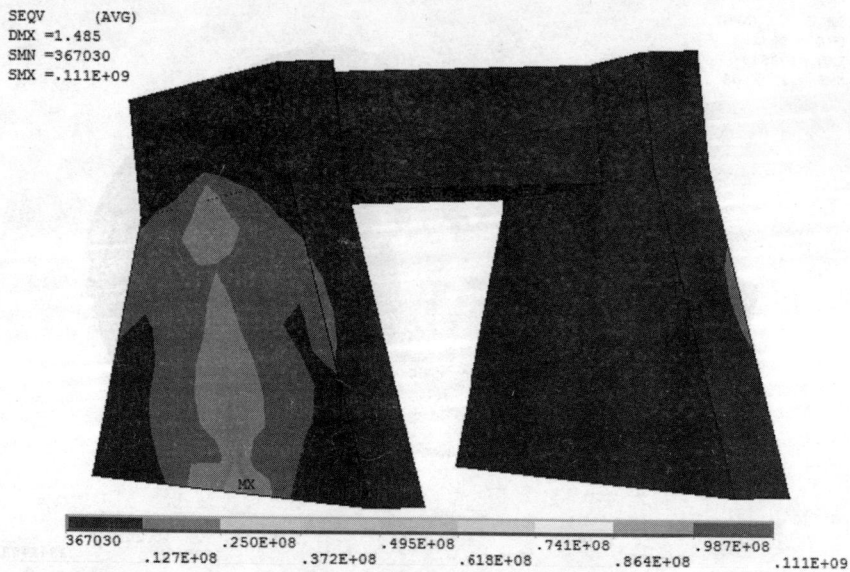

SEQV   (AVG)
DMX =1.485
SMN =367030
SMX =.111E+09

367030   .250E+08   .495E+08   .741E+08   .987E+08
      .127E+08   .372E+08   .618E+08   .864E+08   .111E+09

图 3-57   龙门梁应力云图

SEQV　　(AVG)
DMX =1.937
SMN =112862
SMX =.156E+08

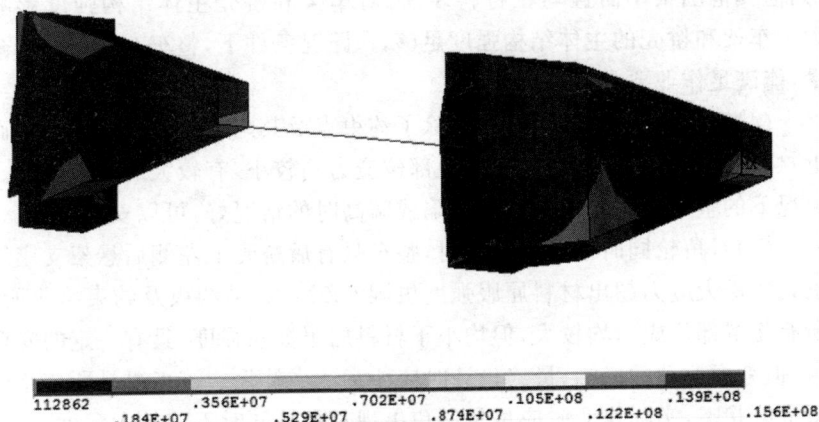

112862　　　　.356E+07　　　　.702E+07　　　　.105E+08　　　　.139E+08
　　　.184E+07　　　.529E+07　　　.874E+07　　　.122E+08　　　.156E+08

图 3-58　车架前部应力云图

3.6　本章小结

　　本章对 220t 矿用自卸汽车进行了静力学分析,得到整车在多路况条件下满载静止状态的应力分布规律。运用整体和局部对比分析的方法,对 220t 矿用自卸汽车在水平路、一轮下陷或骑高、对角轮同时下陷或骑高、对角轮一下陷一骑高、整车侧倾以及上下坡等多工况下的应力状态进行分析,得到以下结论。

　　(1)水平路工况下整车最大应力出现在后悬架挂耳和支座约束点处,接近铸钢 ZG28CrNiMoA 的材料屈服强度极限 520MPa,前悬架挂耳端部的应力也较大,均系约束及约束简化所致,实际使用中的应力应远小于计算值。其余部位最大应力均在 198MPa 以下,整车应力分布基本均匀,安全裕量较为充足。

　　(2)一侧前轮下陷或骑高时,整车应力分布相对水平路工况出现了一些变化,一些约束点和相贯焊接边缘处出现接近材料屈服强度极限的应力集中区,但范围较小且均在材料表面,且受约束及约束简化影响,实际使用时的应力值应远小于计算值,具有一定的安全裕量。车架和后桥壳大范围应力集中区的最大应力均在 150MPa 以下,整车主要结构处于安全范围内。该路况条件下,整车有较多的安全裕量,完全能满足作业要求。

　　(3)一侧后轮下陷或骑高时,整车有两个约束点处的最大应力大于材料屈服强度极限,受约束及约束简化影响较大,实际值应远小于计算值,工作中应有一定的安全裕量。一些结构焊接处、相贯处和约束点处出现较大应力,但其范围很小而且均在材料表面,对车架和桥壳主体结构强度影响不大。车架和桥壳的主体结构强度足够,该路况条件下,整车有一定的安全裕量,能满足作业要求。

　　(4)对角轮一下陷一骑高时,除了约束点及其附近有较大应力集中而接近材料屈服强度极限外,整车其他部位应力均较小,有较大的安全裕量。该路况下的整车安全性比一后轮下陷或骑高时的情况好,可以安全作业。

　　(5)对角轮同时下陷或骑高时,整车只有后桥壳上左侧后悬架支座约束点处的最大应力超出材料屈服强度极限 520MPa,系约束及约束简化所致。所有相贯部位应力均较大,但均小于材料屈服极限强度,具有一定的安全裕量,但考虑振动的影响,最终设计时应注意适当补强。该工况是所有路况中最危险状态,实际作业时应尽量避免出现对角轮同时下陷较大深度。

　　(6)整车侧倾和上下坡时,整车安全裕量富足,属于安全工况。

　　从有限元分析结果看出,整车结构应力分布基本均匀,布置较为合理,极限工况下整车仍具有足够的结构强度,可满足实际作业的所有工况要求。220t 矿用自卸汽车静力学分析表明整车结构设计基本合理,在极限路况下可以安全工作,为重型矿用自卸汽车的结构设计及优化改进提供了理论依据。

第4章 整车动力学分析

长期以来,由于技术和试验条件的限制,国内对矿用自卸汽车的整车动力学特性研究很少,尤其是动力响应研究没有第一手资料,缺乏有效的理论依据来验证结构设计的合理性,是制约国产大吨位矿用自卸汽车发展进度的主要因素之一。本章基于多体动力学理论,借助 ANSYS 软件,对 220t 矿用自卸汽车进行整车模态和动力响应分析,得到整车的低阶固有频率、主振型及结构位移随时间变化规律,为大吨位矿用自卸汽车的结构设计提供理论依据[160]。

4.1 多体系统动力学理论基础

多体系统一般由若干个柔性物体和刚性物体相互连接组成,多体系统动力学包括多刚体系统动力学和多柔体系统动力学,是研究多体系统运动规律的学科[161]。多体系统动力学始于 20 世纪 60 年代,是经典力学与计算机相结合而发展起来,为了解决当时机械领域的工程问题,一些国家的学者开始多体系统动力学研究,提出了各自较为系统的理论和方法[162-164],陆续发表了大量相关文献[165,166]和专著[167,168]。《多体系统手册》[169]对世界上多体系统动力学领域 17 个研究团体的工作和成果进行了介绍,其介绍的多体软件中有 8 个软件考虑了柔性体。国内于 1992 年也开始了多体系统动力学的研究,逐步在理论与计算方法研究、工程应用和实验研究方面取得了一定程度的新进展[170]。

4.1.1 多体系统动力学的研究方法及在汽车动力学研究中的应用

多体系统动力学经过多年的研究与实践,形成了较为全面的多刚体系统和多柔体系统研究方法。多刚体系统动力学的研究对象一般是较复杂的多体系统,其结构和连接方式多样,建立动力学方程比较困难,并且系统的动力学方程多为高阶非线性方程,动力学方程的建立和求解必须由计算机完成。多刚体系统动力学的研究方法主要有:以拉格朗日方程为代表的分析力学方法、以牛顿-欧拉方程为代表的矢量力学方法、图论方法、凯恩方法、变分方法、旋量方法、Andrews 和 Kesavan 的矢量网格方法、Jerkovsky 的变换算子方法以及 Vukobratovlc 在机器人动力学方面的研究方法等。

各种方法在多刚体动力学中的共同目标,都是要实现一种高度程式化、适宜计算编程的动力学方程建立方法,用少量工作就能处理任何多刚体系统[171]。

目前,由于在物体大范围运动与弹性变形耦合问题的认识和处理方法上遇到困难,对柔性系统动力学的研究未能达到多刚体系统动力学的研究水平。多刚体动力学是将系统中各部件均抽象为刚体,考虑各部件连接点处的弹性、阻尼等影响,多柔体系统动力学在此基础上还要虑部件的变形。多刚体系统动力学研究各物体刚性运动之间的相互作用及其对系统动力学行为的影响,多柔体系统动力学则研究柔性体变形与其整体刚性运动的相互作用和耦合,以及耦合导致的独特动力学效应。变形与刚性运动同时出现并耦合是多柔体动力学的核心特征[172]。建立多柔体动力学方程的基本原理和方法归纳起来分为四类:①牛顿-欧拉(Newton-Euler)矢量力学法,这种方法适于半柔性体系统,比较典型的是 Hooker[173] 和 Singh[174] 的推导。②拉格朗日方程为代表的分析力学方法。③基于高斯原理等具有极小值性质的极值原理,该方法不必建立运动微分方程,可直接应用优化计算方法进行动力学分析。④基于上述三种方法的各种变形方法,如 Kane 方法等。

按选取的参考系不同,多柔体系统运动的描述方式分为绝对描述和相对描述。绝对描述是在指定某一惯性参考系后,系统中各物体在每一时刻的位形都在此惯性参考系中确定。相对描述是按某种方式对各物体选定一个动参考系,物体的位形相对自己的动参考系确定,通常动参考系为非惯性,一般动力学分析工具软件都采用此方法。相对描述方式适用于由小变形物体所组成的系统,可适当地选取动参考系,使物体相对于动参考系的变形总是较小,这样对于变形可按通常的线性方法处理,例如进行模态展开和截断等。将描述变形的弹性坐标和描述刚体运动的参数合起来作为系统广义坐标,就可按通常的离散系统分析动力学方法建立动力学方程。相对描述方法的核心问题是物体变形与整体刚性运动之间的相互作用,可通过规范场论的方法完全确定。动力学方程分为互相耦合的两类:一类控制物体的整体刚性运动,另一类控制物体的相对变形[175]。多柔体动力学方程是强耦合、强非线性方程,必须通过计算机用数值方法进行求解。

在研究汽车行驶性能时,汽车动力学研究的建模、分析与求解始终是一个关键问题。汽车本身是一个复杂的多体系统,其工作环境和使用状况复杂多变,无法有效地建立和求解在复杂外界载荷作用下的多自由度分析模型。因此,在实际研究中必须简化模型,以便使用古典力学的方法人工求解,导致汽车的许多重要动力学特性无法得到较精确的定量分析。电子计算机技术的发展,为汽车动力学研究提供了方便快捷的处理手段,汽车动力学研究的力学模型逐渐由线性模型发展到非线性多体系统模型,模型的自由度数由二自由度发展到数十乃至数百上千个自由度;仿真计算也由稳态响应特性的计算,发展到瞬态响应特性和转弯制动特性的计算。到 20 世纪 80 年代,不仅有许多通用的软件可以对汽车系统进行分析计算,而且还有各种针对汽车某一类问题的专用多体软件,研究的范围从局部结构到整车系统,涉及汽车系统动力学的各个方面[176]。

从汽车计算机辅助工程的角度来看,基于多体系统动力学的汽车多体系统分析软件可完成三项任务:①对原始设计的汽车系统进行性能预测;②对已有的汽车系统进行仿真分析和性能测试评估;③对原有的汽车设计进行结构和性能参数改进以及性能完善。多体系统动力学分析软件的分析范围包括:静态分析、准静态分析、运动分析、动态分析、优化设计与灵敏度分析等,还可利用多体系统动力学软件集成相关的 CAD/CAM/CAE 软件,真正实现汽车的虚拟设计。

多体系统动力学方法是一种高效率、高精度的分析方法,在解决实际问题时如处理不当,会增加工作量且得不到满意结果,应用中要根据具体情况和所研究问题的性质选择最有效的分析方法,进行有针对性的分析,才能得到理想效果。应用多体系统动力学理论解决实际工程问题时,一般要经过以下三个步骤:①简化实际汽车系统的多体模型。②自动生成和建立多体系统动力学方程。③准确求解多体系统动力学方程。

对矿用自卸汽车动力学和运动学的研究,一般是基于多体系统动力学理论,应用有限元软件建立虚拟样机模型,加入约束条件及各种激励,人机交互研究整车的动态性能,通过分析计算,达到结构优化设计目的。有限元软件以笛卡尔坐标和欧拉角参数描述物体的空间位形,采用 Gear 刚性积分解决稀疏矩阵的求解问题,软件的求解器可对所建模型进行运动学、静力学和动力学分析。有限元软件用刚体 i 的质心、笛卡尔坐标和反映刚体方位的广义欧拉角作为广义坐标,即 $q_i = [x,y,z,\psi,\theta,\phi]^T$, $q = [q_1,q_2,\cdots,q_n]^T$,每个刚体用 6 个广义坐标来描述,动力学方程的求解速度主要取决于广义坐标的选取。由于采用了非独立的广义坐标,建立了最大数量的系统动力学方程组,是高度稀疏耦合的微分代数方程,可用稀疏矩阵的方法高效求解。有限元软件采用拉格朗日乘子法(拉格朗日第一类方程)建立系统动力学方程:

$$\frac{d}{dt}\left(\frac{\partial T}{\partial \dot{q}}\right)^T - \left(\frac{\partial T}{\partial q}\right)^T + f_q^T \rho + g_q^T v = Q \qquad (4.1)$$

式(4.1)为完整约束方程时:$f(q,t) = 0$;为非完整约束方程时:

$g(q, \dot{q}, t) = 0$。其中，$T = \frac{1}{2}\left[Mv\dot{v} + \omega I\omega\right]$ 为系统功能参数；q 为系统广义坐标列阵；$\dot{q}$ 为系统广义速度列阵；Q 为系统广义力列阵；ρ 为对应于完整约束的拉格朗日乘子列阵；υ 为对应于非完整约束的拉格朗日乘子列阵；M 为系统质量列阵；I 为系统转动惯量列阵；ω 为系统广义角速度列阵。

式(4.1)转化为一般形式为：

$$\begin{cases} F(q, v, \dot{v}, \lambda, t) = 0 \\ G(v, q) = v - \dot{q} \\ \phi(q, t) = 0 \end{cases} \tag{4.2}$$

式(4.2)中：q 为广义坐标列阵；υ 为广义速度列阵；G 为描述广义速度的代数方程列阵；ϕ 为描述约束的代数方程列阵；λ 为约束反力以及作用力列阵；F 为系统动力学微分方程。

利用有限元软件建立的系统多体动力学模型，一般为隐式、非线性的微分-代数混合动力学方程，用 Gear 预估-校正算法可有效求解，得到动力学模型中所有构件的力、速度、加速度等边界条件。有限元软件的积分器有刚性和非刚性两种，常用的三个 BDF 刚性积分器分别为 GSTIFF(Gear)积分器、DSTIFF(DASSAL)积分器和 WSTIFF 积分器；非刚性积分器为 ABAM 积分器。在进行系统动力学分析时，可根据系统的机械特性，对动力学微分方程选择不同的积分算法和积分器。对刚性系统采用变系数的 BDF 刚性积分程序，BDF 是自动变阶、变步长的预估校正法，每一步积分都采用修正的 Newton-Raphson 迭代算法，对于高频系统采用坐标分隔法 CPE 和 ABAM 方法。

求解微分-代数方程组的一般步骤为：先进行高斯消元，再进行 LU 分解。进行高斯消元时，需要判断矩阵主元，防止求解失败，完成高斯消元的方程组，可通过 LU 分解法进行求解。

4.1.2 多柔体系统动力学理论

实际工程中使用的装备一般都是多体系统，由相互作用的刚体与可变形的柔体组成，各构件可能有空间的平动和转动。多柔体系统动力学理论就是关于分析由刚体与柔体组成的多体系统的理论。有限元软件涉及的有关柔体方面的理论与方法有：离散法、模态集成法以及多体理论与有限元结合的分析方法。

1. 离散法

离散法就是采用柔性体的离散化来建立柔体模型。从建模本质来看，离散法的理论方法与刚体建模基本一致,就是在刚体动力学的基础上,将一刚体分成若干段,每段之间采用力单元约束,从而得到离散化柔体模型。

2. 模态集成法

模态集成法是将柔性体的模态分析结果进行集成。其基本原理是将柔性体看做有限元模型的节点集合,相对于局部坐标系有较小线性变形,而局部坐标系则做较大的非线性整体平动和转动,每个节点的线性局部运动都近似为模态振型或模态振型向量的线性叠加。如果用惯性参考系中的笛卡尔坐标 $x = (x, y, z)$ 和反映方位的欧拉角 $\psi = (\psi, \theta, \phi)$ 表示局部坐标系的位置,用 $q = (q_1, q_2, q_3, \cdots, q_m)^T$(m 为模态坐标数)表示模态坐标,则柔性体的广义坐标可选为:

$$\xi = (x, \phi, q)^T = (x, y, z, \psi, \theta, \phi, (q_{i,j} = 1, m))^T \tag{4.3}$$

式(4.3)中, x, y, z 为局部坐标系相对于整体坐标系的空间位置; ψ, θ, ϕ 为局部坐标系相对于整体坐标系原点的欧拉角; q_j 为第 m 阶模态振幅的振型分量。

确定柔性体第 i 个节点的空间位置矢量为:

$$r_i = x + A(s_i + \phi_i q) \tag{4.4}$$

式(4.4)中, x 为局部坐标系在惯性坐标中的空间位置矢量; A 为局部坐标系相对于惯性坐标系原点的方向余弦矩阵; s_i 为第 i 个节点未变形前在局部坐标系中的空间位置矢量; ϕ_i 为第 i 个节点移动自由度的模态矩阵子块; q 表示模态振幅向量。将式(4.4)对时间求导,得到第 i 个节点的速度为:

$$v_i = \dot{x} - A(\tilde{s}_i + \tilde{\phi}_i q_i)\omega + A\phi_i \dot{q} = [E - A(\tilde{s}_i + \tilde{\phi}_i q_i)B + A\phi_i]\dot{\xi} \tag{4.5}$$

也可用物体刚体角速度与变形角速度之和表示节点 i 的角速度: $\omega_i = \omega + \phi'_i \dot{q}$ 。式(4.5)中, ω 为局部坐标系的角速度向量; B 为欧拉角对时间求一阶导数变为角速度的转换矩阵; $\sim$ 表示向量对应的对称矩阵; ϕ' 为第 i 个节点转动自由度的模态矩阵子块。由式(4.5)可得到动能和势能的表达式分别为式(4.6)、(4.7):

$$T = \frac{1}{2} \sum_{i=1}^{N} m_i v_i^T v_i = \frac{1}{2} \dot{\xi}^T \dot{M}(\xi)\dot{\xi} \tag{4.6}$$

$$V = \frac{1}{2} \dot{\xi}^T \dot{K}(\xi)\dot{\xi} \tag{4.7}$$

将式(4.6)代入拉格朗日方程,得到柔性体方程式为:

$$M\ddot{\xi} + \dot{M}\dot{\xi} - \frac{1}{2}\left[\frac{\partial M}{\partial \xi}\dot{\xi}\right]^T \dot{\xi} + K\xi + f_g + D\dot{\xi} + \left[\frac{\partial \psi}{\partial \xi}\right]^T \lambda = Q \tag{4.8}$$

在柔性体方程式(4.8)中，K 为柔性体模态刚度；D 为柔性体阻尼矩阵。刚度和阻尼的变化只取决于变形，所以刚体的平动和转动对变形能及能量损失没有影响。f_g 表示重力，λ 为约束方程的拉格朗日乘子；ψ、Q 为施加的外部载荷。

求解柔性体方程时，先迭代展开再求解展开过程中产生的稀疏矩阵。方程式(4.6)中，质量矩阵是变形和方向的复杂函数，可通过确定九个惯性常量来提高计算速度。按移动坐标、转动坐标和模态坐标将质量矩阵 $M(\xi)$ 分成块为：

$$M(\xi) = \begin{bmatrix} M_{ii} & M_{ir} & M_{im} \\ M_{ir}^T & M_{rr} & M_{rm} \\ M_{im}^T & M_{rm}^T & M_{mm} \end{bmatrix} \tag{4.9}$$

式(4.9)中，$M_{ii} = I^1 E$，$M_{ir} = -A[I^2 + I_j^3 q_j]B$，$M_{rm} = B^T[I^4 + I_j^5 q_j]$，$M_{im} = AI^3$，$M_{mm} = I^6$；$M_{rr} = B^T[I^7 - (I_j^8 + (I_j^8)^T)q_j - I_{ij}^9 q_i q_j]B$。各子块均用模态坐标、欧拉角和九个惯性不变矩阵 $I^1 \sim I^9$ 来表示，如表4-1所示，可在预处理程序中一次性计算出这九个惯性不变矩阵，使求解柔性体方程式简化。此时，动力学仿真与组成柔性体的节点数目有关。

表 4-1　惯性不变矩阵维数分类表

惯性不变矩阵	维数	惯性不变矩阵	维数
$I^1 = \sum\limits_{i=1}^{N} m_i$	标量	$I^2 = \sum\limits_{i=1}^{N} m_i s_i$	3×1
$I_j^3 = \sum\limits_{i=1}^{N} m_i \phi_i, j = 1,2,3,\cdots,m$	$3 \times m$	$I^4 = \sum\limits_{i=1}^{N} m_i \tilde{s}_i \phi_i + I_i \phi'_i$	$3 \times m$
$I_j^5 = \sum\limits_{i=1}^{N} m_i \tilde{\phi}_{ij} \phi_i, j = 1,2,3,\cdots,m$	$3 \times m$	$I^6 = \sum\limits_{i=1}^{N} (m_i \phi_i^T \phi_i + \phi_i^T I_i \phi'_i)$	$m \times m$
$I^7 = \sum\limits_{i=1}^{N} (m_i \tilde{s}_i^T \tilde{s}_i + I_i)$	3×3	$I_j^8 = \sum\limits_{i=1}^{N} m_i \tilde{s}_i \tilde{\phi}_{ij}, j = 1,2,3,\cdots,m$	3×3
$I_{jk}^9 = \sum\limits_{i=1}^{N} m_i \tilde{\phi}_{ij} \tilde{\phi}_{ik}, j,k = 1,2,3,\cdots,m$	3×3		

3. 集成有限元模型的多体理论分析

在有限元分析中，一般是相对于对象本身的某一惯性坐标来分析对象划分的网格节点，一般将惯性坐标固定在物体一端，将坐标的一个轴线与物体轴线重合。要在多体系统中加入有限元分析的柔体,须将柔体做相对位移(即将分析柔体的有限元方程乘以转换矩阵),实现由局部坐标向整个模型惯性坐标的转换。

通用的有限元模型结构分析方程,一般建立在有限元分析对象的局部坐标系下,方程中的变量是相对于局部坐标的坐标元素。为实现有限元分析方程与多体系统动力学分析方程的统一,可通过多体理论中坐标转换矩阵来实现有限元分析方程向多体系统动力学的转换。将各项因子代入到采用拉格朗日方法建立的多体系统动力学方程,得到简化的有限元方程:

$$[M]\{\ddot{x}\} + [C]\{\dot{x}\} + [K]\{x\} = \{f_a\} \qquad (4.10)$$

对于式(4.10),由局部坐标系的响应矩阵乘以局部坐标向惯性坐标的转换矩阵,得到其惯性坐标下的刚度、阻尼、质量矩阵,则式(4.10)可表示为:

$$[Bm_e]\{B^T\ddot{x}\} + [Bc_e]\{B^T\dot{x}\} + [Bk_e]\{B^T x\} = \{F_a\} \qquad (4.11)$$

式(4.11)中,$Bm_eB^T = M$,m_e 为静止状态下的单元质量矩阵;$Bc_eB^T = C$,c_e 为静止状态下的单元阻尼矩阵;$Bk_eB^T = K$,k_e 为静止状态下的单元刚度矩阵。式(4.11)的等号右边也可表示为位移、速度、加速度的函数,如式(4.12):

$$\frac{\partial F}{\partial \dot{u}}\{\Delta \dot{u}\} + \frac{\partial F}{\partial \dot{q}}\{\Delta \dot{q}\} + \frac{\partial F}{\partial q}\{\Delta q\} = \{F_a\} \qquad (4.12)$$

如果单元位移不大,转换矩阵不需更新,可采用惯性坐标描述方程;如果单元位移较大,则转换矩阵必须更新,使得局部坐标向惯性坐标系转换的相关矩阵也必须更新,降低了系统的求解效率。有限元软件中,所有刚体与柔体都使用一个随刚体和柔体运动的浮动局部坐标,当刚体或柔体运动时,对于系统求解的每一步,必须更新局部坐标向惯性坐标系转换的相关矩阵,但惯性坐标下的矩阵不需更新,提高了系统的求解效率。如果柔体变形应力在材料的线性变化范围内,可通过局部坐标系中相邻单元的变形叠加得到柔体的总位移。

对于求解集成了有限元模型的多体系统,首先在多体模型的基础上,求得柔性体与多体系统作用点的力、力矩、位移、速度、加速度等边界条件;然后依据这些边界条件求出柔性体的力、力矩和变形,与多刚体模型的结果进行比较,如果误差较小,说明结果合适,可停止求解;如果误差较大,须进入下一步求解,可以柔性体的力、力矩或变形作为已知条件,求得系统对此作用点的相应力、力矩或位移,直到误差达到规定范围为止。多体动力学仿真与有限元分析拥有相同的系统动力学求解基础,有限元分析使用惯性坐标系下的惯性矩阵,能够更好适应小位移分析的需要[177]。

矿用自卸汽车是典型的多体系统,由相互作用的刚体与可变形的柔体组成,各构件之间存在空间平动和转动,构件自身会出现静态变形而作用于其他构件,使得构件之间引起动态耦合而激发多体系统的局部或整体共振。对于矿用自卸汽车的动力学研究就是基于多体系统动力学理论,应用有限元软件建立整车或构件的仿真模型,加入约束条件(如载荷、道路谱、工况环境、驾驶员技术水平和经验等),施加各种激励(如位移、速度、加速度等),对整车动态性能进行研究,通过分析计算改进结构和性能参数以达到结构优化目的。

大吨位矿用自卸汽车的体积和质量巨大,对其结构动力学特性研究无法通过实验室装置(如道路振动试验台)像公路车辆一样来模拟其运动,全球只有六大矿用自卸汽车制造商建立有专门试验台和试验场来进行整车或主要部件的动力学特性测试[178]。国内目前尚无大吨位矿用自卸汽车性能指标的行业标准,也无专用试验台和大型试验场来进行设计验证,需要通过用户实际使用来获取一些性能指标,延长了设计验证的时效性,增加了成本和设计周期,使得国产矿用自卸汽车的整体性能与国外同行存在很大差距。但无论有无试验台测试或试验场实验,考虑到矿用自卸汽车价格昂贵,有必要采用仿真分析对设计进行结构性能验证,确定最佳结构参数,为最终设计提供理论依据。

4.2 模态计算及分析

整车结构模态分析可判断结构设计是否合理,改进车上主要部件的布置位置以避免共振,对提高操纵稳定性和行驶平顺性等具有重要意义。矿用自卸汽车在满载行驶时,由于横摆角速度、后轴质心侧向速度以及簧载质量侧倾角的稳态值均较大,当外部环境和条件发生改变,很容易出现不稳定的行驶状态,具有较差的操纵稳定特性[26][81],故以 220t 矿用自卸汽车的满载状态为研究对象。黄立等[33][29]对 154t 电动轮矿用自卸汽车进行了整车仿真,提取前 20 阶模态计算结果进行分析,得到了有参考价值的模态参数。但前 10 阶固有频率对整车的动态特性影响最大,论文采用分块兰索斯(Block Lanczos)法,忽略发动机等动力组件对结构固有特性的影响,对上文建立的 220t 矿用自卸汽车有限元模型进行求解,提取前 10 阶模态进行分析,得到其固有频率和振型如图 4-1~图 4-9 和表 4-2 所示。

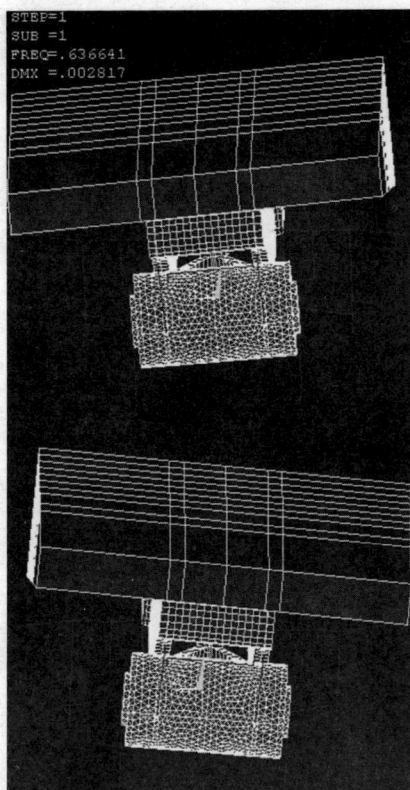

图 4-1　第 1 阶模态:整车侧倾及车架左右扭转

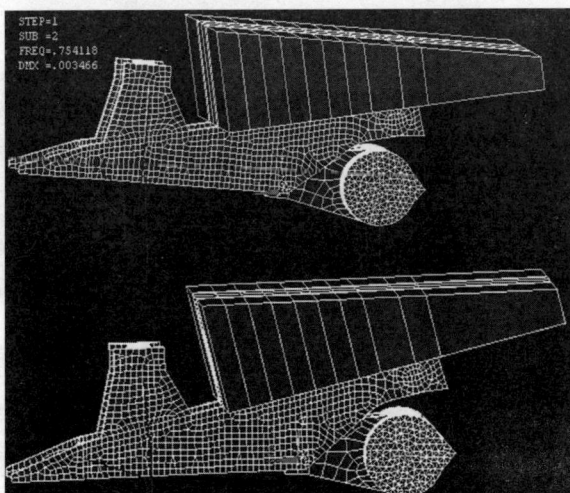

图 4-2　第 2 阶模态:整车前后俯仰

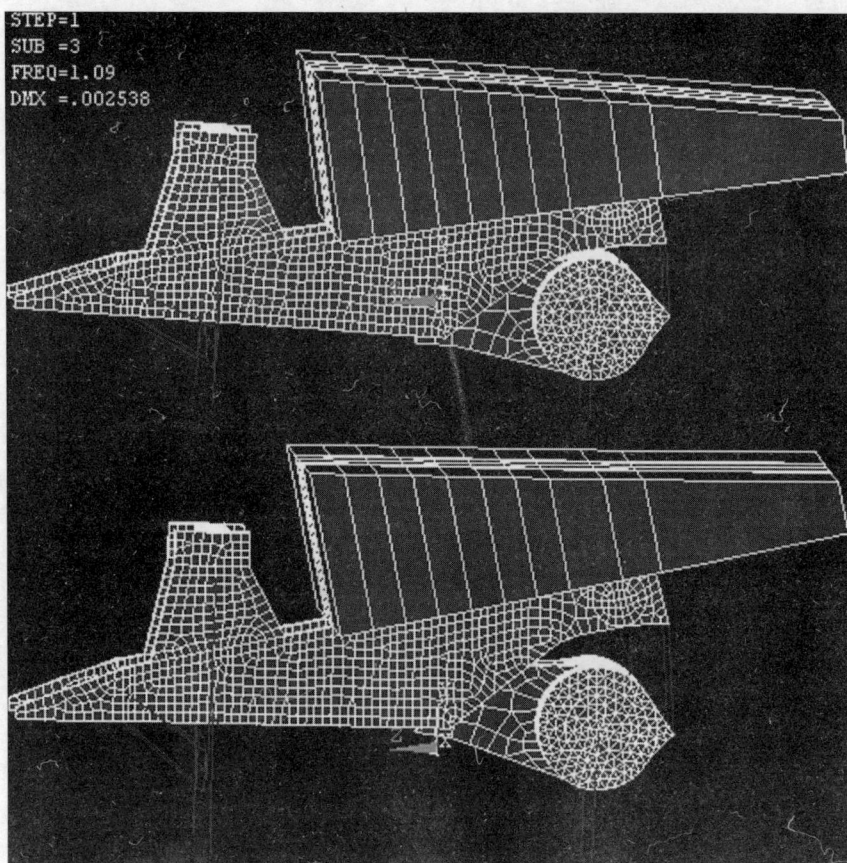

图 4-3　第 3 阶模态:整车上下平动

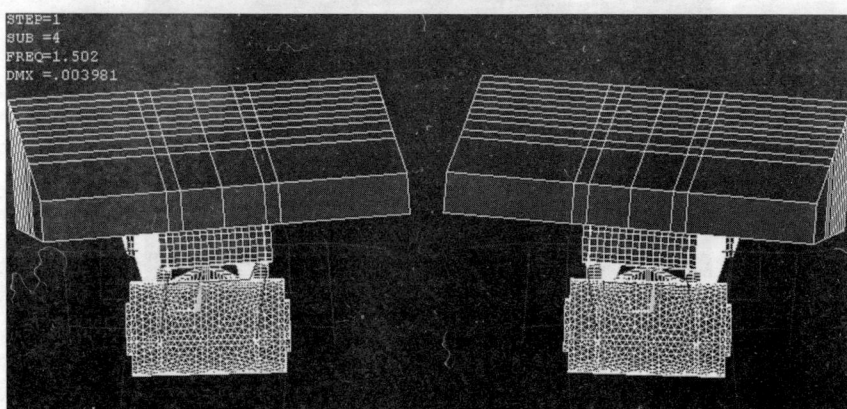

图 4-4　第 4 阶模态:车架左右扭转及后桥左右平动

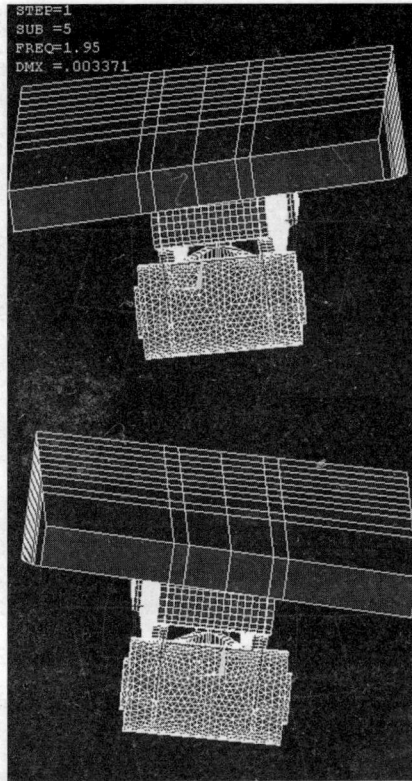

图 4-5　第 5 阶模态:整车侧倾及左右摆动

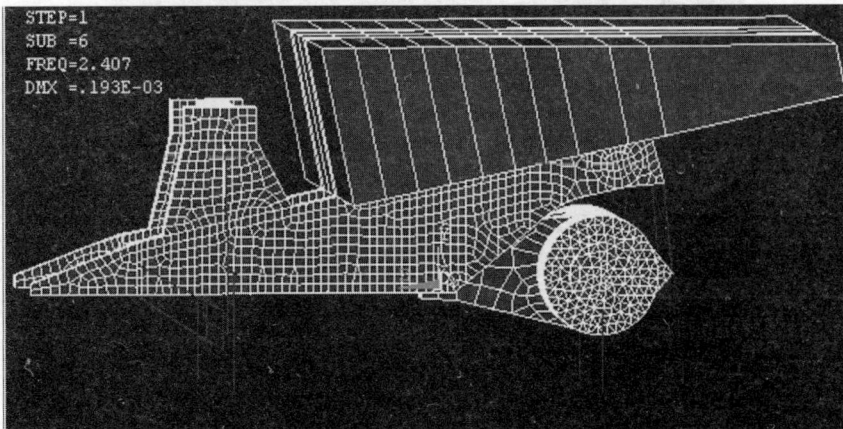

图 4-6　第 6、7 阶模态:整车高频微小抖动

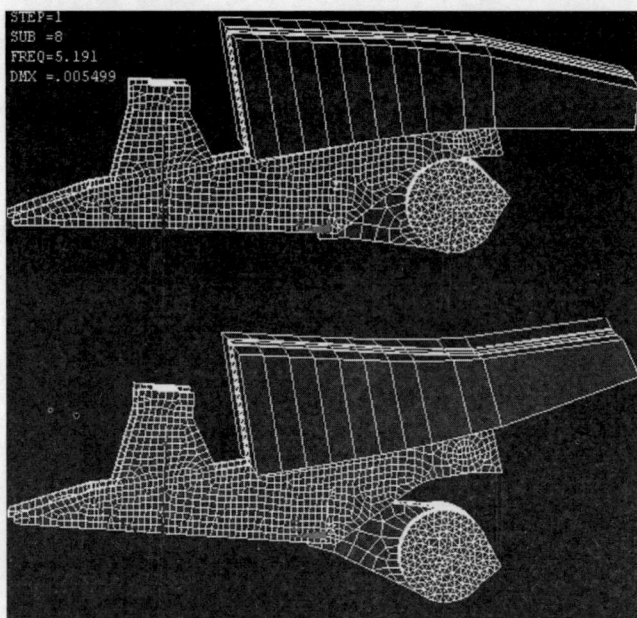

图 4-7　第 8 阶模态:车厢尾部上下摆动

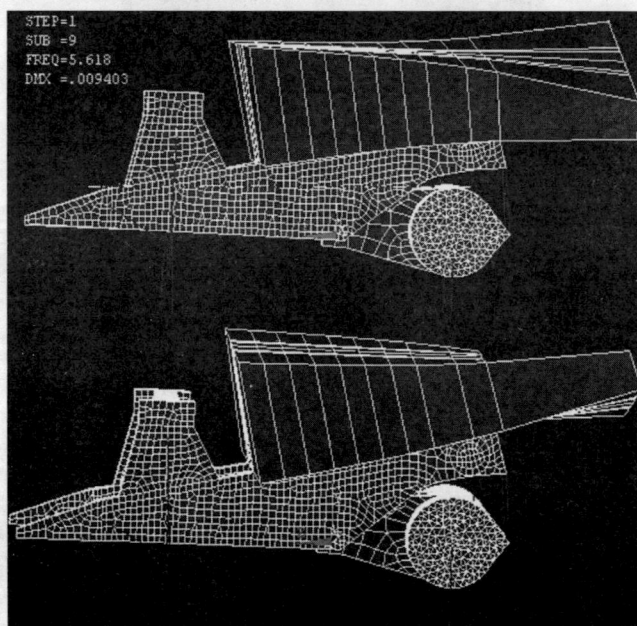

图 4-8　第 9 阶模态:车厢与车架对角上下扭转

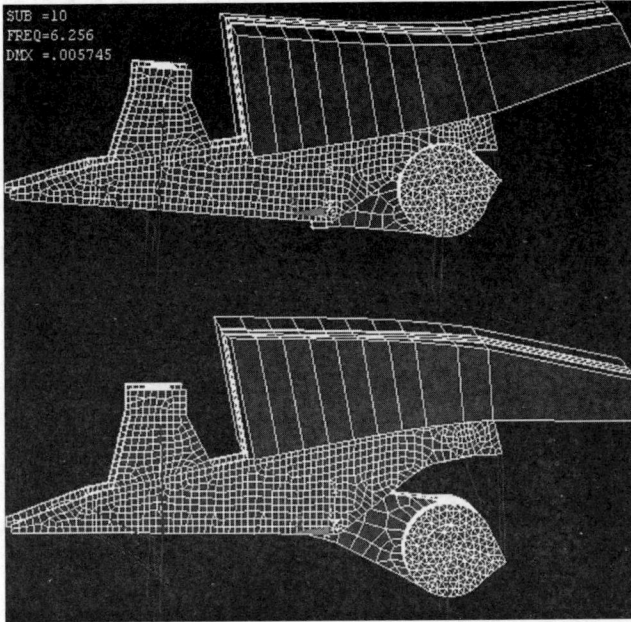

图 4-9　第 10 阶模态:车厢与车架前后端上下扭转

表 4-2　前 10 阶固有频率和振型

阶数	频率/Hz	阵型描述
1	0.636641	整车绕 Z 轴转动,呈左右侧倾,而且车架绕 Y 轴与侧倾方向的反向小幅转动,即左倾右转和右倾左转
2	0.754118	车架绕后桥壳的中心线转动,整车呈前后俯仰
3	1.09	前后桥及车架沿 Y 轴同向平动,即整车上下振动
4	1.502	车架绕 Y 轴转动,而且后桥沿 X 轴小幅平动,与车架转动反向,呈现左转右摆和右转左摆
5	1.95	整车绕 Z 轴转动并沿 X 轴摆动,及车架绕 Y 轴小幅转动,即左倾右摆右转和右倾左摆左转
6	2.407	车体左侧各构件高频微小抖动,方向杂乱
7	2.407	车体右侧各构件高频微小抖动,方向杂乱
8	5.191	车厢尾部沿 Y 轴大幅扭转,即上下摆动
9	5.618	车厢与车架沿 Y 轴呈对角同向上下扭转
10	6.256	车架前后两端和车厢尾部同向沿 Y 轴扭转,表现出车架两端下弯和车厢尾部下摆,以及车架两端上翘车厢尾部上摆

由图 4-1～图 4-9 和表 4-2 看出,这 10 阶固有频率基本反映了整车的动态特性,其主要振型表现为:整车侧倾及车架左右扭转;整车前后俯仰;整车上下平动;车架左右扭转及后桥左右平动;整车侧倾及左右摆动;车厢与车架对角同向上下扭转以及前后同向上下扭转。由于模型左右对称,故其左右悬架上各构件的振型一致,固有频率相同。从整车主振型来看,后桥壳结构未变化,表现出刚度很大;车厢出现大幅扭转变形,需增加刚度;车架发生对角和前后小幅同向扭转,可能由车厢大幅扭转及摆动所致,加强车厢刚度后,车架变形会有所改善。这 10 阶阵型是整车的基本阵型,其中 2、3、6、7 阵型表现比较平稳,8、9、10 阵型是由于车厢刚度较低所致,1、4、5 阵型表现出车架前部刚度欠缺,需进行适当补强。在进行整车结构最终设计时,应合理布置车架上部件的安装位置,尽量使部件的振动频率与整车固有频率错开。而且还要注意相同振动频率的部件应尽可能地布置在远离共振区的位置并错开布局,避免激发共振。

4.3　整车动力响应分析

矿用自卸汽车一般工作在环境恶劣、道路条件较差的矿区,影响其行驶平顺性和操纵稳定性的因素较多,道路状况、风力场、温度场、外电场和地磁场对整车的动力性能均有影响,而道路不平顺是引起整车振动的主要激励源。可以用一个确定性函数来描述某个确定的不平顺,但每个不平顺在波形、波长和波深方面均表现出随机性,应用随机振动理论对 220t 矿用自卸汽车进行动力响应分析。

4.3.1　路面谱的获取

标准[179]给出路面不平度的路面功率谱密度拟合公式为:

$$G_d(n) = G_d(n_0) \cdot (\frac{n}{n_0})^{-w} \tag{4.13}$$

式(4.13)中,$G_d(n)$ 为路面功率谱密度函数,m^3;$G_d(n_0)$ 为路面不平度系数,$\frac{m^2}{m^{-1}} = m^3$,为参考空间频率 n_0 下的路面功率谱密度值;n_0 为参考空间频率,分级路面谱 $n_0 = 0.1 m^{-1}$;n 为空间频率,m^{-1},是单位长度中的波长个数,$n = \frac{1}{\lambda}$;w 为拟合路面功率谱密度的频率指数,分级路面谱 $w = 2$,其决定路面功率谱密度的频率结构。

因路面功率谱密度是单位频率内的均方值,所以路面不平度的均方值表示为:

$$\sigma_d^2 = \int_{n_l}^{n_h} G_d(n) \mathrm{d}n = \int_{n_l}^{n_h} G_d(n_0) \cdot \left(\frac{n}{n_0}\right)^{-w} \mathrm{d}n \tag{4.14}$$

式(4.14)中，n_l 为下限空间截止频率，m^{-1}；n_h 为上限空间截止频率，m^{-1}；路面不平度均方值 σ_d 的单位为 m。

国际标准化组织将路面不平度分为 8 级，其分类标准是按照路面功率谱密度函数中路面不平度系数 $G_d(n_0)$ 的取值范围来划分。8 级分类标准如表 4-3 所示，同时列出了空间频率 $0.011m^{-1} < n < 2.83m^{-1}$ 范围内各级路面不平度相应的均方根的几何值。

表 4-3　路面不平度 8 级分类标准

路面等级		$G_d(n_0)/(10^{-6}m^3)$, $(n_0 = 0.1m^{-1})$			$\sigma_d/(10^{-3}m)$, $(0.011m^{-1} < n < 2.83m^{-1})$		
		下限值	几何平均值	上限值	下限值	几何平均值	上限值
A	极好	8	16	32	2.69	3.81	5.38
B	很好	32	64	128	5.38	7.61	10.77
C	好	128	256	512	10.77	15.23	21.53
D	较好	512	1024	2048	21.53	30.45	43.06
E	较差	2048	4096	8192	43.06	60.90	86.13
F	差	8192	16384	32768	86.13	121.80	172.26
G	很差	32768	65536	131072	172.26	243.61	344.52
H	极差	131072	262144	524288	344.52	487.22	689.04

由式(4.13)和表 4-3 画出路面不平度分级图，如图 4-10 所示。

路面功率谱密度函数 $G_d(n)$ 是以空间频率 n 来描述，若转换成以时间频率 f 来描述，则路面功率谱密度函数 $G_d(f)$ 为：

$$G_d(f) = \frac{1}{u} G_d(n) = n_0^w G_d(n_0) \cdot \frac{u^{w-1}}{f^w} \tag{4.15}$$

式(4.15)中，$f = un$，u 为稳定行驶速度，m/s；当 $w = 2$ 时，$G_d(f)$ 的单位为 $m^2 \cdot s$。则以时间频率表示的路面不平度均方值为：

$$\sigma_f^2 = \int_{f_l}^{f_h} G_d(f) \mathrm{d}f \tag{4.16}$$

式(4.16)中，f_l 为下限时间截止频率，Hz；f_h 为上限时间截止频率，Hz。

式(4.16)经离散后近似表示为：

$$\sigma_f^2 \approx \sum_{i=1}^{n} G_d(f_{ci}) \Delta f_i \tag{4.17}$$

式(4.17)中，f_{ci} 为 n 个小区间内每个小区间的中心频率。采用随机正

弦波叠加法将对应于各个小区间的正弦波函数进行叠加,就可将频域转换为时域,从而获得时域路面随机位移输入[180]:

$$q(t) = \sum_{i=1}^{n} \sqrt{2G_d(f_{ci})\Delta f_i} \sin(2\pi f_{ci}t + \theta_i) \qquad (4.18)$$

式(4.18)中 θ_i 为 $[0,2\pi]$ 上均匀分布的随机数。

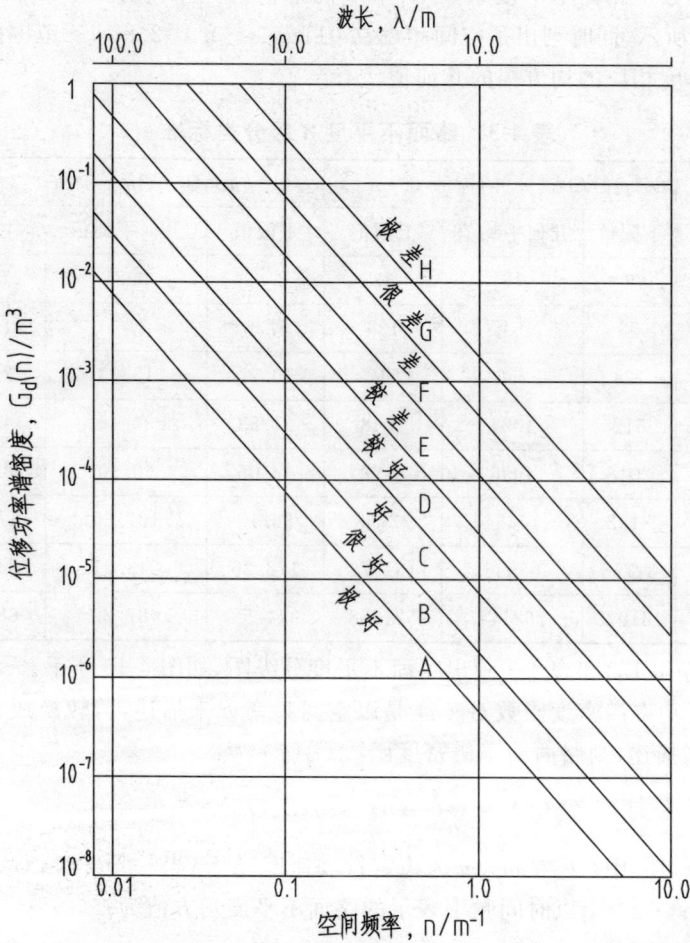

图 4-10 路面不平度分级图

矿用汽车所处的道路环境复杂,路面崎岖不平。以路面不平度 8 级分类标准中的 E、F、G、H 级路面为例,取 $w = 2$,$n_0 = 0.1m^{-1}$,$u = 15m/s$,以某试验场采集的数据作为输入,得到路面位移随时间变化的随机函数如图 4-11 所示。

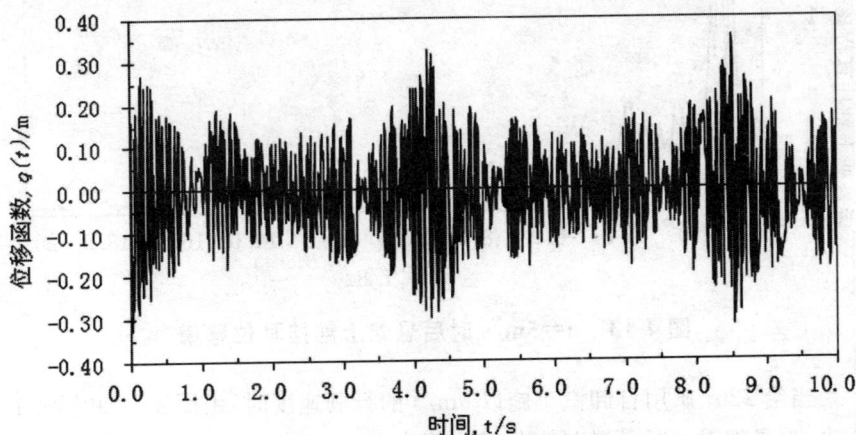

图 4-11　路面位移时域仿真输出

4.3.2　不同行驶速度下的位移谱分析

道路试验及实际使用证明,矿区路面冲击是矿用汽车关键受力构件失效的主要因素[181]。设定整车在满载工况下分别以 5m/s、8m/s、10m/s、12m/s、15m/s 和 18m/s 的速度匀速行驶,考虑前后轮的相位差,将随机路面位移函数施加于整车模型的前后接地弹簧节点上,提取前后悬架上部挂耳的 Y 方向位移谱如图 4-12～图 4-23 所示。

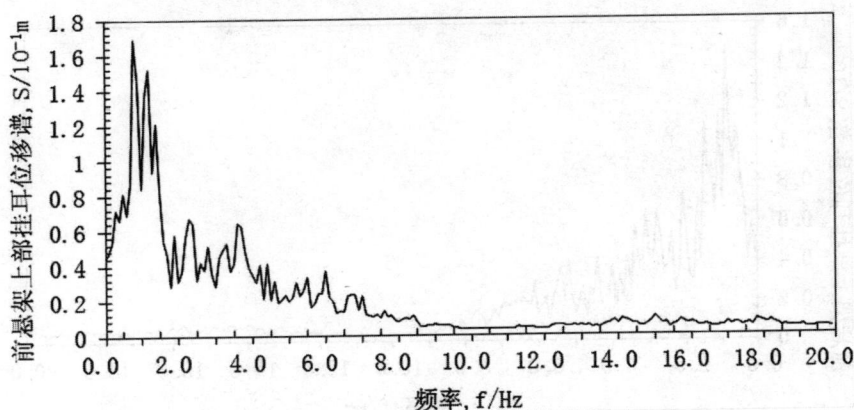

图 4-12　u＝5m/s 时前悬架上部挂耳位移谱

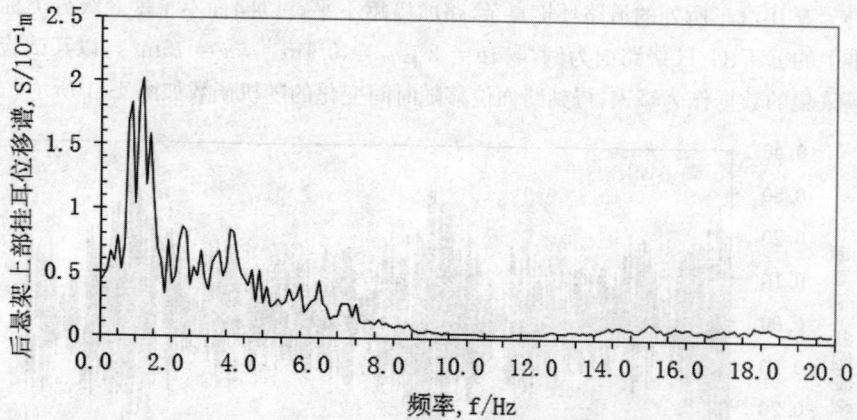

图 4-13　u＝5m/s 时后悬架上部挂耳位移谱

　　当给 220t 矿用自卸汽车施以 5m/s 的行驶速度时,由图 4-12 和图 4-13 看出,前悬架上部挂耳的最大位移出现在 0.81Hz 处,介于固有频率的第 2 和第 3 振型之间;后悬架上部挂耳的最大位移出现在 1.21Hz 处,介于固有频率的第 3 和第 4 振型之间。前后悬架结构位移响应出现较大峰值所对应的频率均主要集中在 0～6.01Hz 区间,与前 10 阶固有频率相近。尤其在 0.71～1.51Hz 之间,前后悬架位移均处于较大位置,峰值的幅度也较大,与 2～4 阶振型接近。在 6.01～8.41Hz 之间,前后悬架位移峰值的幅度均逐渐减小,从 8.41Hz 以后,位移峰值的幅度基本平缓,波动很小。即在 5m/s 匀速行驶速度下,整车位移谱与前 10 阶固有频率接近,尤其振动频率在 0.71～1.51Hz 时,易激发整车前后俯仰、上下平动和左右扭摆。

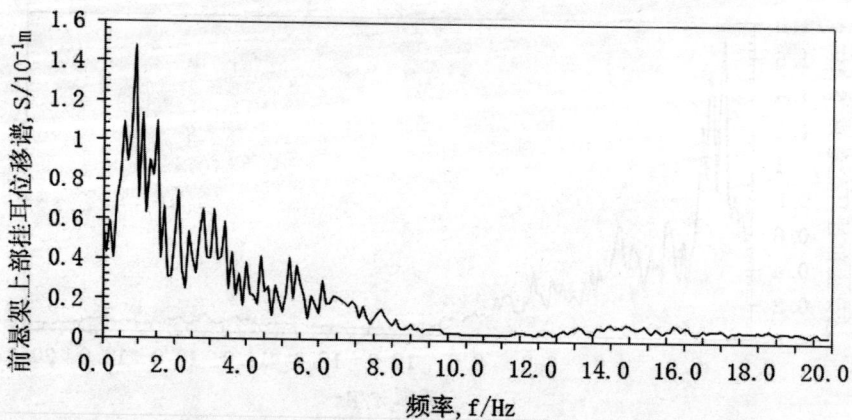

图 4-14　u＝8m/s 时前悬架上部挂耳位移谱

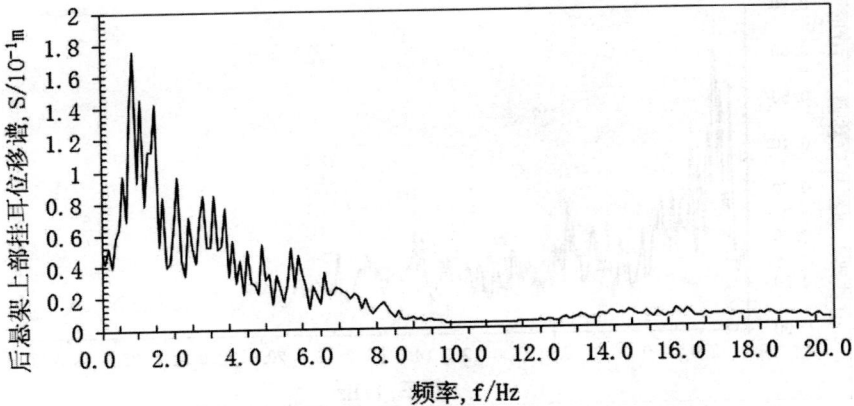

图 4-15　u＝8m/s 时后悬架上部挂耳位移谱

当 220t 矿用自卸汽车以 8m/s 的速度行驶时,由图 4-14 和图 4-15 看出,前后悬架上部挂耳的最大位移均出现在 0.91Hz 处,介于固有频率的第 2 和第 3 振型之间,易激发整车前后俯仰和上下平动。结构位移响应出现较大峰值所对应的频率主要集中在 0～7.81Hz 区间,接近整车低阶固有频率。在 0.41～3.41Hz 之间,前后悬架位移峰值的幅度均较大,与前 7 阶振型接近。尤其是在 0.51～1.51Hz 之间,前后悬架位移均在较大位置,峰值幅度也较大,与前 4 阶振型接近。在 7.81 之后,振幅逐渐减小而趋于平缓,前后悬架位移均较小。即在 8m/s 匀速行驶速度下,整车位移谱接近前 10 阶固有频率,易激发整车侧倾、前后俯仰、上下平动和左右扭摆。

当 220t 矿用自卸汽车以 10m/s 的速度行驶时,由图 4-16 和图 4-17 看出,前后悬架上部挂耳的最大位移均出现在 1.31Hz 处,介于固有频率的第 3 和第 4 振型之间,易激发整车上下剧烈振动及左右扭摆。结构位移响应出现较大峰值所对应的频率主要集中在 0～7.51Hz 区间,接近整车固有频率。在 0.71～2.31Hz 之间,前后悬架位移峰值的幅度均较大,与 2～5 阶振型接近。在 7.51～20.41Hz 之间,振幅逐渐减小,从 20.41Hz 以后,位移峰值的幅度逐渐趋于平缓,位移处于较小位置。即在 10m/s 匀速行驶速度下,整车位移谱与前 10 阶固有频率接近,尤其易激发整车前后俯仰、上下平动、左右扭摆以及车架前部小幅左右扭转。

当 220t 矿用自卸汽车以 12m/s 的速度行驶时,由图 4-18 和图 4-19 看出,前悬架上部挂耳的最大位移出现在 1.51Hz 处,在固有频率的第 4 振型附近,易激发整车左右扭摆。后悬架上部挂耳的最大位移出现在 1.61Hz 处,介于固有频率的第 4 和第 5 振型之间,易激发整车左右扭摆、侧倾和车架前部左右摆动。结构位移响应出现较大峰值所对应的频率主要集中在

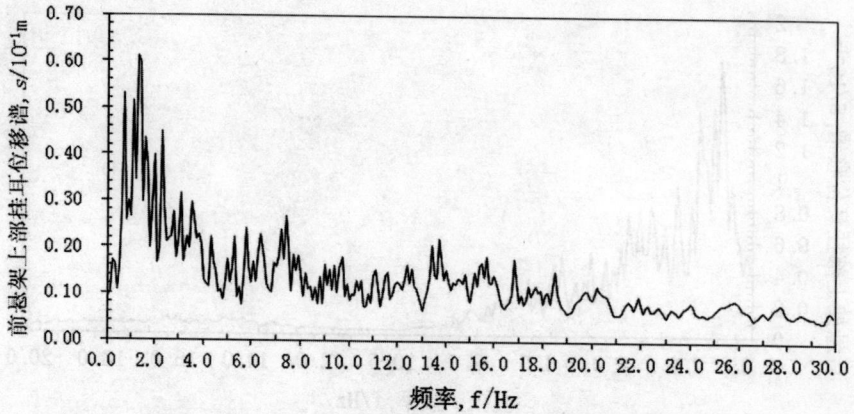

图 4-16　u＝10m/s 时前悬架上部挂耳位移谱

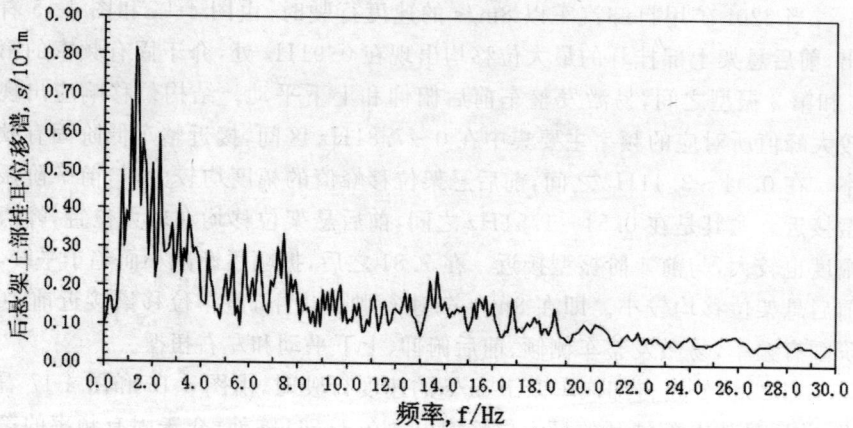

图 4-17　u＝10m/s 时后悬架上部挂耳位移谱

0～7.41Hz 区间,接近整车前 10 阶固有频率。在 0.51～2.01Hz 之间,前悬架位移及其峰值幅度均较大,与 1～5 阶振型接近。后悬架位移及其峰值幅度均较大的频率区间在 0.51～3.81Hz 之间,与固有频率 1～7 阶振型接近。在 7.41Hz 之后,位移及其振幅均逐渐减小并趋于平缓。即在 12m/s 匀速行驶速度下,整车位移谱与前 10 阶固有频率接近,尤其易激发整车侧倾、前后俯仰、上下平动、左右扭摆以及车架前部小幅左右扭转。

　　当速度为 15m/s 时,由图 4-20 和图 4-21 可看出,前后悬架上部挂耳的最大位移均出现在 0.91Hz 处,介于固有频率的第 2 和第 3 振型之间,易激发整车前后俯仰和上下平动。前后悬架结构位移响应出现较大峰值均主要集中于 0～6.81Hz 区间,与整车的前 10 阶固有频率相近。在 0～3.81Hz

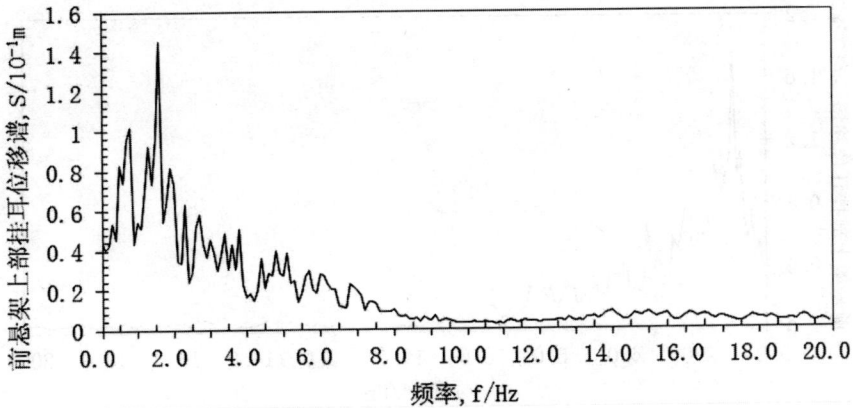

图 4-18　u＝12m/s 时前悬架上部挂耳位移谱

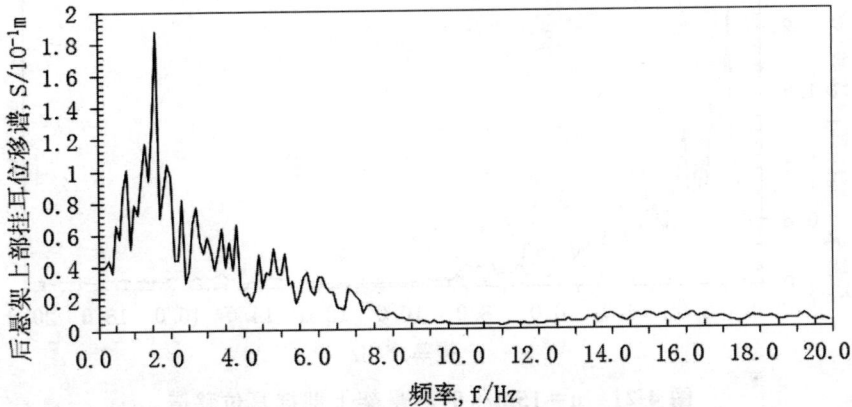

图 4-19　u＝12m/s 时后悬架上部挂耳位移谱

之间,前后悬架位移及其峰值幅度均较大,介于固有频率的 1～7 阶振型之间,会引起操纵不稳定和行驶不平顺。从 6.81Hz 以后,位移较小,且其峰值幅度逐渐平稳。即在 15m/s 匀速行驶速度下,整车位移谱与前 10 阶固有频率接近,尤其易激发整车侧倾、前后俯仰、上下平动、左右扭摆以及车架前部小幅左右扭转。

当施加 18m/s 的行驶速度时,由图 4-22 和图 4-23 看出,前悬架上部挂耳的最大位移出现在 0.61Hz 处,接近整车前 10 阶固有频率的第 1 振型;后悬架上部挂耳的最大位移出现在 1.31Hz 处,介于固有频率的第 3 和第 4振型之间。前后悬架结构位移响应出现较大峰值均主要集中于 0～7.81Hz区间,接近前 10 阶固有频率。在 0～5.41Hz 之间,前后悬架位移峰值的幅

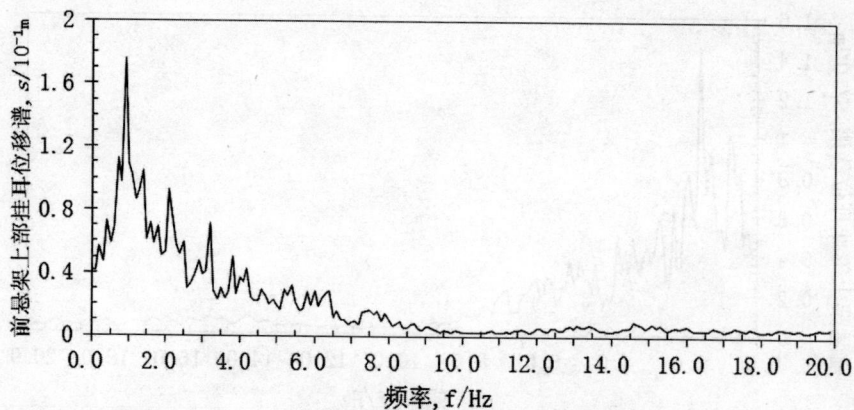

图 4-20　u＝15m/s 时前悬架上部挂耳位移谱

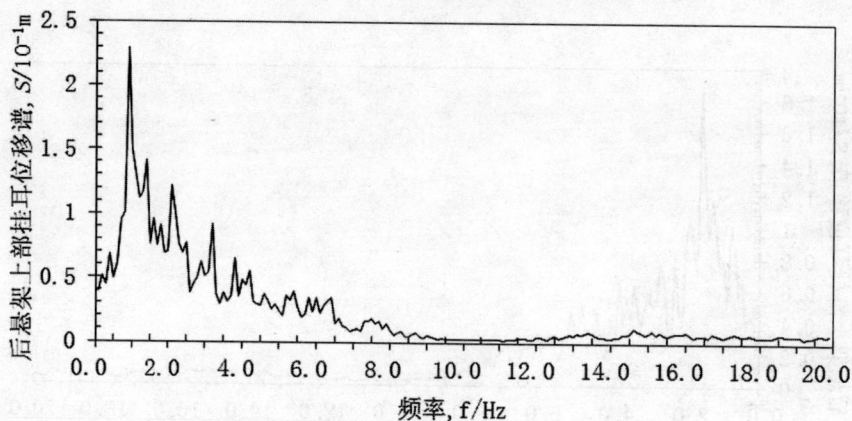

图 4-21　u＝15m/s 时后悬架上部挂耳位移谱

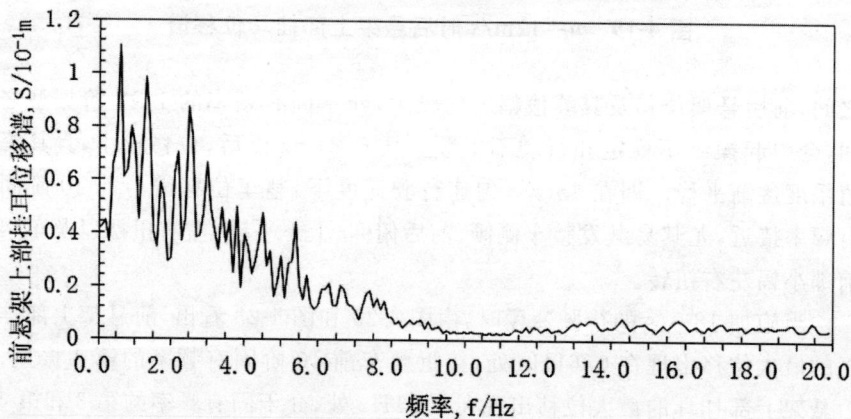

图 4-22　u＝18m/s 时前悬架上部挂耳位移谱

度均较大,介于前 10 阶固有频率的 1～8 阶振型之间。在 5.41～7.81Hz
之间,前后悬架位移逐渐减小,峰值幅度也逐渐趋于平缓,从 7.81Hz 以后,
位移及其波动均很小。即在 18m/s 匀速行驶速度下,整车位移谱接近前 10
阶固有频率接近,基本和低阶固有频率重叠,易激发前 10 阶固有频率所表
现的所有阵型,不宜长时间以该速度行驶。

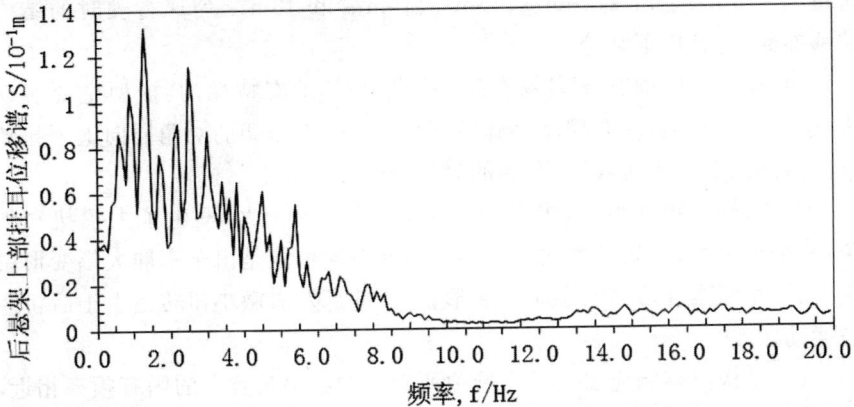

图 4-23　u＝18m/s 时后悬架上部挂耳位移谱

　　对比六种车速时整车的动力响应曲线可以看出,随着车速的提高,除了
位移值及其振幅略有不同外,位移谱变化趋势基本相同,结构位移响应出现
较大峰值所对应的频率区间均在 0～7.81Hz 之间,与整车的前 10 阶固有
频率接近,易激发整车共振。而在 7.81Hz 之后,位移处于较小位置,而且
其振幅趋于平缓。在进行整车最终结构设计时,应合理布置各系统部件的
位置,对于发动机等自身具有固有振动频率的部件,尽量使其振动频率避开
共振区域。但由于 220t 矿用自卸汽车结构复杂,工作区内的道路状况又复
杂多变,以目前的结构材料特性及国内企业的制造水平,要想使得所有部件
和总成的固有频率都避开共振区不太现实。可根据发动机等动力组件的固
有频率,适当改变车架、前后桥和车厢等主要受力构件的结构参数,使整车
的共振幅值尽可能降低和平缓。最终设计布局时应及时掌握具有固有频率
部件的参数,安装时尽量错开整车共振区。矿用自卸汽车的制造和维护成
本均较高,特别是装载质量 200t 以上的车型更是费用不菲,有必要对车架、
车厢、悬架、前后桥等主要受力构件进行疲劳分析,对最薄弱环节的结构性
能进行必要的改善,最大限度地延长矿用自卸汽车的使用寿命。

4.4　本章小结

本章对 220t 矿用自卸汽车进行了动力学分析。首先通过模态分析得到了整车前 10 阶固有频率和主振型,再通过随机路面激励下的动力响应分析得到了 5m/s、8m/s、10m/s、12m/s、15m/s 和 18m/s 匀速行驶时的结构位移参数,得到以下结论。

(1)整车低阶固有频率基本反映了整车的动态特性,其振型主要表现为:整车上下平动、左右摆动、侧倾和俯仰,并伴有车架的对角同向上下扭转和前后同向上下扭转,以及车厢的对角扭转和尾部上下扭转。

(2)后桥壳刚度很大,未发现变形;车厢变形较大,发生了大幅扭转现象,需增加刚度;车架发生的上下小幅扭转变形可能是由于车厢大幅变形引起,加强车厢刚度后会减小车架变形;车架前部左右微小扭转是由于后桥左右摆动所致。

(3)结构位移响应出现较大峰值所对应的频率与整车的固有频率相近,可能引起共振,特别是易激发整车上下振动及左右扭摆。

(4)需适当修正初设计的整车结构,车架前部的横向刚度需适当加强,也就是在车架前部的变宽度处应稍加改变,这也与静力学分析对应。同时应加大车厢地板和侧板刚度,可增加车厢纵梁强度和横梁布置密度。

(5)整车布置时,应使振动频率与整车固有频率相同或相近的部件安装在远离共振区的位置,以避免激发共振,如安装位置无法避免,应避开振动峰值区。同时对于固有频率相同或接近的部件应分开布置,规避共振。

(6)考虑到矿用自卸汽车的结构复杂,价格昂贵,维护费用高,为延长整车的使用寿命,有必要对主要受力构件进行疲劳研究。

第 5 章　220t 矿用自卸汽车疲劳寿命预测

疲劳为材料在应力或应变的反复作用下发生的性能变化。疲劳寿命是指结构在循环载荷作用下产生疲劳损伤及破坏的载荷循环数或持续时间。结构在循环应力或交变载荷作用下发生的破坏称为结构疲劳破坏。结构受到频率分布与结构固有频率具有交集或接近的振动、冲击、噪声等交变动载荷作用,从而激发结构共振所导致的疲劳破坏称为结构振动疲劳破坏,其范畴只限于结构在共振带宽内或其附近受到激励所导致的共振破坏[182]。矿用自卸汽车是典型的移动工程机械,振动疲劳破坏是其结构失效的主要原因,本章对 220t 矿用自卸汽车进行随机载荷下的振动疲劳分析和疲劳寿命预测。

5.1　疲劳分析的基本原理与方法

疲劳分析主要包括疲劳应力应变分析、疲劳破坏形式确定、抗疲劳性能测定和疲劳寿命预测,一般是基于疲劳累积损伤理论和疲劳裂纹扩展理论来进行疲劳寿命分析。影响疲劳寿命的因素很多,按照疲劳机理大致分为三类:

(1)零件的几何形状和载荷特性等局部应力应变大小的影响因素。

(2)材料种类、热处理和机加工等材料微观结构的影响因素。

(3)表面粗糙度、腐蚀和应力腐蚀等疲劳损伤源的影响因素。

在疲劳寿命分析中,主要考虑应力集中、几何形状、表面状态和载荷形式的影响。按照疲劳损伤计算参量的不同,疲劳寿命分析方法主要有损伤力学法、局部应力应变法、应力应变场强度法、名义应力法、功率谱密度法和能量法等,每种方法都有各种不同的条件假设和适用范围,实际应用时可根据具体情况选用合适的方法。在工程实践中比较实用的方法是局部应力应变法、应力应变场强度法和名义应力法。所有疲劳寿命分析方法都包含:对材料疲劳行为进行描述,对循环载荷下的结构响应情况进行统计分析,确定疲劳损伤法则进行疲劳寿命预测[183]。无腐蚀环境下的结构振动疲劳寿命分析步骤如图 5-1 所示。

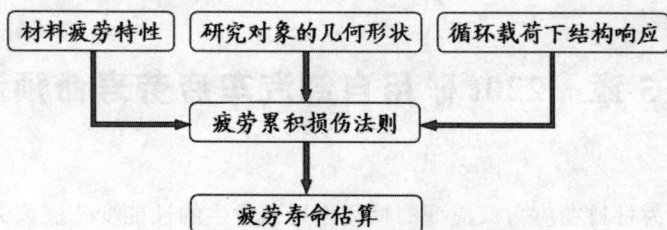

图 5-1 疲劳寿命预测流程图

由图 5-1 可知,在进行结构振动疲劳寿命分析时,需要知道研究对象的几何形状和材料的疲劳特性,用循环计数法对循环载荷次数进行统计,确定在施加载荷条件下的局部应力—应变响应,采用合适的材料寿命曲线并基于合理的疲劳损伤理论,对结构进行疲劳损伤分析,最终得到疲劳寿命预测值。

对于某一具体结构进行振动疲劳寿命分析时,需要了解适用的外加应力 S 与疲劳寿命 N 之间的关系曲线,即 S—N 曲线,或者是应变与寿命($\Delta\varepsilon$—N)曲线;合适的疲劳累积损伤理论,即相应的疲劳累积损伤关系式;随机交变载荷作用下结构的动应力状况,即精确的载荷谱。然后根据静强度基本原理求出各构件的应力水平,将载荷谱转化为构件的应力谱,再运用疲劳累积损伤关系式和 S—N 曲线得到构件的疲劳寿命。

对于 220t 矿用自卸汽车在随机载荷下的振动疲劳分析和疲劳寿命预测,首先用 Manson-Coffin 公式确定 $\Delta\varepsilon$—N 曲线,用雨流计数法对随机载荷下的应变—时间谱进行统计处理,得到所有全循环数,再用 Miner 疲劳累积损伤理论得到整车在随机路面谱作用下的总损伤,从而获得整车的疲劳寿命预测值。

5.2 应变—寿命曲线

应变—寿命曲线按照控制参数的不同分为 $\Delta\varepsilon$—N 曲线和 ε_{eq}—N 曲线。$\Delta\varepsilon$—N 曲线是以应变比 $R_\varepsilon=-1$ 时的应变幅为参数来描述材料疲劳寿命特性,当 $R_\varepsilon\neq-1$ 时再对 $\Delta\varepsilon$—N 曲线进行修正;ε_{eq}—N 曲线是先建立一个能够反映不同 R_ε 的参数 ε_{eq},然后再用 ε_{eq}—N 曲线来描述材料疲劳寿命特性。$\Delta\varepsilon$—N 适用于中短寿命区,而且在 $R_\varepsilon\neq-1$ 需修正平均应力;而 ε_{eq}—N 适用于各个寿命区,不需修正平均应力[184]。但由于 ε_{eq}—N 曲线的试验工作量大,曲线拟合复杂,故采用 $\Delta\varepsilon$—N 曲线。

5.2.1　Manson-Coffin 公式

$\Delta\varepsilon$—N 曲线有多个表达式,但应用最多的是 Manson-Coffin 公式。该公式可用来作为 220t 矿用自卸汽车的应变—寿命公式,与整车结构无关,其表达式为:

$$\varepsilon_a = \varepsilon_e + \varepsilon_p = \frac{\sigma'_f}{E}(2N)^b + \varepsilon'_f(2N)^c \tag{5.1}$$

式(5.1)中,ε_a 为整车总应变,mm/mm;ε_e 为弹性应变分量,mm/mm;ε_p 为塑性应变分量,mm/mm;σ'_f 为疲劳强度系数,MPa;E 为构件材料的杨氏弹性模量(按车架材料选取),MPa;N 为整车疲劳寿命,即应变循环次数;b 为疲劳强度指数,无量纲;ε'_f 为疲劳延性系数,%;c 为疲劳延性指数,无量纲。

由式(5.1)可知,整车应力集中区域的总应变 ε_a 由弹性应变分量 ε_e 和塑性应变分量 ε_p 两部分组成,整车疲劳寿命 N 与 ε_a、ε_e、ε_p 的应变—寿命关系曲线如图 5-2 所示。由图 5-2 看出,弹性曲线和塑性曲线有一交点 N_T,当寿命 $N > N_T$ 时,弹性应变起主要作用;当寿命 $N < N_T$ 时,则塑性应变起主要作用。$\Delta\varepsilon$—N 曲线适用于高应力低循环次数的情况,式(5.1)不存在水平极值线,而材料一般都存在疲劳极限,故该式只适用于描述中短疲劳寿命区的 $\Delta\varepsilon$—N 曲线。

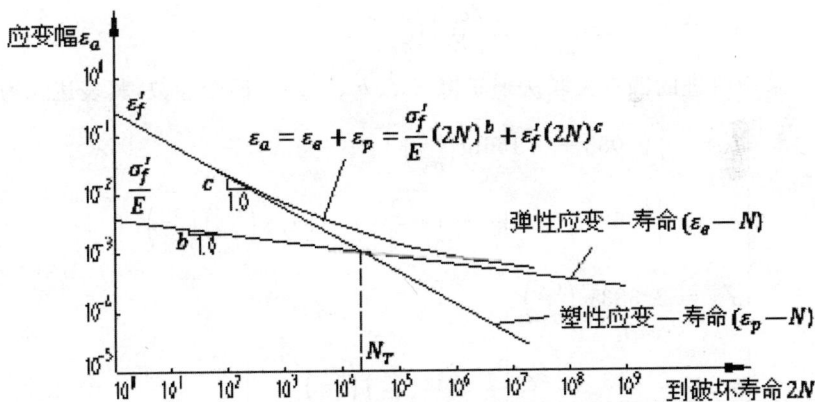

图 5-2　Manson-Coffin 公式的曲线描述

获得 220t 矿用自卸汽车的应变—寿命曲线,就是如何确定 Manson-Coffin 公式中的 σ'_f、b、ε'_f、c 四个参数,而获取这四个参数的最好办法是进行材料的应变疲劳试验,特别是在 $10^4 \sim 10^5$ 的中等寿命区。但应变疲劳试验需要特殊的设备,所需试件多,工作量大,在无应变疲劳试验条件,缺乏试验数据时,可利用材料的静拉伸性能参数:弹性模量 E、抗拉强度 σ_b、真实断裂强度 σ_f 和真实断裂延性 ε_f,来近似估算材料的疲劳性能数据。常用的估算方法有通用斜率法和四点关联法。通用斜率法是 Manson 通过对 29 种常用金属材料的性能数据进行拟合得到的结果,该方法能够较好地描述大部分普通钢材,但对特殊性能材料不一定适用。Manson 提出了具有实用性的四点关联法,由弹性线和塑性线上的四个特殊值来估算材料的疲劳性能。通用斜率法的表达式为:

$$\begin{cases} \sigma'_f = 1.75\sigma_b \\ b = -0.12 \\ \varepsilon'_f = 0.5\varepsilon_f^{0.6} \\ c = -0.6 \end{cases} \tag{5.2}$$

式(5.2)中,σ_b 为材料的抗拉强度,MPa;ε_f 为材料的真实断裂延性,mm/mm。这两个参数均通过静拉伸试验得到。四点关联法的表达式为:

$$\begin{cases} b = -\left[0.083 + 0.166\lg\left(\dfrac{\sigma_f}{\sigma_b}\right)\right] \\ c = -\left\{0.52 + 0.25\lg(\varepsilon_f) - \dfrac{1}{3}\left[1 - 81.8\left(\dfrac{\sigma_b}{E}\right)\left(\dfrac{\sigma_f}{\sigma_b}\right)^{0.179}\right]\right\} \\ \sigma'_f = 2.25\sigma_b\left(\dfrac{\sigma_f}{\sigma_b}\right)^{0.9} \\ \varepsilon'_f = 0.413\varepsilon_f\left[1 - 82\left(\dfrac{\sigma_b}{E}\right)\left(\dfrac{\sigma_f}{\sigma_b}\right)^{0.179}\right]^{-\frac{1}{3}} \end{cases} \tag{5.3}$$

采用改进的四点关联法来获得 σ'_f、b、ε'_f、c 四个参数,其表达式为:

$$\begin{cases} b = -\left[0.083 + 0.166\lg\left(\dfrac{\sigma_f}{\sigma_b}\right)\right] \\ c = -\left\{0.52 + 0.25\lg(\varepsilon_f) - \dfrac{1}{3}\left[1 - 81.8\left(\dfrac{\sigma_b}{E}\right)\left(\dfrac{\sigma_f}{\sigma_b}\right)^{0.179}\right]\right\} \\ \sigma'_f = 2.383\sigma_b\left(\dfrac{\sigma_f}{\sigma_b}\right)^{0.95} \\ \varepsilon'_f = 0.413 \times 2^{-c}\varepsilon_f\left[1 - 82\left(\dfrac{\sigma_b}{E}\right)\left(\dfrac{\sigma_f}{\sigma_b}\right)^{0.179}\right]^{-\frac{1}{3}} \end{cases} \tag{5.4}$$

式(5.3)和式(5.4)中,σ_b 为材料的抗拉强度,MPa;σ_f 为材料的真实断裂强度,MPa;ε_f 为材料的真实断裂延性,mm/mm,E 为材料的杨氏弹性模量,MPa。可通过静拉伸试验得到这几个参数。

5.2.2 平均应力修正

通常情况下,实际疲劳载荷基本都是非对称应变循环,220t 矿用自卸汽车在随机载荷作用下,其车架、前后桥和悬架等主要受力构件承受不同的应力,整车应力集中区域的应变循环为非对称,也就是平均应力为非零值,应变比 $R_\varepsilon \neq -1$。式(5.1)仅适用于常幅对称循环的疲劳寿命预测,不足以描述随机载荷下的变幅载荷疲劳寿命,因此当使用应变比 $R_\varepsilon = -1$ 下的 $\Delta\varepsilon - N$ 曲线进行疲劳寿命估算时,需要对 $\Delta\varepsilon - N$ 曲线进行修正。不同材料的平均应力影响也不同,对 $\Delta\varepsilon - N$ 曲线修正最好以试验数据为准,在无试验数据时,可采用经验公式进行修正。目前,考虑平均应力或平均应变的影响,对 $\Delta\varepsilon - N$ 曲线进行修正的办法主要有两种:① 对 Manson-Coffin 公式的平均应力进行修正;② 给出新的包含平均应力和平均应变的 $\Delta\varepsilon - N$ 曲线。本研究采用第①种修正办法,而对 Manson-Coffin 公式的平均应力进行修正的办法又有四种修正方法,其表达式分别如下:

Morrow 弹性应力线性修正:

$$\varepsilon_a = \frac{\sigma'_f - \sigma_m}{E}(2N)^b + \varepsilon'_f(2N)^c \tag{5.5}$$

Gerber 弹性应力曲率修正:

$$\varepsilon_a = \frac{\sigma'^2_f - \sigma^2_m}{E\sigma'_f}(2N)^b + \varepsilon'_f(2N)^c \tag{5.6}$$

Morrow 总应变修正:

$$\varepsilon_a = \frac{\sigma'_f - \sigma_m}{\sigma'_f}\left[\frac{\sigma'_f}{E}(2N)^b + \varepsilon'_f(2N)^c\right] \tag{5.7}$$

Sachs 弹性修正:

$$\varepsilon_a = \frac{\sigma'_f}{E}\left(1 - \frac{\sigma_m}{\sigma_b}\right)(2N)^b + \varepsilon'_f(2N)^c \tag{5.8}$$

式(5.5)~(5.8)中,σ_m 为整车应力集中区的平均应力,即 $\sigma_m = (\sigma_{max} + \sigma_{min})/2$,MPa。当为对称循环时,$\sigma_m = 0$,式(5.5)~(5.8)均退化为修正前的 Manson-Coffin 公式,即式(5.1)。采用 Morrow 弹性应力线性修正,即式(5.5)。

5.2.3　整车应变—寿命曲线

车架是矿用自卸汽车的关键受力构件,受力状况最复杂,其材料和结构性能直接决定着整车的结构性能。220t 矿用自卸汽车的车架、A 型架和车厢均采用高强度结构钢 WH60E,该钢种是基于 Q345E 钢的成分和性能,通过微合金强化来提高强度和韧性及其低温冲击性能,从而达到承载大及低温环境的使用要求。从第 3 章的整车静力学分析看出,出现应力集中的危险部位均在前后悬架的挂耳和支座处,所以选取前后悬架的挂耳和支座来提取整车 $\Delta\varepsilon - N$ 曲线。

前后悬架的挂耳和支座材料均为低温铸钢 ZG28CrNiMoA,由静拉伸试验获得的材料特性参数值为:杨氏弹性模量 $E = 200\text{GPa}$;真实断裂延性 $\varepsilon_f = 15$;真实断裂强度 $\sigma_f = 815\text{MPa}$;抗拉强度 $\sigma_b = 665\text{MPa}$。利用改进的四点关联法得到四个参数 $\sigma'_f = 1878\text{MPa}$;$b = -0.1$;$\varepsilon'_f = 10.3$;$c = -0.57$,按第 3.2.2 节静力学分析得到的应力值取 $\sigma_m = (\sigma_{\max} + \sigma_{\min})/2 = 252\text{MPa}$。根据式(5.5)Morrow 弹性应力线性修正的 Manson-Coffin 公式,得到最终的应变—寿命公式为:

$$\varepsilon_a = 0.00813 \cdot (2N)^{-0.1} + 10.3 \cdot (2N)^{-0.57} \tag{5.9}$$

5.3 雨流计数法

计数法就是将载荷—时间历程简化为一系列全循环或半循环的过程。目前国内外的计数方法较多,不同计数法编制的载荷谱差别很大,进行疲劳寿命估算或试验时就会得到不同的结果。计数法按统计学观点分为单参数法和双参数法,单参数法只考虑载荷循环中的一个变量,存在不足以描述载荷循环特征的缺陷,双参数法则同时考虑两个变量,克服了单参数法的不足[185]。

5.3.1 雨流计数原理

雨流计数法又叫"塔顶法",是基于双参数法的一种计数方法,其建立在对封闭的应力—应变迟滞回线逐个计数基础上,与局部应力应变法的稳态法原理相一致,能够较好地反映随机加载的全过程,具有一定的弹塑性力学理论基础。雨流计数法是基于材料应力—应变行为而提出,其认为塑性存在是疲劳损伤的必要条件,且其塑性性质表现为应力—应变迟滞回线。目前国内外工程界已经普遍采用雨流计数法对随机载荷谱进行统计处理,在疲劳寿命计算中得到较好应用,国外也提出了相关的雨流计数标准。雨流计数法可将 220t 矿用自卸汽车在随机路面谱作用下的应变—时间谱分解为多个幅值不等的半循环,忽略循环先后顺序对整车疲劳损伤的影响,逐次将提取到的半循环重新加以截取和组合,从而形成相互独立的全循环。取 220t 矿用自卸汽车在随机路面谱作用下以 15m/s 的速度行驶时,后悬架上部挂耳的一小段应变—时间变化曲线,如图 5-3(a)所示。

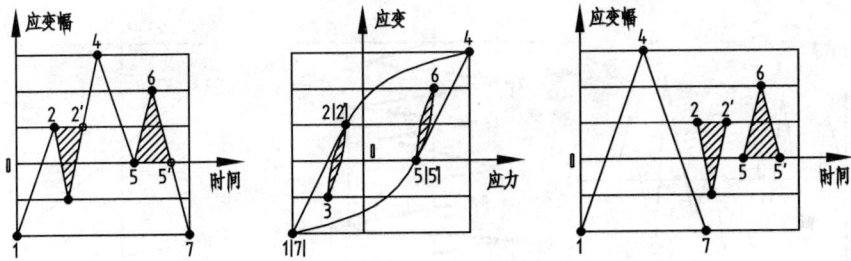

图 5-3　雨流计数法的理论基础

(a)应变—时间曲线；(b)应变的循环；(c)循环的提取

由图 5-3(a)看出，1—4—7 为一个大循环，2—3—2′和 5—6—5′分别为两个小循环，构成一个大迟滞回线和两个小迟滞回线，如图 5-3(b)所示。如果整车的振动疲劳损伤以此为标志，并假设一个大位移循环所引起的疲劳损伤不受为完成一个小迟滞回线而进行截断的影响，就可以从整个应变—时间历程中逐次提取出构成较小迟滞环的小位移循环并重新组合，从而将这段应变—时间历程转变为 5-3(c)的形式，两者对于材料引起的疲劳损伤等效。雨流计数法就是基于这个原理进行计数，可作为用于矿用自卸汽车振动疲劳寿命预测的理论基础。

以提取的 220t 矿用自卸汽车动力响应谱中一小段应变—时间历程为例，如图 5-4 所示，对雨流计数法的计数原理进行叙述。将这段应变—时间历程的坐标轴顺时针旋转 90°，使时间轴为纵坐标竖直向下，把峰值和谷值依次编号后通称为波峰。计数规则如下：①雨流依次从每个波峰的内侧起始，顺着斜线向下流，到下一个波峰的顶部时开始垂直下落，如果遇到一个比雨流起始点峰值更大的波峰时，就停止于该更大波峰的峰值水平线；②所有雨流在遇到来自上面波峰垂直落下的雨流时停止，并截止于该点；③逐个提取所有全循环，并记录下各个全循环的幅值，直到剩下的位移—时间历程变为发散收敛型为止；④将这个剩下的发散收敛波适当截取并重新组合，改为等效的收敛发散型，再次进行上述计数过程，直到取出所有的全循环而没有剩余；⑤雨流法的全部计数就等于这两部分计数之和。

按上述规则对图 5-4(a)所示的应变—时间历程计数过程如下：

(1) 从某一点 0 开始，如图 5-4(b)所示，起始于波峰 0 的雨流经波峰 1 顶部垂直下落，止于波峰 2 的水平线，由于波峰 2 的幅值大于波峰 0 的幅值。

(2) 起始于波峰 1 的雨流经波峰 2 顶部垂直下落，止于波峰 3 的水平线，由于波峰 3 的幅值大于波峰 1 的幅值。

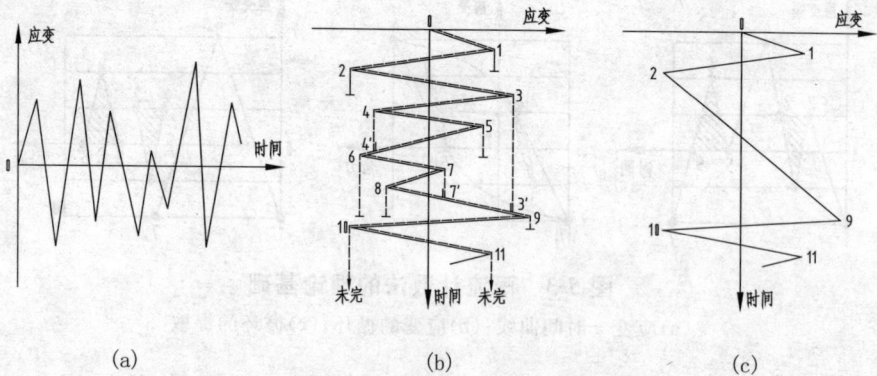

图 5-4　雨流计数法在应变循环中的应用

(3) 起始于波峰 2 的雨流经波峰 3 顶部垂直下落,再经波峰 9 顶部垂直下落并止于波峰 10 的水平线,因为波峰 4、6、8 的幅值均小于波峰 2 的幅值。

(4) 起始于波峰 3 的雨流经波峰 4 顶部垂直下落,再经波峰 6 顶部止于波峰 9 的水平线,即波峰 9 幅值大于波峰 3 的幅值。

(5) 起始于波峰 4 的雨流经波峰 5 顶部垂直下落,止于波峰 6 的水平线。

(6) 起始于波峰 5 的雨流遇到波峰 4 顶部垂直下落的雨流而止于 4′。

(7) 起始于波峰 6 的雨流经波峰 7 顶部垂直下落遇到波峰 3 顶部垂直下落的雨流而止于 3′。

(8) 起始于波峰 7 的雨流经波峰 8 顶部垂直下落止于波峰 9 的水平线。

(9) 起始于波峰 8 的雨流遇到波峰 7 顶部垂直下落的雨流而止于 7′。

(10) 起始于波峰 9 的雨流经波峰 10 顶部垂直下落,起始于波峰 10 的雨流经波峰 11 顶部垂直下落,标注为"未完"是因为图 5-4(a)所示只是整个位移—时间历程的一小段。

由以上分析可知,2−3−3′−9 与 9−10 组成一个大全循环,3−4−4′−6 与 6−7−7′−3′组成第二个全循环,4−5 与 5−4′组成第三个全循环,7−8 与 8−7′组成第四个全循环,变程为 2−9,第一阶段一共取出四个全循环而没有剩余。经过以上计数取值后,剩下的波形如图 5-4(c)所示,为发散—收敛波,按雨流计数原则无法再取出全循环。这时就依据疲劳损伤与加载次序无关的假设,在最大峰值处将波形截为两段,然后将左段起点与右段末点相接,如将图 5-4(c)从波峰 9 截断后再组合,形成如图 5-5 所示的收敛—发散波。这样就可以继续用雨流法计数，直到取出所有循环而无剩余，并且记录幅度完毕为止。如图 5-4(b)中的波峰 2 和波峰 10 的幅值相等，称为收敛—发散标准型，最适合用雨流计数法分解为若干个全循环而没有剩余。

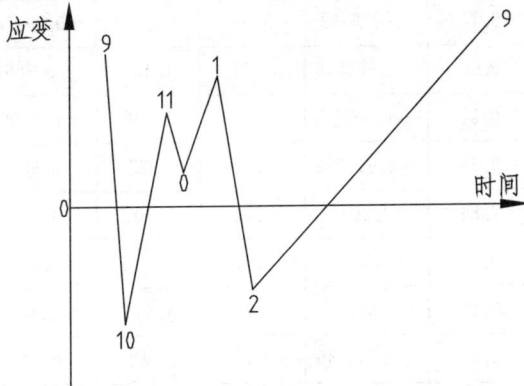

图 5-5　重新组合的应变—时间历程波形

5.3.2　雨流计数程序

编制雨流计数程序，统计某时间段内 220t 矿用自卸汽车在随机载荷作用下的应变循环数。整车在随机路面谱作用下，分别以 5m/s、8m/s、10m/s、12m/s、15m/s 和 18m/s 的速度匀速行驶，均取时间历程为 10h，分别对前后悬架上部挂耳的应变—时间历程进行应变循环数的统计处理，统计结果如图 5-6～5-17 和表 5-1～5-12 所示。六个速度下前后悬架上部挂耳的应变—时间历程如附录 B 图 B.1—B.12 所示。

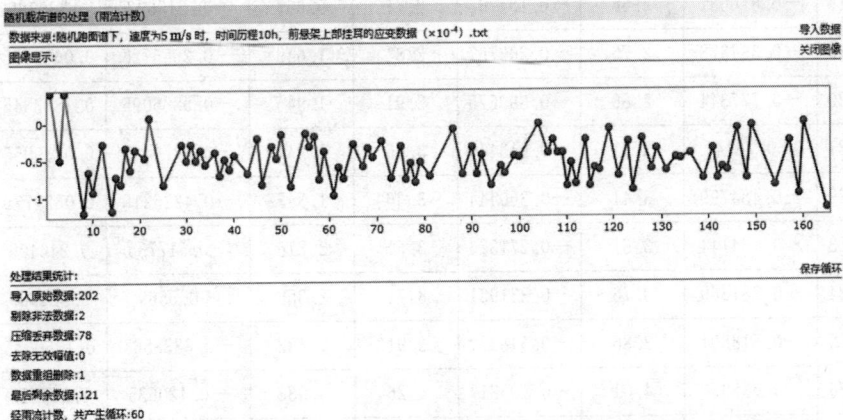

图 5-6　5m/s 时前悬应变循环数雨流计数统计

表 5-1　5m/s 时前悬应变循环数雨流计数统计结果

编号	波谷值/(10^{-4})	波谷记录时间/(h)	波峰值/(10^{-4})	波峰记录时间/(h)	波动比值	平均值	波动幅度
1	−0.663134	8.71	0.0776433	8.81	−8.541	−0.29274535	0.37038865
2	−0.95137	9.16	−0.662546	9.11	1.436	−0.806958	0.144412
3	−0.614003	9.31	−0.58723	9.36	1.046	−0.6006165	0.0133865
4	−0.750925	9.56	−0.610362	9.51	1.23	−0.6806435	0.0702815
5	−0.330078	9.86	−0.29992	9.81	1.101	−0.314999	0.015079
6	−0.511012	0.11	0.387089	0.16	−1.32	−0.0619615	0.4490505
7	−0.944617	0.46	−0.667831	0.41	1.414	−0.806224	0.138393
8	−0.83524	0.76	−0.745745	0.71	1.12	−0.7904925	0.0447475
9	−0.48271	1.01	−0.37104	0.91	1.301	−0.426875	0.055835
10	−0.852126	1.21	0.0533427	1.06	−15.975	−0.39939165	0.45273435
11	−0.526746	1.46	−0.304995	1.41	1.727	−0.4158705	0.1108755
12	−0.517751	1.56	−0.392161	1.61	1.32	−0.454956	0.062795
13	−0.582938	1.66	−0.416841	1.76	1.398	−0.4998895	0.0830485
14	−0.639289	1.91	−0.51699	1.86	1.237	−0.5781395	0.0611495
15	−0.69494	2.11	−0.45119	1.96	1.54	−0.573065	0.121875
16	−0.843136	2.26	−0.227099	2.21	3.713	−0.5351175	0.3080185
17	−0.496132	2.41	−0.336395	2.36	1.475	−0.4162635	0.0798685
18	−0.876681	2.56	−0.154703	2.71	5.667	−0.515692	0.360989
19	−0.334378	2.76	−0.202767	2.81	1.649	−0.2685725	0.0658055
20	−0.777344	2.86	−0.399675	2.91	1.945	−0.5885095	0.1888345
21	−0.76144	3.11	−0.613449	3.06	1.241	−0.6874445	0.0739955
22	−0.484799	3.41	−0.360444	3.36	1.345	−0.4226215	0.0621775
23	−0.764144	3.61	−0.271326	3.51	2.816	−0.517735	0.246409
24	−0.781869	3.76	−0.331931	3.71	2.356	−0.5569	0.224969
25	−0.818891	3.86	−0.548822	3.91	1.492	−0.6838565	0.1350345
26	−0.735953	4.01	−0.105317	4.26	6.988	−0.420635	0.315318
27	−0.714077	4.36	−0.342233	4.46	2.087	−0.528155	0.185922

编号	波谷值/ (10^{-4})	波谷记录时间/(h)	波峰值/ (10^{-4})	波峰记录时间/(h)	波动比值	平均值	波动幅度
28	−0.856508	4.66	−0.453082	4.56	1.89	−0.654795	0.201713
29	−0.694794	4.81	−0.610893	4.76	1.137	−0.6528435	0.0419505
30	−0.487789	4.96	−0.475158	4.91	1.027	−0.4814735	0.0063155
31	−0.426342	5.36	−0.423452	5.41	1.007	−0.424897	0.001445
32	−0.850437	5.56	−0.566141	5.51	1.502	−0.708289	0.142148
33	−0.656847	5.81	−0.636508	5.76	1.032	−0.6466775	0.0101695
34	−0.73561	6.01	−0.279029	6.11	2.636	−0.5073195	0.2282905
35	−0.638773	6.36	−0.377748	6.41	1.691	−0.5082605	0.1305125
36	−0.506097	6.66	−0.493662	6.61	1.025	−0.4998795	0.0062175
37	−0.776209	6.91	−0.370603	7.01	2.094	−0.573406	0.202803
38	−0.666019	7.16	−0.62478	7.11	1.066	−0.6453995	0.0206195
39	−0.873825	7.66	−0.0657198	7.41	13.296	−0.4697724	0.4040526
40	−1.18063	8.21	−0.0217698	7.96	54.232	−0.6011999	0.5794301
41	−0.87934	8.36	−0.545608	8.26	1.612	−0.712474	0.166866
42	−0.68807	8.51	−0.436053	8.41	1.578	−0.5620615	0.1260085
43	−0.868784	9.46	−0.355549	9.26	2.444	−0.6121665	0.2566175
44	−0.788036	9.71	−0.158034	9.66	4.986	−0.473035	0.315001
45	−1.22077	0.36	0.387598	9.91	−3.15	−0.416586	0.804184
46	−1.19633	0.66	−0.290314	0.56	4.121	−0.743322	0.453008
47	−0.643676	0.86	−0.35254	0.81	1.826	−0.498108	0.145568
48	−0.728731	1.81	−0.30263	1.51	2.408	−0.5156805	0.2130505
49	−0.608867	3.31	−0.56643	3.81	1.075	−0.5876485	0.0212185
50	−0.71023	4.51	−0.0429499	5.16	16.536	−0.37658995	0.33364005
51	−0.873357	5.46	−0.249756	5.31	3.497	−0.5615565	0.3118005
52	−0.921318	6.16	−0.111122	5.91	8.291	−0.51622	0.405098
53	−0.671724	6.51	−0.444033	6.76	1.513	−0.5578785	0.1138455
54	−0.783054	7.36	−0.102401	7.26	7.647	−0.4427275	0.3403265

编号	波谷值/(10^{-4})	波谷记录时间/(h)	波峰值/(10^{-4})	波峰记录时间/(h)	波动比值	平均值	波动幅度
55	−0.433689	5.26	−0.305652	3.21	1.419	−0.3696705	0.0640185
56	−0.870941	5.71	−0.25684	5.66	3.391	−0.5638905	0.3070505
57	−0.772769	7.06	−0.277178	7.81	2.788	−0.5249735	0.2477955
58	−0.990034	7.91	−0.242039	6.26	4.09	−0.6160365	0.3739975
59	−0.995041	3.01	−0.175704	2.46	5.663	−0.5853725	0.4096685
60	−1.16792	9.06	0.546848	8.61	−2.136	−0.310536	0.857384

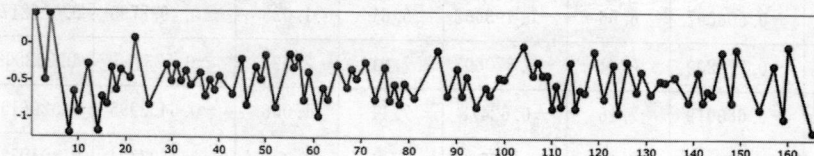

图 5-7　8m/s 时前悬应变循环数雨流计数统计

表 5-2　8m/s 时前悬应变循环数雨流计数统计结果

编号	波谷值/(10^{-4})	波谷记录时间/(h)	波峰值/(10^{-4})	波峰记录时间/(h)	波动比值	平均值	波动幅度
1	−0.441459	0.11	0.33567	0.16	−1.315	−0.0528945	0.3885645
2	−0.876416	0.51	−0.56495	0.41	1.551	−0.7206825	0.1557335
3	−0.748084	0.76	−0.56632	0.71	1.321	−0.657204	0.09088
4	−0.646966	0.86	−0.35813	0.81	1.807	−0.502549	0.144417
5	−0.561837	1.01	−0.28128	0.96	1.997	−0.421557	0.14028
6	−0.579838	1.21	−0.30958	1.41	1.873	−0.4447095	0.1351285
7	−0.703295	1.66	−0.43929	1.61	1.601	−0.571293	0.132002

编号	波谷值/ (10^{-4})	波谷记录 时间/(h)	波峰值/ (10^{-4})	波峰记录 时间/(h)	波动 比值	平均值	波动 幅度
8	−0.990572	1.81	−0.30038	1.91	3.298	−0.645478	0.345094
9	−0.739944	2.21	−0.25838	2.06	2.864	−0.499162	0.240782
10	−0.751602	2.36	−0.27486	2.56	2.734	−0.5132325	0.2383695
11	−0.435369	2.61	−0.393	2.66	1.108	−0.4141845	0.0211845
12	−0.803565	2.76	−0.26312	2.96	3.054	−0.533342	0.270223
13	−0.537579	3.01	−0.33086	3.06	1.625	−0.434221	0.103358
14	−0.646592	3.26	−0.40092	3.21	1.613	−0.523754	0.122838
15	−0.628215	3.41	−0.29501	3.36	2.129	−0.461614	0.166601
16	−0.828141	3.61	−0.16596	3.51	4.99	−0.4970485	0.3310925
17	−0.947635	3.76	−0.35964	3.71	2.635	−0.6536365	0.2939985
18	−0.848493	3.86	−0.48587	3.91	1.746	−0.667183	0.18131
19	−0.495869	4.11	−0.49544	4.06	1.001	−0.495655	0.000214
20	−0.493629	4.21	−0.45014	4.16	1.097	−0.471884	0.021745
21	−0.752437	4.46	−0.20765	4.36	3.624	−0.4800425	0.2723945
22	−0.687246	4.56	−0.39538	4.51	1.738	−0.5413125	0.1459335
23	−0.43013	4.76	−0.30221	4.81	1.423	−0.3661675	0.0639625
24	−0.507853	4.91	−0.45546	4.96	1.115	−0.4816585	0.0261945
25	−1.37178	5.31	−0.38543	5.26	3.559	−0.8786025	0.4931775
26	−0.0661472	5.51	0.111099	5.46	−0.595	0.0224759	0.0886231
27	−0.473308	5.76	−0.20225	5.86	2.34	−0.3377775	0.1355305
28	−0.798769	5.91	−0.27114	6.01	2.946	−0.5349545	0.2638145
29	−0.640488	6.26	−0.48211	6.36	1.329	−0.5613	0.079188
30	−0.70524	6.41	−0.43026	6.51	1.639	−0.567752	0.137488
31	−0.725737	7.01	−0.09987	6.86	7.267	−0.4128016	0.3129354
32	−0.749771	7.11	−0.29491	7.16	2.542	−0.5223405	0.2274305
33	−0.808581	7.46	−0.29792	7.26	2.714	−0.553248	0.255333
34	−0.775733	7.61	−0.20942	7.81	3.704	−0.4925755	0.2831575

编号	波谷值/(10^{-4})	波谷记录时间/(h)	波峰值/(10^{-4})	波峰记录时间/(h)	波动比值	平均值	波动幅度
35	−0.742036	8.06	−0.25106	7.96	2.956	−0.496546	0.24549
36	−0.547786	8.41	−0.52843	8.46	1.037	−0.538108	0.009678
37	−0.9155	8.61	−0.38527	8.71	2.376	−0.650387	0.265113
38	−0.777011	8.96	−0.48334	8.86	1.608	−0.630174	0.146837
39	−0.474742	9.11	−0.27786	9.16	1.709	−0.3763	0.098442
40	−0.435109	9.51	−0.42807	9.56	1.016	−0.431587	0.003522
41	−0.73314	9.66	−0.39394	9.76	1.861	−0.5635385	0.1696015
42	−0.772269	9.81	−0.68338	9.86	1.13	−0.727826	0.044443
43	−1.0587	0.66	−0.47751	0.56	2.217	−0.7681045	0.2905955
44	−0.4675	1.96	−0.38405	1.71	1.217	−0.4257735	0.0417265
45	−0.7494	3.16	−0.28998	2.26	2.584	−0.51969	0.22971
46	−0.688987	4.01	−0.48998	3.81	1.406	−0.589485	0.099502
47	−1.49395	5.16	0.156975	5.56	−9.517	−0.6684875	0.8254625
48	−0.689832	7.06	−0.51034	7.21	1.352	−0.600084	0.089748
49	−0.720439	7.91	−0.32107	7.51	2.244	−0.5207525	0.1996865
50	−0.57301	8.21	−0.46309	8.36	1.237	−0.5180475	0.0549625
51	−0.815081	8.81	−0.13349	9.06	6.106	−0.474285	0.340796
52	−0.703653	1.56	−0.35383	1.51	1.989	−0.5287435	0.1749095
53	−0.876869	5.66	−0.05713	4.66	15.349	−0.4669991	0.4098699
54	−0.844236	6.06	−0.17631	5.71	4.788	−0.510271	0.333965
55	−0.720203	6.71	−0.36965	8.16	1.948	−0.544927	0.175276
56	−0.742439	9.26	−0.30523	9.41	2.432	−0.5238335	0.2186055
57	−0.75411	1.46	−0.21286	1.06	3.543	−0.4834855	0.2706245
58	−0.901628	9.91	−0.18009	6.21	5.007	−0.5408585	0.3607695
59	−1.27023	0.36	0.379431	0.01	−3.348	−0.4453995	0.8248305

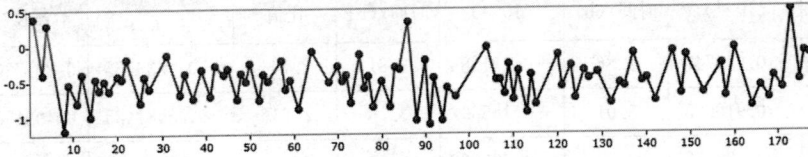

随机载荷谱的处理（雨流计数）

数据来源:随机路面谱下，速度为10m/s 时，时间历程10h，前悬架上部性耳的应变数据 (×10⁻⁴) .txt

图像显示:

导入数据

关闭图像

处理结果统计:

导入原始数据:202

删除非法数据:2

压缩丢弃数据:89

去除无效幅值:0

数据重组删除:0

最后剩余数据:111

经雨流计数，共产生循环:55

保存循环

图 5-8　10m/s 时前悬应变循环数雨流计数统计

表 5-3　10m/s 时前悬应变循环数雨流计数统计结果

编号	波谷值/ (10^{-4})	波谷记录时间/(h)	波峰值/ (10^{-4})	波峰记录时间/(h)	波动比值	平均值	波动幅度
1	−0.162831	8.81	−0.142237	8.76	1.145	−0.152534	0.010297
2	−1.07135	9.06	−0.0940408	8.86	11.392	−0.5826954	0.4886546
3	−0.995193	9.21	−0.474337	9.26	2.098	−0.734765	0.260428
4	−0.726276	9.41	−0.452061	9.51	1.607	−0.5891685	0.1371075
5	−0.690395	9.71	0.373716	9.96	−1.847	−0.1583395	0.5320555
6	−1.19829	0.36	0.273452	0.16	−4.382	−0.462419	0.735871
7	−1.00602	0.66	−0.407907	0.56	2.466	−0.7069635	0.2990565
8	−0.633027	0.76	−0.513605	0.81	1.233	−0.573316	0.059711
9	−0.650677	0.86	−0.441101	0.96	1.475	−0.545889	0.104788
10	−0.815806	1.21	−0.209244	1.06	3.899	−0.512525	0.303281
11	−0.698799	1.66	−0.149165	1.51	4.685	−0.423982	0.274817
12	−0.761874	1.81	−0.360245	1.91	2.115	−0.5610595	0.2008145
13	−0.727298	2.01	−0.298315	2.06	2.438	−0.5128065	0.2144915
14	−0.773642	2.31	−0.343283	2.21	2.254	−0.5584625	0.2151795
15	−0.782857	2.56	−0.270038	2.46	2.899	−0.5264475	0.2564095
16	−0.524555	2.66	−0.420056	2.61	1.249	−0.4723055	0.0522495

编号	波谷值/ (10^{-4})	波谷记录时间/(h)	波峰值/ (10^{-4})	波峰记录时间/(h)	波动比值	平均值	波动幅度
17	−0.634747	2.86	−0.231286	2.81	2.744	−0.4330165	0.2017305
18	−0.910605	3.01	−0.105692	3.16	8.616	−0.5081485	0.4024565
19	−0.538668	3.36	−0.320532	3.46	1.681	−0.4296	0.109068
20	−0.822434	3.61	−0.152391	3.71	5.397	−0.4874125	0.3350215
21	−0.61423	3.76	−0.447424	3.81	1.373	−0.530827	0.083403
22	−0.878464	4.06	−0.526577	3.96	1.668	−0.7025205	0.1759435
23	−0.362783	4.16	−0.332551	4.11	1.091	−0.347667	0.015116
24	−1.07242	4.36	0.311434	4.26	−3.443	−0.380493	0.691927
25	−1.13174	4.51	−0.230104	4.46	4.918	−0.680922	0.450818
26	−1.08335	4.66	−0.480833	4.56	2.253	−0.7820915	0.3012585
27	−0.745145	4.81	−0.625331	4.71	1.192	−0.685238	0.059907
28	−0.512855	5.26	−0.510271	5.31	1.005	−0.511563	0.001292
29	−0.7062	5.36	−0.286974	5.41	2.461	−0.496587	0.209613
30	−0.780767	5.46	−0.38415	5.51	2.032	−0.5824585	0.1983085
31	−0.856926	5.71	−0.438994	5.66	1.952	−0.64796	0.208966
32	−0.611869	6.01	−0.310975	6.11	1.968	−0.461422	0.150447
33	−0.490311	6.31	−0.416074	6.41	1.178	−0.4531925	0.0371185
34	−0.609113	6.71	−0.566051	6.66	1.076	−0.587582	0.021531
35	−0.542	6.91	−0.496193	6.96	1.092	−0.5190965	0.0229035
36	−0.812111	7.06	−0.121084	7.26	6.707	−0.4665975	0.3455135
37	−0.700371	7.61	−0.304427	7.81	2.301	−0.502399	0.197972
38	−0.902273	8.16	−0.0831936	7.96	10.845	−0.4927333	0.4095397
39	−0.791102	8.36	−0.47495	8.41	1.666	−0.633026	0.158076
40	−0.549902	9.11	−0.534011	8.71	1.03	−0.5419565	0.0079455
41	−0.544133	0.41	−0.418818	0.11	1.299	−0.4814755	0.0626575
42	−0.488218	1.01	−0.475061	0.71	1.028	−0.4816395	0.0065785
43	−0.621512	1.31	−0.458919	1.26	1.354	−0.5402155	0.0812965

续表

编号	波谷值/(10⁻⁴)	波谷记录时间/(h)	波峰值/(10⁻⁴)	波峰记录时间/(h)	波动比值	平均值	波动幅度
44	-0.42952	2.16	-0.418303	1.71	1.027	-0.4239115	0.0056085
45	-0.520614	3.51	-0.512624	2.91	1.016	-0.516619	0.003995
46	-0.971237	5.61	-0.050148	5.16	19.367	-0.5106925	0.4605445
47	-0.775497	6.16	-0.377962	6.26	2.052	-0.5767295	0.1987675
48	-0.841246	6.56	-0.147911	6.81	5.688	-0.4945785	0.3466675
49	-0.712016	7.36	-0.179927	7.41	3.957	-0.4459715	0.2660445
50	-0.651964	8.51	-0.613099	8.26	1.063	-0.6325315	0.0194325
51	-0.5405	9.56	-0.299193	9.66	1.807	-0.4198465	0.1206535
52	-0.528161	2.41	-0.435632	3.56	1.212	-0.4818965	0.0462645
53	-0.882373	3.86	-0.162455	5.96	5.431	-0.522414	0.359959
54	-0.763415	7.86	-0.415363	2.36	1.838	-0.589389	0.174026
55	-0.811874	0.51	0.455936	8.61	-1.781	-0.177969	0.633905

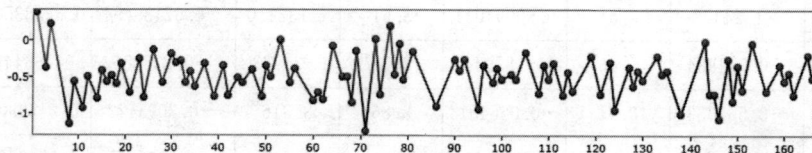

图 5-9　12m/s 时前悬应变循环数雨流计数统计

表 5-4 12m/s 时前悬应变循环数雨流计数统计结果

编号	波谷值/(10^{-4})	波谷记录时间/(h)	波峰值/(10^{-4})	波峰记录时间/(h)	波动比值	平均值	波动幅度
1	−0.381415	0.11	0.211341	0.16	−1.805	−0.085037	0.296378
2	−0.935639	0.51	−0.573783	0.41	1.631	−0.754711	0.180928
3	−0.797884	0.66	−0.510396	0.56	1.563	−0.65414	0.143744
4	−0.572101	0.76	−0.48985	0.81	1.168	−0.5309755	0.0411255
5	−0.790032	1.16	−0.145099	1.26	5.445	−0.4675655	0.3224665
6	−0.583345	1.36	−0.199191	1.46	2.929	−0.391268	0.192077
7	−0.322312	1.51	−0.295629	1.56	1.09	−0.3089705	0.0133415
8	−0.589415	1.61	−0.438117	1.66	1.345	−0.513766	0.075649
9	−0.638924	1.71	−0.332042	1.81	1.924	−0.485483	0.153441
10	−0.580358	2.21	−0.518294	2.16	1.12	−0.549326	0.031032
11	−0.769411	2.41	−0.362513	2.46	2.122	−0.565962	0.203449
12	−0.582472	2.71	−0.00787901	2.61	73.927	−0.2951755	0.2872965
13	−0.825432	2.96	−0.392792	2.76	2.101	−0.609112	0.21632
14	−0.821525	3.06	−0.0864357	3.16	9.504	−0.45398035	0.36754465
15	−1.24473	3.51	0.00094011	3.61	−1324.0	−0.62189494	0.62283506
16	−0.744934	3.66	0.187964	3.76	−3.963	−0.278485	0.466449
17	−0.552633	3.91	−0.0664514	3.86	8.316	−0.3095422	0.2430908
18	−0.91137	4.26	−0.161811	4.01	5.632	−0.5365905	0.3747795
19	−0.428767	4.51	−0.281921	4.56	1.521	−0.355344	0.073423
20	−0.540216	4.96	−0.478443	5.06	1.129	−0.5093295	0.0308865
21	−0.737672	5.36	−0.178276	5.21	4.138	−0.457974	0.279698
22	−0.766689	5.61	−0.324663	5.51	2.361	−0.545676	0.221013
23	−0.746271	6.01	−0.229942	5.91	3.245	−0.4881065	0.2581645
24	−0.963326	6.16	−0.322074	6.11	2.991	−0.6427	0.320626
25	−0.552693	6.46	−0.434272	6.41	1.273	−0.4934825	0.0592105
26	−0.482523	6.66	−0.443392	6.71	1.088	−0.4629575	0.0195655
27	−1.02126	6.86	−0.0275455	7.11	37.075	−0.52440275	0.49685725

续表

编号	波谷值/(10^{-4})	波谷记录时间/(h)	波峰值/(10^{-4})	波峰记录时间/(h)	波动比值	平均值	波动幅度
28	−0.751335	7.16	−0.74816	7.21	1.004	−0.7497475	0.0015875
29	−0.694132	7.51	−0.376026	7.46	1.846	−0.535079	0.159053
30	−0.578083	7.96	−0.46572	8.01	1.241	−0.5219015	0.0561815
31	−0.758916	8.06	−0.219492	8.21	3.458	−0.489204	0.269712
32	−0.531313	8.26	−0.400077	8.36	1.328	−0.465695	0.065618
33	−0.704299	8.41	−0.421569	8.51	1.671	−0.562934	0.141365
34	−0.736105	8.76	−0.537403	8.71	1.37	−0.636754	0.099351
35	−0.70926	8.86	−0.412504	8.81	1.719	−0.560882	0.148378
36	−0.630202	9.06	−0.330845	8.96	1.905	−0.4805235	0.1496785
37	−0.793304	9.21	−0.288239	9.16	2.752	−0.5407715	0.2525325
38	−0.734437	9.41	−0.46712	9.26	1.572	−0.6007785	0.1336585
39	−0.715421	9.66	−0.260305	9.71	2.748	−0.487863	0.227558
40	−0.601344	0.86	−0.418437	0.71	1.437	−0.5098905	0.0914535
41	−0.727066	1.01	−0.335984	0.91	2.164	−0.531525	0.195541
42	−0.72105	3.01	−0.504515	2.51	1.429	−0.6127825	0.1082675
43	−0.511656	3.26	−0.508674	3.31	1.006	−0.510165	0.001491
44	−0.851074	3.36	−0.159573	3.41	5.333	−0.5053235	0.3457505
45	−0.946908	4.71	−0.277609	4.46	3.411	−0.6122585	0.3346495
46	−0.583088	4.86	−0.357902	4.76	1.629	−0.470495	0.112593
47	−0.552088	5.46	−0.353163	5.41	1.563	−0.4526255	0.0994625
48	−0.711031	5.71	−0.388773	6.31	1.829	−0.549902	0.161129
49	−1.08045	7.26	−0.229528	6.61	4.707	−0.654989	0.425461
50	−0.84255	7.41	−0.0546043	7.61	15.43	−0.44857715	0.39397285
51	−0.710409	7.76	−0.358226	7.91	1.983	−0.5343175	0.1760915
52	−0.482538	3.81	−0.407279	2.31	1.185	−0.4449085	0.0376295
53	−0.542444	5.11	−0.447019	5.66	1.213	−0.4947315	0.0477125
54	−0.637505	6.36	−0.401218	4.91	1.589	−0.5193615	0.1181435

续表

编号	波谷值/ (10⁻⁴)	波谷记录 时间/(h)	波峰值/ (10⁻⁴)	波峰记录 时间/(h)	波动 比值	平均值	波动 幅度
55	−0.75646	2.06	−0.356367	2.01	2.123	−0.5564135	0.2000465
56	−0.78197	1.91	−0.270822	7.36	2.887	−0.526396	0.255574
57	−0.782705	8.61	−0.260913	1.11	3	−0.521809	0.260896
58	−0.783395	9.91	−0.192442	9.56	4.071	−0.4879185	0.2954765
59	−1.14808	0.36	0.367846	0.01	−3.121	−0.390117	0.757963

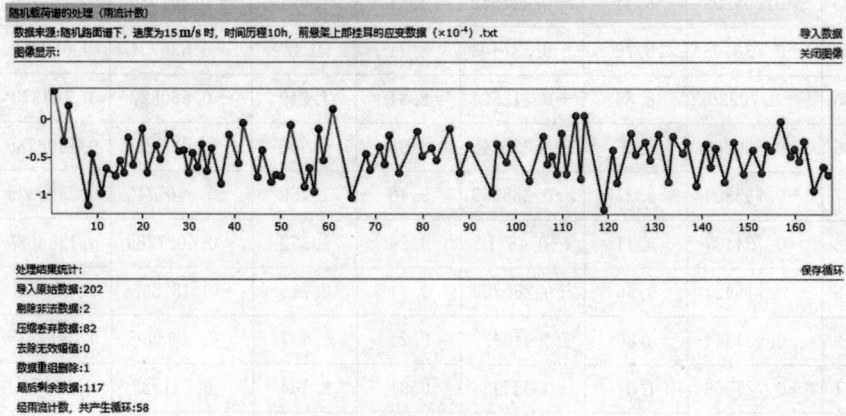

图 5-10 15m/s 时前悬应变循环数雨流计数统计

表 5-5 15m/s 时前悬应变循环数雨流计数统计结果

编号	波谷值/ (10⁻⁴)	波谷记录 时间/(h)	波峰值/ (10⁻⁴)	波峰记录 时间/(h)	波动 比值	平均值	波动 幅度
1	−0.342963	8.81	−0.185394	8.91	1.85	−0.2641785	0.0787845
2	−0.71209	9.21	−0.634633	9.11	1.122	−0.6733615	0.0387285
3	−0.846765	9.41	−0.379769	9.26	2.23	−0.613267	0.233498
4	−0.649004	9.66	−0.305723	9.51	2.123	−0.4773635	0.1716405
5	−0.639474	9.81	−0.173701	9.76	3.681	−0.4065875	0.2328865
6	−0.303941	0.11	0.169473	0.16	−1.793	−0.067234	0.236707
7	−0.754774	0.66	−0.666375	0.56	1.133	−0.7105745	0.0441995
8	−0.727177	0.76	−0.568646	0.71	1.279	−0.6479115	0.0792655

· 148 ·

续表

编号	波谷值/(10⁻⁴)	波谷记录时间/(h)	波峰值/(10⁻⁴)	波峰记录时间/(h)	波动比值	平均值	波动幅度
9	−0.613803	0.86	−0.252231	0.81	2.433	−0.433017	0.180786
10	−0.543447	1.16	−0.350132	1.11	1.552	−0.4467895	0.0966575
11	−0.429136	1.36	−0.418136	1.41	1.026	−0.423636	0.0055
12	−0.644184	1.56	−0.459431	1.51	1.402	−0.5518075	0.0923765
13	−0.694327	1.66	−0.390306	1.71	1.779	−0.5423165	0.1520105
14	−0.863619	1.81	−0.209297	1.91	4.126	−0.536458	0.327161
15	−0.771787	2.21	−0.0607348	2.06	12.707	−0.4162609	0.3555261
16	−0.836811	2.36	−0.417388	2.26	2.005	−0.6270995	0.2097115
17	−0.900515	2.71	−0.086633	2.56	10.395	−0.493574	0.406941
18	−0.974872	2.81	−0.127532	2.86	7.644	−0.551202	0.42367
19	−1.04716	3.21	0.132423	3.01	−7.908	−0.4573685	0.5897915
20	−0.678242	3.41	−0.381437	3.51	1.778	−0.5298395	0.1484025
21	−0.717678	3.71	−0.171648	3.91	4.181	−0.444663	0.273015
22	−0.496056	3.96	−0.391506	4.06	1.267	−0.443781	0.052275
23	−0.72412	4.36	−0.127921	4.26	5.661	−0.4260205	0.2980995
24	−0.986175	4.71	−0.34619	4.76	2.849	−0.6661825	0.3199925
25	−0.81929	5.11	−0.235842	5.26	3.474	−0.527566	0.291724
26	−0.606644	5.31	−0.497125	5.36	1.22	−0.5518845	0.0547595
27	−1.20139	5.91	0.0419414	5.71	−28.644	−0.5797243	0.6216657
28	−0.854662	6.06	−0.192659	6.21	4.436	−0.5236605	0.3310015
29	−0.834448	6.61	−0.21086	6.51	3.957	−0.522654	0.311794
30	−0.46497	6.76	−0.322707	6.81	1.441	−0.3938385	0.0711315
31	−0.641748	7.06	−0.39902	7.11	1.608	−0.520384	0.121364
32	−0.833811	7.21	−0.321351	7.31	2.595	−0.577581	0.25623
33	−0.720999	7.61	−0.422071	7.51	1.708	−0.571535	0.149464
34	−0.420888	7.71	−0.357562	7.66	1.177	−0.389225	0.031663
35	−0.493437	7.91	−0.401646	7.96	1.229	−0.4475415	0.0458955

续表

编号	波谷值/(10⁻⁴)	波谷记录时间/(h)	波峰值/(10⁻⁴)	波峰记录时间/(h)	波动比值	平均值	波动幅度
36	−0.563504	8.01	−0.300019	8.06	1.878	−0.4317615	0.1317425
37	−0.747407	8.31	−0.642457	8.26	1.163	−0.694932	0.052475
38	−0.621664	8.51	−0.496075	8.41	1.253	−0.5588695	0.0627945
39	−0.524624	8.71	−0.0763545	8.76	6.871	−0.30048925	0.22413475
40	−0.864631	9.01	0.358869	9.86	−2.409	−0.252881	0.61175
41	−1.00117	0.51	−0.479186	0.41	2.089	−0.740178	0.260992
42	−0.744583	2.41	−0.596016	2.01	1.249	−0.6702995	0.0742835
43	−0.661608	2.76	−0.551198	2.91	1.2	−0.606403	0.055205
44	−0.607852	3.56	−0.478943	3.36	1.269	−0.5433975	0.0644545
45	−0.555922	4.11	−0.355635	4.46	1.563	−0.4557785	0.1001435
46	−0.580802	4.86	−0.345886	4.91	1.679	−0.463344	0.117458
47	−0.797469	5.66	0.0348643	5.61	−22.874	−0.38130235	0.41616665
48	−0.47604	6.26	−0.421017	6.01	1.131	−0.4485285	0.0275115
49	−0.547312	6.41	−0.31543	6.36	1.735	−0.431371	0.115941
50	−0.885982	6.91	−0.240443	6.66	3.685	−0.5632125	0.3227695
51	−0.718606	1.46	−0.339045	1.61	2.12	−0.5288255	0.1897805
52	−0.729233	5.41	−0.224356	3.61	3.25	−0.4767945	0.2524385
53	−0.73833	5.51	−0.347829	7.01	2.123	−0.5430795	0.1952505
54	−0.720605	1.01	−0.216473	1.26	3.329	−0.468539	0.252066
55	−0.738761	7.41	−0.204606	5.46	3.611	−0.4716835	0.2670775
56	−0.762441	2.46	−0.135662	0.96	5.62	−0.4490515	0.3133895
57	−0.960091	8.16	−0.0475068	7.81	20.21	−0.5037989	0.4562921
58	−1.14833	0.36	0.386721	8.61	−2.969	−0.3808045	0.7675255

随机载荷谱的处理（雨流计数）

数据来源：随机路面谱下，速度为18 m/s 时，时间历程10h，前悬架上部挂耳的应变数据（×10⁻⁴）.txt　　　导入数据

图像显示：　　　　　　　　　　　　　　　　　　　　　　　　　　　　　　　　　　　　关闭图像

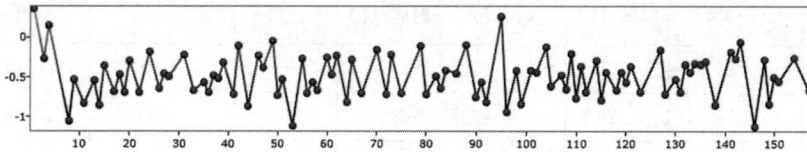

处理结果统计：　　　　　　　　　　　　　　　　　　　　　　　　保存循环

导入原始数据：202

删除非法数据：2

压缩丢弃数据：76

去除无效幅值：0

数据重组删除：1

最后剩余数据：123

经雨流计数，共产生循环：61

图 5-11　18m/s 时前悬应变循环数雨流计数统计

表 5-6　18m/s 时前悬应变循环数雨流计数统计结果

编号	波谷值/ (10^{-4})	波谷记录时间/(h)	波峰值/ (10^{-4})	波峰记录时间/(h)	波动比值	平均值	波动幅度
1	−0.283546	0.11	0.143272	0.16	−1.979	−0.070137	0.213409
2	−0.847377	0.51	−0.55926	0.61	1.515	−0.7033185	0.1440585
3	−0.871442	0.66	−0.366841	0.71	2.376	−0.6191415	0.2523005
4	−0.706829	0.91	−0.306108	0.96	2.309	−0.5064685	0.2003605
5	−0.698333	1.06	−0.199595	1.16	3.499	−0.448964	0.249369
6	−0.649475	1.26	−0.472078	1.31	1.376	−0.5607765	0.0886985
7	−0.681403	1.61	−0.228786	1.51	2.978	−0.4550945	0.2263085
8	−0.710473	1.76	−0.493331	1.81	1.44	−0.601902	0.108571
9	−0.873907	2.16	−0.118309	2.06	7.387	−0.496108	0.377799
10	−0.392419	2.31	−0.2471	2.26	1.588	−0.3197595	0.0726595
11	−0.739061	2.46	−0.0621708	2.41	11.888	−0.4006159	0.3384451
12	−1.12895	2.61	−0.278246	2.71	4.057	−0.703598	0.425352
13	−0.680274	2.86	−0.576021	2.81	1.181	−0.6281475	0.0521265
14	−0.485512	3.01	−0.269192	2.96	1.804	−0.377352	0.10816
15	−0.823157	3.16	−0.238919	3.06	3.445	−0.531038	0.292119
16	−0.717529	3.31	−0.294939	3.21	2.433	−0.506234	0.211295

编号	波谷值/ (10^{-4})	波谷记录 时间/(h)	波峰值/ (10^{-4})	波峰记录 时间/(h)	波动 比值	平均值	波动 幅度
17	−0.726999	3.56	−0.174672	3.46	4.162	−0.4508355	0.2761635
18	−0.718321	3.71	−0.234997	3.61	3.057	−0.476659	0.241662
19	−0.732169	3.96	−0.116252	3.91	6.298	−0.4242105	0.3079585
20	−0.66031	4.11	−0.50071	4.06	1.319	−0.58051	0.0798
21	−0.465035	4.26	−0.424905	4.16	1.094	−0.44497	0.020065
22	−0.761096	4.46	−0.104572	4.36	7.278	−0.432834	0.328262
23	−0.952282	4.76	0.249218	4.71	−3.821	−0.351532	0.60075
24	−0.85452	4.91	−0.428056	5.01	1.996	−0.641288	0.213232
25	−0.629122	5.21	−0.135807	5.16	4.632	−0.3824645	0.2466575
26	−0.782549	5.46	−0.224111	5.41	3.492	−0.50333	0.279219
27	−0.804732	5.71	−0.303234	5.66	2.654	−0.553983	0.250749
28	−0.682928	5.86	−0.456274	5.76	1.497	−0.569601	0.113327
29	−0.573959	5.96	−0.45172	5.91	1.271	−0.5128395	0.0611195
30	−0.723792	6.36	−0.167493	6.31	4.321	−0.4456425	0.2781495
31	−0.700203	6.51	−0.542235	6.46	1.291	−0.621219	0.078984
32	−0.453264	6.61	−0.356373	6.56	1.272	−0.4048185	0.0484455
33	−0.354354	6.71	−0.340868	6.66	1.04	−0.347611	0.006743
34	−0.868839	6.86	−0.194488	7.01	4.467	−0.5316635	0.3371755
35	−1.13728	7.26	−0.0658419	7.11	17.273	−0.60156095	0.53571905
36	−0.853674	7.41	−0.29727	7.36	2.872	−0.575472	0.278202
37	−0.712186	8.01	−0.125682	7.91	5.667	−0.418934	0.293252
38	−0.72509	8.11	−0.338509	8.31	2.142	−0.5317995	0.1932905
39	−0.951408	8.61	−0.310327	8.41	3.066	−0.6308675	0.3205405
40	−0.930958	8.86	−0.36082	8.71	2.58	−0.645889	0.285069
41	−0.998845	9.56	0.0683633	9.41	−14.611	−0.46524085	0.53360415
42	−0.834666	9.76	−0.277063	9.66	3.013	−0.5558645	0.2788015
43	−0.551183	9.86	−0.310441	9.81	1.775	−0.430812	0.120371

续表

编号	波谷值/(10^{-4})	波谷记录时间/(h)	波峰值/(10^{-4})	波峰记录时间/(h)	波动比值	平均值	波动幅度
44	−0.695775	0.81	−0.540554	0.41	1.287	−0.6181645	0.0776105
45	−0.578752	1.71	−0.506935	1.36	1.142	−0.5428435	0.0359085
46	−0.729905	2.01	−0.336863	1.91	2.167	−0.533384	0.196521
47	−0.71886	2.76	−0.541179	2.51	1.328	−0.6300195	0.0888405
48	−0.831236	4.56	−0.430253	4.86	1.932	−0.6307445	0.2004915
49	−0.70441	6.11	−0.322126	6.76	2.187	−0.513268	0.191142
50	−0.516746	7.46	−0.287229	7.06	1.799	−0.4019875	0.1147585
51	−0.683041	7.81	−0.274477	7.66	2.489	−0.478759	0.204282
52	−0.528931	8.96	−0.355735	8.36	1.487	−0.442333	0.086598
53	−0.581377	4.51	−0.453217	5.06	1.283	−0.517297	0.06408
54	−0.698722	5.56	−0.375335	6.01	1.862	−0.5370285	0.1616935
55	−0.562862	7.51	−0.394126	8.06	1.428	−0.478494	0.084368
56	−0.532415	1.86	−0.49224	5.31	1.082	−0.5123275	0.0200875
57	−0.666371	5.36	−0.38129	5.51	1.748	−0.5238305	0.1425405
58	−0.594612	9.01	−0.481306	0.86	1.235	−0.537959	0.056653
59	−0.625493	9.11	−0.238243	9.06	2.625	−0.431868	0.193625
60	−0.718899	9.31	−0.174895	9.21	4.11	−0.446897	0.272002
61	−1.06967	0.36	0.349839	0.01	−3.058	−0.3599155	0.7097545

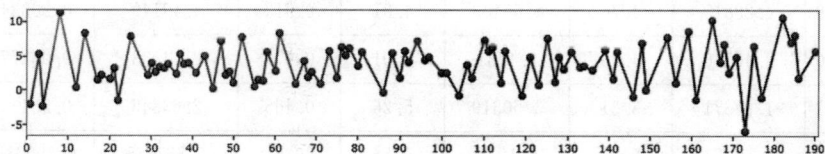

图 5-12　5m/s 时后悬应变循环数雨流计数统计

表 5-7 5m/s 时后悬应变循环数雨流计数统计结果

编号	波谷值/(10^{-4})	波谷记录时间/(h)	波峰值/(10^{-4})	波峰记录时间/(h)	波动比值	平均值	波动幅度
1	1.5134	0.96	2.12367	0.86	0.713	1.818535	0.305135
2	−1.58316	1.06	7.69237	1.21	−0.206	3.054605	4.637765
3	2.10196	1.41	3.85599	1.46	0.545	2.978975	0.877015
4	2.51408	1.51	3.27985	1.56	0.767	2.896965	0.382885
5	2.22415	1.76	5.12899	1.81	0.434	3.67657	1.45242
6	0.109832	2.21	7.00606	2.31	0.016	3.557946	3.448114
7	2.08283	2.36	2.63939	2.41	0.789	2.36111	0.27828
8	0.359778	2.71	7.60647	2.56	0.047	3.983124	3.623346
9	1.27679	2.81	1.45638	2.76	0.877	1.366585	0.089795
10	2.72396	2.96	5.42388	2.86	0.502	4.07392	1.34996
11	0.875323	3.21	8.1358	3.01	0.108	4.5055615	3.6302385
12	1.86456	3.36	2.51096	3.41	0.743	2.18776	0.3232
13	0.866172	3.51	5.55927	3.61	0.156	3.212721	2.346549
14	1.69451	3.71	6.13178	3.76	0.276	3.913145	2.218635
15	3.49474	3.96	5.96904	3.86	0.585	4.73189	1.23715
16	−0.459526	4.26	5.3795	4.01	−0.085	2.459987	2.919513
17	1.76773	4.46	5.55734	4.51	0.318	3.662535	1.894805
18	3.95878	4.56	6.99845	4.66	0.566	5.478615	1.519835
19	4.28815	4.76	4.69483	4.81	0.913	4.49149	0.20334
20	2.40756	4.96	2.4731	5.01	0.973	2.44033	0.03277
21	1.67371	5.31	3.60319	5.26	0.465	2.63845	0.96474
22	5.57771	5.51	6.1976	5.56	0.9	5.887655	0.309945
23	1.00994	5.66	5.57791	5.71	0.181	3.293925	2.283985
24	0.672225	6.11	4.74725	6.01	0.142	2.7097375	2.0375125
25	2.95413	6.41	4.77987	6.36	0.618	3.867	0.91287
26	3.26825	6.61	3.40102	6.66	0.961	3.334635	0.066385
27	1.56734	7.01	5.71539	6.91	0.274	3.641365	2.074025

编号	波谷值/(10^{-4})	波谷记录时间/(h)	波峰值/(10^{-4})	波峰记录时间/(h)	波动比值	平均值	波动幅度
28	−0.945781	7.26	6.73733	7.36	−0.14	2.8957745	3.8415555
29	−0.0631635	7.41	7.5204	7.66	−0.008	3.72861825	3.79178175
30	−1.484	8.01	9.97376	8.21	−0.149	4.24488	5.72888
31	3.96417	8.31	6.58433	8.36	0.602	5.27425	1.31008
32	2.4971	8.41	4.67175	8.51	0.535	3.584425	1.087325
33	−1.13489	8.81	6.29951	8.71	−0.18	2.58231	3.7172
34	6.93302	9.16	7.8624	9.21	0.882	7.39771	0.46469
35	3.54816	9.51	3.85243	9.56	0.921	3.700295	0.152135
36	1.19078	9.81	1.46223	9.86	0.814	1.326505	0.135725
37	−2.15048	9.91	5.11837	0.11	−0.42	1.483945	3.634425
38	3.1904	1.61	3.22043	1.01	0.991	3.205415	0.015015
39	3.7269	1.66	3.75174	1.86	0.993	3.73932	0.01242
40	2.43711	2.01	3.88363	1.91	0.628	3.16037	0.72326
41	1.01255	2.46	4.84577	2.11	0.209	2.92916	1.91661
42	4.20547	3.31	4.97267	3.81	0.846	4.58907	0.3836
43	−0.921024	5.91	7.47894	6.21	−0.123	3.278958	4.199982
44	2.82471	6.76	5.37362	7.06	0.526	4.099165	1.274455
45	−5.98627	8.61	10.4642	9.06	−0.572	2.238965	8.225235
46	1.65962	9.26	5.52364	9.46	0.3	3.59163	1.93201
47	−0.861614	9.66	5.30955	9.76	−0.162	2.223968	3.085582
48	1.39776	0.81	5.25248	4.36	0.266	3.32512	1.92736
49	1.13012	6.31	5.39565	6.51	0.209	3.262885	2.132765
50	0.238466	0.56	8.1763	0.66	0.029	4.207383	3.968917
51	0.982006	7.76	7.094	5.46	0.138	4.038003	3.055997
52	−0.790887	5.16	8.41393	7.91	−0.094	3.8115215	4.6024085
53	−2.37021	0.16	11.1326	0.36	−0.213	4.381195	6.751405

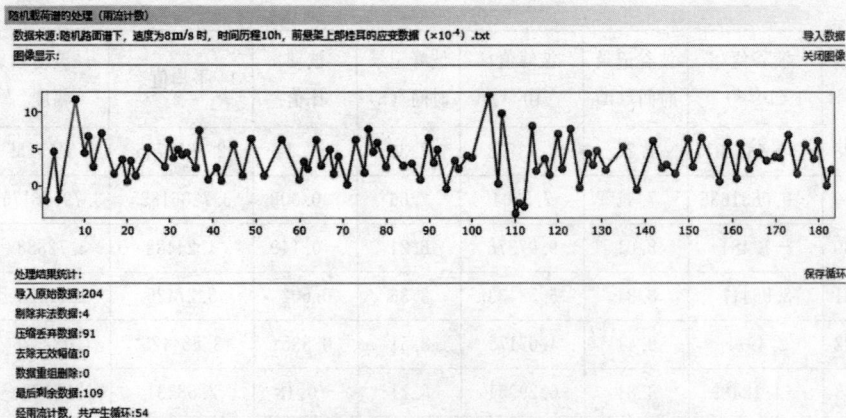

随机载荷谱的处理 (雨流计数)

数据来源:随机路面谱下, 速度为8m/s时, 时间历程10h, 前悬架上部桩耳的应变数据 (×10⁻⁴) .txt   导入数据

图像显示: 关闭图像

处理结果统计: 保存循环
导入原始数据:204
剔除非法数据:4
压缩丢异数据:91
去除无效幅值:0
数据重组删除:0
最后剩余数据:109
经雨流计数, 共产生循环:54

图 5-13 8m/s 时后悬应变循环数雨流计数统计

表 5-8 8m/s 时后悬应变循环数雨流计数统计结果

编号	波谷值/(10⁻⁴)	波谷记录时间/(h)	波峰值/(10⁻⁴)	波峰记录时间/(h)	波动比值	平均值	波动幅度
1	0.111943	5.26	9.71145	5.31	0.012	4.9116965	4.7997535
2	−2.84435	5.56	−2.5255	5.51	1.126	−2.684925	0.159425
3	1.86009	5.71	3.58395	5.81	0.519	2.72202	0.86193
4	2.16699	6.01	6.85697	5.96	0.316	4.51198	2.34499
5	−0.370993	6.21	7.52876	6.11	−0.049	3.5788835	3.9498765
6	2.6979	6.36	4.25416	6.31	0.634	3.47603	0.77813
7	2.11132	6.51	4.61397	6.41	0.458	3.362645	1.251325
8	−0.625233	6.86	5.89478	7.06	−0.106	2.6347735	3.2600065
9	2.32182	7.16	2.75658	7.21	0.842	2.5392	0.21738
10	1.47137	7.31	6.24473	7.46	0.236	3.85805	2.38668
11	0.446346	7.81	6.36087	7.61	0.07	3.403608	2.957262
12	0.87416	8.01	5.657	7.91	0.155	3.26558	2.39142
13	2.13342	8.16	5.49705	8.06	0.388	3.815235	1.681815
14	3.68579	8.51	3.80204	8.46	0.969	3.743915	0.058125
15	1.54034	8.71	6.76903	8.61	0.228	4.154685	2.614345
16	3.54467	8.91	5.39282	8.81	0.657	4.468745	0.924075

续表

编号	波谷值/ (10^{-4})	波谷记录 时间/(h)	波峰值/ (10^{-4})	波峰记录 时间/(h)	波动 比值	平均值	波动 幅度
17	−0.132505	9.06	5.89528	8.96	−0.022	2.8813875	3.0138925
18	1.21824	9.21	5.81245	9.26	0.21	3.515345	2.297105
19	1.81277	9.41	5.77753	9.66	0.314	3.79515	1.98238
20	2.12444	9.76	5.60928	9.81	0.379	3.86686	1.74242
21	−2.10517	9.96	6.3183	9.91	−0.333	2.106565	4.211735
22	−2.00131	0.16	11.5449	0.36	−0.173	4.771795	6.773105
23	1.47084	0.81	6.95012	0.66	0.212	4.21048	2.73964
24	0.400057	0.96	3.41047	0.91	0.117	1.9052635	1.5052065
25	1.3127	1.06	4.98873	1.21	0.263	3.150715	1.838015
26	2.47227	1.41	6.05447	1.46	0.408	4.26337	1.7911
27	3.66223	1.51	4.68348	1.56	0.782	4.172855	0.510625
28	0.726498	1.91	7.45809	1.81	0.097	4.092294	3.365796
29	0.566247	2.06	5.40905	2.21	0.105	2.9876485	2.4214015
30	1.24754	2.31	6.16344	2.41	0.202	3.70549	2.45795
31	0.649473	2.96	6.1348	2.76	0.106	3.3921365	2.7426635
32	2.14302	3.06	3.14539	3.01	0.681	2.644205	0.501185
33	2.59424	3.21	4.69122	3.31	0.553	3.64273	1.04849
34	1.47412	3.36	3.80863	3.41	0.387	2.641375	1.167255
35	1.68283	3.71	6.01402	3.61	0.28	3.848425	2.165595
36	4.48503	3.81	5.66187	3.86	0.792	5.07345	0.58842
37	2.57767	4.16	2.87818	4.26	0.896	2.727925	0.150255
38	0.656907	4.36	6.39099	4.46	0.103	3.5239485	2.8670415
39	2.9804	4.51	4.67404	4.56	0.638	3.82722	0.84682
40	2.15391	4.81	3.20222	4.76	0.673	2.678065	0.524155
41	3.60156	4.96	3.98685	4.91	0.903	3.794205	0.192645
42	2.10174	9.11	5.40792	9.86	0.389	3.75483	1.65309
43	4.29399	0.46	4.45429	0.11	0.964	4.37414	0.08015

续表

编号	波谷值/(10^{-4})	波谷记录时间/(h)	波峰值/(10^{-4})	波峰记录时间/(h)	波动比值	平均值	波动幅度
44	2.43816	0.56	6.62331	0.51	0.368	4.530735	2.092575
45	3.26086	1.01	4.05064	1.61	0.805	3.65575	0.39489
46	2.32337	1.76	4.33798	1.66	0.536	3.330675	1.007305
47	0.0699059	3.51	7.58078	3.76	0.009	3.82534295	3.75543705
48	2.3932	3.96	4.90312	4.01	0.488	3.64816	1.25496
49	2.3521	2.01	3.23123	8.36	0.728	2.791665	0.439565
50	2.51122	7.51	4.32416	8.26	0.581	3.41769	0.90647
51	1.42064	5.86	5.09729	6.71	0.279	3.258965	1.838325
52	1.25225	2.56	6.1154	3.16	0.205	3.683825	2.431575
53	−0.455335	4.66	7.89916	5.66	−0.058	3.7219125	4.1772475
54	−3.82257	5.46	12.2057	5.16	−0.313	4.191565	8.014135

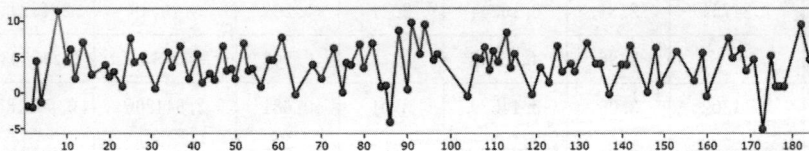

图 5-14　10m/s 时后悬应变循环数雨流计数统计

表 5-9　10m/s 时后悬应变循环数雨流计数统计结果

编号	波谷值/(10^{-4})	波谷记录时间/(h)	波峰值/(10^{-4})	波峰记录时间/(h)	波动比值	平均值	波动幅度
1	4.31278	0.46	5.97666	0.51	0.722	5.14472	0.83194
2	2.31698	0.76	3.7401	0.91	0.619	3.02854	0.71156

编号	波谷值/ (10⁻⁴)	波谷记录 时间/(h)	波峰值/ (10⁻⁴)	波峰记录 时间/(h)	波动 比值	平均值	波动 幅度
3	2.06063	0.96	2.75943	1.01	0.747	2.41003	0.3494
4	0.666368	1.11	7.38222	1.21	0.09	4.024294	3.357926
5	4.19898	1.26	4.97009	1.36	0.845	4.584535	0.385555
6	3.48291	1.71	5.57038	1.66	0.625	4.526645	1.043735
7	1.78937	1.91	5.2265	2.01	0.342	3.507935	1.718565
8	1.66138	2.21	2.52622	2.16	0.658	2.0938	0.43242
9	2.84961	2.36	3.18244	2.41	0.895	3.016025	0.166415
10	1.78323	2.46	6.74335	2.56	0.264	4.26329	2.48006
11	2.92324	2.61	3.22962	2.66	0.905	3.07643	0.15319
12	4.43521	2.91	4.4556	2.86	0.995	4.445405	0.010195
13	−0.357375	3.16	7.59092	3.01	−0.047	3.6167725	3.9741475
14	1.80559	3.46	3.7147	3.36	0.486	2.760145	0.954555
15	−0.0491528	3.71	5.9811	3.61	−0.008	2.9659736	3.0151264
16	3.73418	3.81	4.05136	3.76	0.922	3.89277	0.15859
17	3.31721	3.96	6.59794	3.91	0.503	4.957575	1.640365
18	0.762174	4.16	6.77091	4.06	0.113	3.766542	3.004368
19	−4.19902	4.26	8.52634	4.36	−0.492	2.16366	6.36268
20	0.323456	4.46	9.57474	4.51	0.034	4.949098	4.625642
21	4.44029	4.76	9.37787	4.66	0.473	6.90908	2.46879
22	−0.636699	5.16	5.19107	4.81	−0.123	2.2771855	2.9138845
23	2.99609	5.41	6.16701	5.36	0.486	4.58155	1.58546
24	3.25324	5.66	8.29658	5.61	0.392	5.77491	2.52167
25	−0.395072	5.91	5.29052	5.71	−0.075	2.447724	2.842796
26	1.27959	6.11	6.37809	6.21	0.201	3.82884	2.54925
27	2.79015	6.26	3.80651	6.36	0.733	3.29833	0.50818
28	2.83207	6.41	6.69244	6.56	0.423	4.762255	1.930185
29	−0.392724	6.81	3.81035	6.71	−0.103	1.708813	2.101537

编号	波谷值/ (10^{-4})	波谷记录 时间/(h)	波峰值/ (10^{-4})	波峰记录 时间/(h)	波动 比值	平均值	波动 幅度
30	−0.0677189	7.26	6.32902	7.06	−0.011	3.13065055	3.19836945
31	1.02368	7.41	5.98917	7.36	0.171	3.506425	2.482745
32	1.55614	7.81	5.54299	7.61	0.281	3.549565	1.993425
33	−0.589158	7.96	7.4385	8.21	−0.079	3.424671	4.013829
34	2.94789	8.41	5.85333	8.36	0.504	4.40061	1.45272
35	−5.12613	8.61	4.96214	8.71	−1.033	−0.081995	5.044135
36	0.746894	8.76	0.784829	8.81	0.952	0.7658615	0.0189675
37	0.69295	8.86	9.31254	9.06	0.074	5.002745	4.309795
38	2.74676	9.31	7.97764	9.21	0.344	5.3622	2.61544
39	1.778	9.51	4.59031	9.36	0.387	3.184155	1.406155
40	0.84829	9.66	5.14858	9.76	0.165	2.998435	2.150145
41	−2.20993	0.06	4.21013	0.11	−0.525	1.0001	3.21003
42	1.80501	0.56	6.82748	0.66	0.264	4.316245	2.511235
43	1.30999	2.06	6.2844	1.81	0.208	3.797195	2.487205
44	0.847941	4.21	5.17466	4.61	0.164	3.0113005	2.1633595
45	4.48335	5.31	4.69054	5.26	0.956	4.586945	0.103595
46	3.35782	6.01	4.14267	5.51	0.811	3.750245	0.392425
47	3.78125	6.96	3.80657	6.66	0.993	3.79391	0.01266
48	4.39843	8.51	4.62493	8.26	0.951	4.51168	0.11325
49	2.42705	9.61	4.34981	9.16	0.558	3.38843	0.96138
50	3.38485	9.81	3.47755	9.86	0.973	3.4312	0.04635
51	3.77448	7.01	5.32274	7.91	0.709	4.54861	0.77413
52	0.781107	2.76	5.68743	5.46	0.137	3.2342685	2.4531615
53	0.455591	1.51	6.3301	2.31	0.072	3.3928455	2.9372545
54	−1.48734	0.16	11.2037	0.36	−0.133	4.85818	6.34552

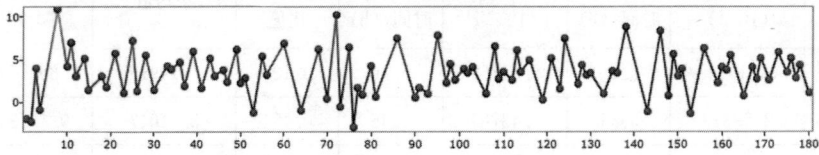

随机载荷谱的处理（雨流计数）

数据来源:随机路面谱下，速度为12m/s时，时间历程10h，前悬架上部挂其的应变数据（×10⁻⁴）.txt　　　　导入数据

图像显示:　　　　关闭图像

处理结果统计:　　　　保存循环

导入原始数据:202

删除非法数据:2

压缩丢弃数据:90

去除无效幅值:0

数据重组删除:1

最后剩余数据:109

经雨流计数，共产生循环:54

图 5-15　12m/s 时后悬应变循环数雨流计数统计

表 5-10　12m/s 时后悬应变循环数雨流计数统计结果

编号	波谷值/（10⁻⁴）	波谷记录时间/（h）	波峰值/（10⁻⁴）	波峰记录时间/（h）	波动比值	平均值	波动幅度
1	4.09219	0.46	6.79715	0.51	0.602	5.44467	1.35248
2	2.97506	0.56	5.02071	0.66	0.593	3.997885	1.022825
3	1.61101	0.91	2.91376	0.86	0.553	2.262385	0.651375
4	1.01983	1.11	7.07949	1.21	0.144	4.04966	3.02983
5	3.78797	1.66	4.12478	1.61	0.918	3.956375	0.168405
6	1.72737	1.81	4.59131	1.76	0.376	3.15934	1.43197
7	2.97417	2.16	3.671	2.26	0.81	3.322585	0.348415
8	2.1008	2.46	6.0502	2.41	0.347	4.0755	1.9747
9	−1.36168	2.61	5.184	2.71	−0.263	1.91116	3.27284
10	−1.1056	3.16	6.68262	2.96	−0.165	2.78851	3.89411
11	−0.672049	3.61	10.0806	3.56	−0.067	4.7042755	5.3763245
12	−3.04309	3.76	6.27438	3.71	−0.485	1.615645	4.658735
13	0.744848	3.86	1.58512	3.81	0.47	1.164984	0.420136
14	0.509197	4.01	4.04662	3.96	0.126	2.2779085	1.7687115
15	0.856364	4.61	1.55315	4.51	0.551	1.204757	0.348393
16	3.27589	5.06	3.76599	5.01	0.87	3.52094	0.24505

续表

编号	波谷值/ (10^{-4})	波谷记录 时间/(h)	波峰值/ (10^{-4})	波峰记录 时间/(h)	波动 比值	平均值	波动 幅度
17	0.810143	5.26	6.41169	5.36	0.126	3.6109165	2.8007735
18	2.58313	5.41	3.43781	5.46	0.751	3.01047	0.42734
19	2.41588	5.56	5.88493	5.61	0.411	4.150405	1.734525
20	0.111928	5.91	4.99368	6.01	0.022	2.552804	2.440876
21	1.42617	6.11	7.2948	6.16	0.196	4.360485	2.934315
22	3.06646	6.41	3.24394	6.46	0.945	3.1552	0.08874
23	3.27304	6.76	3.51426	6.71	0.931	3.39365	0.12061
24	−1.21451	7.11	8.636	6.86	−0.141	3.710745	4.925255
25	0.577685	7.36	8.17341	7.26	0.071	4.3755475	3.7978625
26	2.93389	7.46	3.73527	7.51	0.785	3.33458	0.40069
27	−1.4474	7.61	6.1193	7.76	−0.237	2.33595	3.78335
28	3.56625	8.01	4.01463	7.96	0.888	3.79044	0.22419
29	0.584792	8.21	5.3831	8.06	0.109	2.983946	2.399154
30	2.53998	8.36	3.98482	8.31	0.637	3.2624	0.72242
31	2.48768	8.51	5.04308	8.41	0.493	3.76538	1.2777
32	3.35496	8.71	5.0562	8.76	0.664	4.20558	0.85062
33	2.73444	8.81	4.14999	8.86	0.659	3.442215	0.707775
34	1.15757	9.16	4.2916	9.06	0.27	2.724585	1.567015
35	2.87018	9.31	5.77469	9.41	0.497	4.322435	1.452255
36	0.901546	9.76	5.29953	9.66	0.17	3.100538	2.198992
37	−2.36703	0.06	6.04928	9.91	−0.391	1.841125	4.208155
38	1.36764	0.71	5.6107	1.01	0.244	3.48917	2.12153
39	1.36461	1.46	5.37173	1.36	0.254	3.36817	2.00356
40	2.65401	2.51	3.08656	2.76	0.86	2.870285	0.216275
41	0.288213	3.46	7.35079	4.26	0.039	3.8195015	3.5312885
42	0.402493	4.46	7.62828	4.71	0.053	4.0153865	3.6128935
43	3.39823	5.66	3.91762	5.11	0.867	3.657925	0.259695

续表

编号	波谷值/(10^{-4})	波谷记录时间/(h)	波峰值/(10^{-4})	波峰记录时间/(h)	波动比值	平均值	波动幅度
44	2.00856	6.31	4.81302	5.76	0.417	3.41079	1.40223
45	0.804839	6.61	5.51588	7.41	0.146	3.1603595	2.3555205
46	0.310069	9.56	5.82279	9.21	0.053	3.0664295	2.7563605
47	2.22862	2.31	5.05683	2.11	0.441	3.642725	1.414105
48	2.52299	4.91	4.18355	6.36	0.603	3.35327	0.83028
49	0.919803	8.96	5.65812	8.61	0.163	3.2889615	2.3691585
50	1.5402	2.01	5.77296	1.91	0.267	3.65658	2.11638
51	2.16903	4.81	4.28222	4.86	0.507	3.225625	1.056595
52	2.12264	7.91	3.8464	0.11	0.552	2.98452	0.86188
53	1.15913	1.26	6.05721	3.36	0.191	3.60817	2.44904
54	−1.00445	0.16	10.7324	0.36	−0.094	4.863975	5.868425

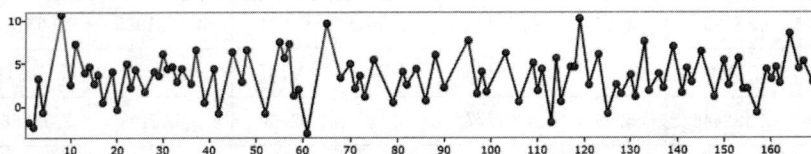

随机载荷谱的处理（雨流计数）

数据来源：随机路面谱下，速度为15m/s时，时间历程10h，前悬架上部挂耳的应变数据（×10⁻⁴）.txt　　　　导入数据

图像显示：　　　　关闭图像

处理结果统计：　　　　保存循环

导入原始数据：202
删除非法数据：2
压缩丢弃数据：83
去除无效幅值：0
数据重组删除：0
最后剩余数据：117
经雨流计数，共产生循环：58

图 5-16　15m/s 时后悬应变循环数雨流计数统计

表 5-11　15m/s 时后悬应变循环数雨流计数统计结果

编号	波谷值/(10^{-4})	波谷记录时间/(h)	波峰值/(10^{-4})	波峰记录时间/(h)	波动比值	平均值	波动幅度
1	3.75004	0.61	4.50835	0.66	0.832	4.129195	0.379155
2	2.51305	0.71	3.60266	0.76	0.698	3.057855	0.544805

编号	波谷值/ (10^{-4})	波谷记录时间/(h)	波峰值/ (10^{-4})	波峰记录时间/(h)	波动比值	平均值	波动幅度
3	0.382273	0.81	3.96742	0.91	0.096	2.1748465	1.7925735
4	2.06261	1.11	4.11124	1.16	0.502	3.086925	1.024315
5	3.44461	1.41	3.91409	1.36	0.88	3.67935	0.23474
6	4.24637	1.51	4.52889	1.56	0.938	4.38763	0.14126
7	2.798	1.61	4.25926	1.66	0.657	3.52863	0.73063
8	0.325956	1.91	6.47132	1.81	0.05	3.398638	3.072682
9	−0.898895	2.06	6.2069	2.21	−0.145	2.6540025	3.5528975
10	−0.878426	2.56	7.32669	2.71	−0.12	3.224132	4.102558
11	1.1072	2.86	7.10072	2.81	0.156	4.10396	2.99676
12	−3.18545	3.01	9.56546	3.21	−0.333	3.190005	6.375455
13	1.92731	3.51	4.81558	3.46	0.4	3.371445	1.444135
14	0.411934	3.91	5.3495	3.71	0.077	2.880717	2.468783
15	2.46538	4.06	3.90344	4.01	0.632	3.18441	0.71903
16	0.531069	4.26	5.85733	4.36	0.091	3.1941995	2.6631305
17	1.43304	4.81	7.65128	4.71	0.187	4.54216	3.10912
18	0.482446	5.26	6.04777	5.11	0.08	3.265108	2.782662
19	1.69129	5.46	4.28659	5.51	0.395	2.98894	1.29765
20	−1.89669	5.61	5.5728	5.66	−0.34	1.838055	3.734745
21	4.46457	5.86	4.49844	5.81	0.992	4.481505	0.016935
22	2.42147	6.01	6.02962	6.11	0.402	4.225545	1.804075
23	1.3534	6.36	2.4786	6.31	0.546	1.916	0.5626
24	1.03324	6.51	3.57459	6.46	0.289	2.303915	1.270675
25	2.03932	6.81	3.71119	6.76	0.55	2.875255	0.835935
26	1.55884	7.01	6.91753	6.91	0.225	4.238185	2.679345
27	2.82349	7.11	4.39029	7.06	0.643	3.60689	0.7834
28	1.01556	7.36	6.32008	7.21	0.161	3.66782	2.65226
29	2.47646	7.51	5.34921	7.46	0.463	3.912835	1.436375

编号	波谷值/(10^{-4})	波谷记录时间/(h)	波峰值/(10^{-4})	波峰记录时间/(h)	波动比值	平均值	波动幅度
30	1.95811	7.66	1.98659	7.71	0.986	1.97235	0.01424
31	3.06558	7.96	4.28446	7.91	0.716	3.67502	0.60944
32	2.62654	8.06	4.45523	8.01	0.59	3.540885	0.914345
33	4.42016	8.26	5.19957	8.31	0.85	4.809865	0.389705
34	2.76948	8.41	3.71921	8.51	0.745	3.244345	0.474865
35	1.44382	8.91	2.59176	8.86	0.557	2.01779	0.57397
36	4.57736	9.16	5.19501	9.21	0.881	4.886185	0.308825
37	1.40977	9.31	6.19433	9.41	0.228	3.80205	2.39228
38	0.11771	9.76	3.91141	9.66	0.03	2.01456	1.89685
39	3.94376	9.86	4.26964	9.81	0.924	4.1067	0.16294
40	−2.51287	0.06	6.07602	9.96	−0.414	1.781575	4.294445
41	2.43216	0.46	7.15779	0.51	0.34	4.794975	2.362815
42	1.56564	1.26	4.82977	1.06	0.324	3.197705	1.632065
43	2.72402	2.31	4.30019	2.01	0.633	3.512105	0.788085
44	1.8974	2.91	5.5192	2.76	0.344	3.7083	1.8109
45	3.19826	3.36	3.42472	3.56	0.934	3.31149	0.11323
46	2.08913	4.46	3.86943	4.86	0.54	2.97928	0.89015
47	−0.863881	6.21	10.1739	5.91	−0.085	4.6550095	5.5188905
48	1.78138	6.66	5.53325	7.61	0.322	3.657315	1.875935
49	−4.78847	8.61	8.42962	8.16	−0.568	1.820575	6.609045
50	0.280749	8.76	4.42228	8.71	0.063	2.3515145	2.0707655
51	0.0272066	9.56	3.14815	0.11	0.009	1.5876783	1.5604717
52	2.51695	1.76	5.95947	1.46	0.422	4.23821	1.72126
53	1.63533	4.91	4.29207	4.16	0.381	2.9637	1.32837
54	1.06099	3.61	4.96438	5.41	0.214	3.012685	1.951695
55	0.521968	5.71	6.45952	2.36	0.081	3.490744	2.968776
56	−0.422185	0.96	7.52306	6.61	−0.056	3.5504375	3.9726225
57	−0.749628	7.81	8.45718	9.01	−0.089	3.853776	4.603404
58	−0.763129	0.16	10.557	0.36	−0.072	4.8969355	5.6600645

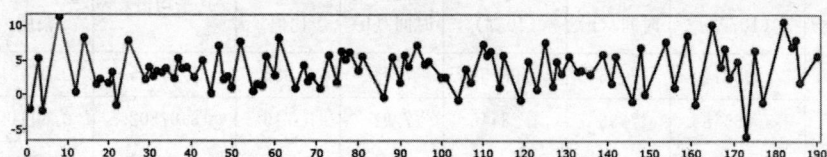

随机载荷谱的处理（雨流计数）

数据来源:随机路面谱下,速度为5m/s时,时间历程10h,前悬架上部挂耳的应变数据（×10⁻⁴）.txt   导入数据

图像显示: 关闭图像

处理结果统计: 保存循环

导入原始数据:202
剔除非法数据:2
压缩丢弃数据:92
去除无效幅值:0
数据重组删除:1
最后剩余数据:107
经雨流计数,共产生循环:53

图 5-17   18m/s 时后悬应变循环数雨流计数统计

表 5-12   18m/s 时后悬应变循环数雨流计数统计结果

编号	波谷值/ (10⁻⁴)	波谷记录 时间/(h)	波峰值/ (10⁻⁴)	波峰记录 时间/(h)	波动 比值	平均值	波动 幅度
1	1.21315	3.06	2.5099	3.01	0.483	1.861525	0.648375
2	2.06026	3.21	5.81824	3.31	0.354	3.93925	1.87899
3	1.58154	3.61	5.78131	3.71	0.274	3.681425	2.099885
4	3.14483	4.06	4.53428	4.11	0.694	3.839555	0.694725
5	2.3771	4.21	2.98743	4.26	0.796	2.682265	0.305165
6	−0.065179	4.36	6.72416	4.46	−0.01	3.32949035	3.39466965
7	−3.96609	4.71	7.48245	4.81	−0.53	1.75818	5.72427
8	2.1396	5.01	6.24553	4.91	0.343	4.192565	2.052965
9	−0.242621	5.16	5.07467	5.26	−0.048	2.4160245	2.6586455
10	1.65297	5.41	4.98437	5.36	0.332	3.31867	1.6657
11	3.70427	5.51	4.97959	5.46	0.744	4.34193	0.63766
12	1.3422	5.66	5.50594	5.61	0.244	3.42407	2.08187
13	2.97637	5.81	5.35704	5.71	0.556	4.166705	1.190335
14	2.82439	5.91	4.97957	5.86	0.567	3.90198	1.07759
15	1.88897	6.21	5.26847	6.11	0.359	3.57872	1.68975
16	0.597928	6.31	5.16071	6.41	0.116	2.879319	2.281391

续表

编号	波谷值/ (10^{-4})	波谷记录 时间/(h)	波峰值/ (10^{-4})	波峰记录 时间/(h)	波动 比值	平均值	波动 幅度
17	0.0102244	7.01	7.3125	6.86	0.001	3.6613622	3.6511378
18	−0.534142	7.11	8.83088	7.26	−0.06	4.148369	4.682511
19	0.380319	7.36	5.73668	7.41	0.066	3.0584995	2.6781805
20	0.0431599	7.91	6.35647	8.01	0.007	3.19981495	3.15665505
21	1.48594	8.41	7.4226	8.61	0.2	4.45427	2.96833
22	1.49508	8.71	6.91516	8.86	0.216	4.20512	2.71004
23	2.93221	8.96	3.50418	9.01	0.837	3.218195	0.285985
24	0.782904	9.06	3.16593	9.11	0.247	1.974417	1.191513
25	−2.16192	9.41	9.52649	9.56	−0.227	3.682285	5.844205
26	1.72885	9.81	7.05239	9.76	0.245	4.39062	2.66177
27	1.53878	9.91	2.7377	9.86	0.562	2.13824	0.59946
28	−2.56354	0.06	2.93744	0.11	−0.873	0.18695	2.75049
29	−0.560915	0.16	9.87025	0.36	−0.057	4.6546675	5.2155825
30	2.44309	0.61	5.74865	0.51	0.425	4.09587	1.65278
31	1.33456	0.76	5.15637	0.66	0.259	3.245465	1.910905
32	2.44375	0.86	4.29881	0.81	0.568	3.37128	0.92753
33	0.892704	1.21	5.68319	1.06	0.157	3.287947	2.395243
34	1.45491	1.51	5.55733	1.61	0.262	3.50612	2.05121
35	4.22636	1.71	5.1285	1.76	0.824	4.67743	0.45107
36	−0.188389	2.06	7.2412	2.21	−0.026	3.5264055	3.7147945
37	1.37016	2.26	1.44778	2.31	0.946	1.40897	0.03881
38	5.27017	2.51	5.34379	2.46	0.986	5.30698	0.03681
39	0.671943	2.96	4.85248	2.76	0.138	2.7622115	2.0902685
40	0.43366	3.46	6.17789	3.56	0.07	3.305775	2.872115
41	4.30063	4.51	5.96319	4.01	0.721	5.13191	0.83128
42	2.73143	5.06	3.45446	5.31	0.791	3.092945	0.361515
43	2.35982	6.01	3.34926	5.96	0.705	2.85454	0.49472

续表

编号	波谷值/(10⁻⁴)	波谷记录时间/(h)	波峰值/(10⁻⁴)	波峰记录时间/(h)	波动比值	平均值	波动幅度
44	2.21844	6.26	3.65336	6.46	0.607	2.9359	0.71746
45	1.88732	6.71	5.59805	6.51	0.337	3.742685	1.855365
46	1.06387	7.61	5.57228	7.81	0.191	3.318075	2.254205
47	−0.15256	9.21	6.05538	9.31	−0.025	2.95141	3.10397
48	1.94357	9.96	2.89204	0.46	0.672	2.417805	0.474235
49	0.40244	2.71	6.77985	3.16	0.059	3.591145	3.188705
50	0.723172	7.06	3.10578	8.06	0.233	1.914476	1.191304
51	1.85131	9.66	5.9106	8.16	0.313	3.880955	2.029645
52	2.40607	4.86	4.14359	0.91	0.581	3.27483	0.86876
53	1.80818	0.96	5.16424	1.26	0.35	3.48621	1.67803
54	1.74516	1.91	5.49004	2.01	0.318	3.6176	1.87244
55	−0.218959	3.91	6.20882	4.56	−0.035	2.9949305	3.2138895
56	−0.800606	2.41	9.96335	2.61	−0.08	4.581372	5.381978

5.4 整车的疲劳寿命预测

疲劳累积损伤理论主要是研究在变幅循环疲劳载荷作用下,材料或构件的疲劳损伤累积规律和疲劳破坏准则,适合于工程结构或机械的疲劳寿命预测。疲劳累积损伤理论目前有几十种提法,按照疲劳累积损伤规律主要概括为三类:线性疲劳累积损伤理论、修正的线性疲劳累积损伤理论以及其他基于经验或半经验公式的非线性疲劳累积损伤理论。下面采用线性疲劳累积损伤理论对 220t 矿用自卸汽车进行随机振动疲劳寿命预测[186]。

5.4.1 整车疲劳寿命预测流程

220t 矿用自卸汽车在随机路面谱作用下以一定速度行驶时,其应力值和应变值随路面冲击的随机振动而变化,需要考虑速度和结构振动应变—时间历程对整车疲劳寿命的影响。整车的振动疲劳寿命预测流程如图5-18所示,根据 220t 矿用自卸汽车的结构特征和静拉伸试验确定整车的材料特性参数,采用 Manson-Coffin 公式或其修正公式建立整车的应变—寿命曲线,再用编制的雨流计数法程序对随机载荷作用下的某段应变—时间历程进行统计处理,提取各级应变的循环数,最后根据疲劳累积损伤理论计算所有循环数对整车的疲劳损伤,通过所取时间段的振动疲劳寿命推算出整车的疲劳寿命。

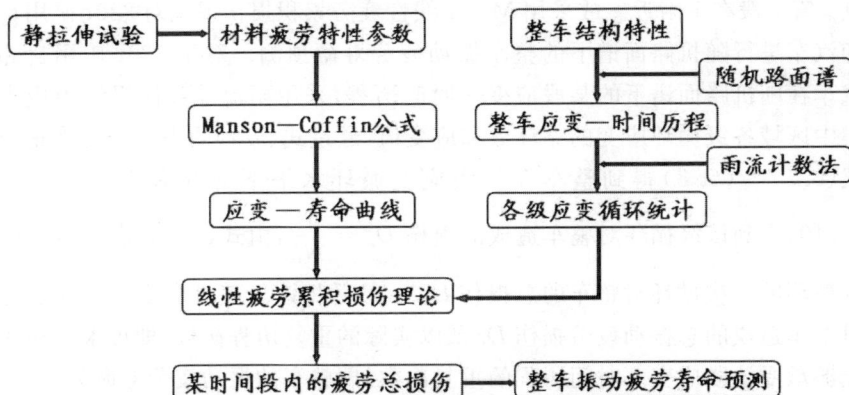

图 5-18　220t 矿用自卸汽车疲劳寿命预测流程图

5.4.2　线性疲劳累积损伤理论的应用

线性疲劳累积损伤理论认为,在循环载荷作用下的疲劳损伤可以线性累加,各应力之间互相独立且不相干,构件或材料在损伤累加到某一数值时就发生疲劳破坏。Miner 理论是典型的线性疲劳累积损伤理论,其对疲劳损伤规定如下:

(1)单个循环造成的疲劳损伤

$$D = \frac{1}{N} \tag{5.10}$$

式(5.10)中 N 为当前载荷水平 S 时的疲劳寿命。

(2)等幅载荷作用下 n 个循环造成的疲劳损伤

$$D = \frac{n}{N} \tag{5.11}$$

变幅载荷作用下 n 个循环造成的疲劳损伤

$$D = \sum_{i=1}^{n} \frac{1}{N_i} \tag{5.12}$$

式(5.12)中 N_i 为当前载荷水平 S_i 时的疲劳寿命。

(3)临界疲劳损伤

$$D_{CR} = 1 \tag{5.13}$$

式(5.13)是由式(5.11)在循环次数 n 等于疲劳寿命 N 时得到,即 $n = N$ 时发生疲劳破坏。Miner 线性疲劳累积损伤理论未考虑载荷加载次序的影响,而加载次序实际对疲劳寿命影响较大,当在二级或很少级加载的情况下,材料破坏时的临界疲劳损伤值 D_{CR} 偏离 1 很多,但在随机载荷作用下的 D_{CR} 值一般在 1 附近。故采用 Miner 线性疲劳累积损伤理论对 220t 矿用自卸汽车进行随机路面谱下的整车振动疲劳寿命预测。对于 220t 矿用自卸汽车在随机路面谱下的某段应变—时间历程,采用雨流计数法提取出应力集中区域各级循环应变的循环数和应变值,通过式(5.1)的平均应力修正公式(5.5)～(5.8)得到整车在某级应变循环水平下的寿命 N_i,再由式(5.10)得到该级循环对整车造成的损伤 $D_i = \dfrac{1}{N_i}$,由式(5.12)求出该级应变循环的 n 次循环对整车的总损伤 D_n。最后将该段随机应变—时间历程对整车造成的总振动疲劳损伤 D_n 乘以实际的重复历程次数,即可求出整车能够承受该段应变—时间历程的重复次数,即整车的振动疲劳寿命为:

$$C = \frac{D_{CR\,i}}{D} \tag{5.14}$$

式(5.14)中,C 为整车可承受应变—时间历程的重复次数;$D_{CR\,i}$ 为矿用自卸汽车的临界损伤。即 C 次重复应变响应谱对整车造成的总疲劳损伤 $D \geqslant D_{CR\,i}$ 时,矿用自卸汽车即发生振动疲劳破坏。大多工程结构一般取 $D_{CR\,i} = 1$,但矿用自卸汽车在实际工作过程中,影响其疲劳寿命的因素复杂,如矿用自卸汽车自身的结构及材料特性、环境温度较大变化、腐蚀磨蚀等,对主要受力构件中裂纹的产生和扩展都有较大促进作用,因此需修正临界损伤 $D_{CR\,i}$。修正的 $D_{CR\,i}$ 值可根据具体情况确定,220t 矿用自卸汽车没有临界疲劳损伤的试验数据,但根据公路自卸汽车的情况,取 $D_{CR\,i} = 0.75$ 较合适[187]。

5.4.3　整车振动疲劳寿命预测算例

根据雨流计数程序统计的 6 个速度下各级循环应变平均值,由式(5.9)求出各级循环应变值对应的疲劳寿命 N_i,从而求出 n 次循环对整车的总损伤 D_n。则按前后悬架上部挂耳的应变—时间历程计算,6 个速度下的总损伤分别为:

$$\begin{cases} D_{f5} = \sum_{i=1}^{60} \dfrac{1}{N_{5i}} = 9.86 \times 10^{-5} \\[2mm] D_{f8} = \sum_{i=1}^{59} \dfrac{1}{N_{5i}} = 9.12 \times 10^{-5} \\[2mm] D_{f10} = \sum_{i=1}^{55} \dfrac{1}{N_{10i}} = 8.25 \times 10^{-5} \\[2mm] D_{f12} = \sum_{i=1}^{59} \dfrac{1}{N_{10i}} = 7.94 \times 10^{-5} \\[2mm] D_{f15} = \sum_{i=1}^{58} \dfrac{1}{N_{15i}} = 7.72 \times 10^{-5} \\[2mm] D_{f18} = \sum_{i=1}^{61} \dfrac{1}{N_{18i}} = 7.81 \times 10^{-5} \end{cases}$$

$$\begin{cases} D_{r5} = \sum_{i=1}^{53} \dfrac{1}{N_{5i}} = 1.194 \times 10^{-3} \\[2mm] D_{r8} = \sum_{i=1}^{54} \dfrac{1}{N_{5i}} = 1.179 \times 10^{-3} \\[2mm] D_{r10} = \sum_{i=1}^{54} \dfrac{1}{N_{10i}} = 1.296 \times 10^{-3} \\[2mm] D_{r12} = \sum_{i=1}^{54} \dfrac{1}{N_{10i}} = 1.048 \times 10^{-3} \\[2mm] D_{r15} = \sum_{i=1}^{58} \dfrac{1}{N_{15i}} = 1.056 \times 10^{-3} \\[2mm] D_{r18} = \sum_{i=1}^{56} \dfrac{1}{N_{18i}} = 1.086 \times 10^{-3} \end{cases} \tag{5.15}$$

220t 矿用自卸汽车前后悬架的上部挂耳和下部支座一般应力较大,也是最先损伤失效的部位,故这两个部位的疲劳寿命可反映整车的最低疲劳寿命。由式(5.9)看出,前悬架上部挂耳的损伤远小于后悬架上部挂耳的损伤,所以将后悬架上部挂耳的损伤作为整车振动疲劳寿命预测的平均损伤。后悬架上部挂耳的应变—时间历程的统计时间历程为 10h,可作为整车 2 天的实际行驶时间,其中 5m/s 行驶 1h,8m/s 行驶 1.5h,10m/s 行驶 3h,12m/s 行驶 3h,15m/s 行驶 1h,18m/s 行驶 0.5h,则得到的总损伤为:

$$D_r = 0.1D_{r5} + 0.15D_{r8} + 0.3D_{r10} + 0.3D_{r12} + 0.1D_{r15} + 0.05D_{r18}$$
$$= 0.00116 \tag{5.16}$$

若 1 年的实际有效工作时间按 280 天计,由此可推算出 1 年的总损伤

为 $D = \dfrac{0.00116 \times 280}{2} = 0.1624$，由式(5.14)得出整车的振动疲劳寿命为：

$$C = \frac{D_{CRi}}{D} = \frac{0.75}{0.1624} = 4.618 \qquad (5.17)$$

即整车的振动疲劳寿命为 4.618 年，比起公路汽车来说，显得整车使用寿命太短。这是由于选取了应力最大的后悬架上部挂耳的应变作为整车平均应变，后悬架上部挂耳是整车容易发生疲劳损伤乃至失效的最危险部位，这符合矿用自卸汽车在多个露天矿的实际使用情况，4.618 年的使用寿命是合适的，计算结果说明 220t 矿用自卸汽车的整体结构设计基本合理。

5.5 本章小结

本章对疲劳分析的基本原理和方法进行了概述，并运用应变—寿命曲线、雨流计数法和线性疲劳累积损伤理论，对 220t 矿用自卸汽车在随机路面谱激励下的振动疲劳寿命进行了预测评估。

(1)应用修正的 Manson-Coffin 公式确定了 220t 矿用自卸汽车的 $\Delta\varepsilon$—N 曲线，通过静拉伸试验对车架材料 RGW60E 钢进行了化学成分分析和性能测试，获得了 RGW60E 钢的力学性能参数。并将静拉伸试验获取的材料性能参数代入到四点关联法公式，得到修正的 Manson-Coffin 公式所需要的四个特殊关联参数，从而确定了只有应变 ε_a 和寿命 N 两个变量的表达式。

(2)通过截取某段 220t 矿用自卸汽车在随机载荷作用下的应变—时间历程，对雨流计数法的计数原理进行描述。并通过编制的雨流计数程序，对 220t 矿用自卸汽车随机路面谱作用下，分别以 5m/s、8m/s、10m/s、12m/s、15m/s 和 18m/s 的速度匀速行驶，时间历程为 10h 的应变—时间谱进行计数处理，得到了 6 个速度下的应变循环数和各级应变幅值。

(3)对 220t 矿用自卸汽车的疲劳寿命预测流程进行了分析，对线性疲劳累积损伤理论在整车振动疲劳损伤研究上的应用进行了描述。最后利用算例对 220t 矿用自卸汽车进行了随机载荷下的振动疲劳寿命预测，得到了较为合理的振动疲劳寿命值，为矿用自卸汽车的振动疲劳寿命预测提供了一个使用方法，并为整车检修周期和使用寿命评估提供了理论依据。

第 6 章　220t 矿用自卸汽车的自动控制系统设计

矿用自卸汽车作为在露天矿和大型建筑工地应用的典型工程车辆,其自动化程度却落后于其他工程设备。随着微电子技术、计算机、卫星定位与无线通讯技术、光纤传导技术、雷达技术、激光器技术以及智能机器人技术的发展,智能化无人驾驶技术已在公路车辆及部分工程机械上得到应用,工程车辆的电子及智能化程度已经成为衡量其技术水平高低的重要标志[188]。矿用自卸汽车一般都集成了机、电、液于一体,存在结构复杂、运行参数多以及工作环境恶劣等特点,迫切需要一套功能全面和集成的自动化控制系统来代替人力操作。

6.1　矿用自卸汽车自动控制系统概述

随着大功率柴油发动机和超大型轮胎的相继问世,制约矿用自卸汽车发展的瓶颈主要集中在材料应用和自动控制技术等高端领域,而高精密的自动化控制及信息处理技术更是重中之重。报告将矿用自卸汽车的自动控制系统分为整车自动监测与故障诊断系统、安全监控自动报警系统和生产调度监控系统三个组成部分。整车自动监测与故障诊断系统包括车载自诊断系统和诊断专家系统,通过安装在车上各主要部位的传感器、计量仪器及驾驶室的显示仪器,自动实时地以声光信号或数字式图形信号显示汽车的主要技术状况;安全监控报警系统可实时监测汽车周围状况,根据事件的危险程度,通过设置的声音、闪光灯、视频显示等信号提醒进行不同级别的报警,必要时自动停车。生产调度监控系统利用地理信息系统(GIS)、全球卫星定位系统(GPS)、通用分组无线业务(GPRS)、全球移动通讯(GSM)技术,实现露天矿生产运行的调度、管理以及运输车辆的实时定位,监控中心的管理员可以全天候实时监控矿区内的生产运营情况[189]。

国外生产的矿用自卸汽车均配置有自动监测和故障诊断系统,可提供重要设备的运行状况和有效负载信息。操作员和维修人员利用可编程控制器先进的监控和诊断功能,在故障或损害出现之前就可判断出异常情况,从而简化了故障诊断及排除流程,缩短了停机检修时间。可编程控制器还可存储有关监控和诊断的信息,并可下载至计算机,然后通过信息中心进行访问或通过选配的无线电通讯进行传输,以便进行分析。这些重要信息有助于进行设备和生产管理,降低总体运营成本,有效利用预防性维护,提高机器的利用率。检测仪表组安装在便于操作员操作使用的位置,可监测主要设备的运行参数,获取重要的操作信息[190]。

Todd Ruff[191]对美国国家职业安全与卫生研究院(NIOSH)研发的近距离雷达防撞报警系统做了介绍,该系统是基于公路车辆的雷达防撞系统,考虑到矿用汽车的结构特点和工作环境,在前保险杠上安装了两个雷达传感器和一部摄像机,在车架后部安装了一部摄像机,在后驱动桥壳上安装了两个雷达传感器,视频显示器、一串 LED 闪光灯、语音报警器以及数据转换器集中安装在驾驶室内,驾驶员可以方便地观察到前后方的视频和报警信号。但该系统没有考虑左右两侧的情况,而很多危险来自矿车的左右两侧,尤其是盲区非常宽阔的右侧。所以有必要加强矿车左右两侧的监控,不仅能够帮助驾驶员监控到矿车左右两侧的情况,还可以协助驾驶员在倒车时对准车位。

美国 Module 公司研制的 DISPATCH[192]监控调度系统已达到非常成熟和通用的水平,该系统可以监控碎石站到几个矿场的矿车运行情况,并能实时定位矿车、计算运输时间和数量、指导矿车和电铲的配合装载以及计算矿车的最佳运行路线。DISPATCH 监控调度系统被引进到中国的一些大型矿山,明显提高了设备的使用效率,改进了露天开采的管理水平,获得了较好的总体效益,成为日常管理不可或缺的管理系统[193]。但是该系统需要每个露天矿必须建立和保持独立的通讯网络,其初期投入和日常维护费用太昂贵,多数中小型矿山购买不起。

Gu Q. H. 等[194]采用 GIS/GPS/GPRS 技术开发了一套矿车/铲斗的智能监控调度系统,提出了一种智能运输算法,能够监控和计算矿用自卸汽车的运货时间及铲斗的装货时间,确定车辆的最佳行驶路线和车/铲配比。该系统由车辆/铲斗移动终端、通信网络和监控中心客户端组成,移动终端接在收到 GPS 信号后,计算出车辆的纬度、经度、角度、海拔和速度,然后将数据通过 GPRS 和互联网传送到监控中心;监控中心在系统软件的控制下接收和处理来自受控车辆的多样信息,车辆的方位、状态及其他信息都显示在显示器和电子地图里,并可进行历史轨迹回放;管理员根据显示的现场实际运行情况确定生产调度方案,下达调度指令,再由互联网、GPRS 和 GPS 回传到被监控车辆。该系统为露天矿生产的车/铲配比提供了参考依据,具有一定的应用价值。

目前,全球能源需求急剧升高,矿山开采规模不断增大,深度不断增加,道路延深延长,工作环境和运输条件更加恶劣,从降低运营成本、提高生产效率、减少工人劳动强度的角度考虑,大型化、自动化和智能化是矿用自卸汽车未来发展的必然趋势。其他领域的高科技电子信息处理技术的发展，如汽车防撞雷达技术、安全自动监测技术、微电子机械技术、光纤陀螺技术、GIS/GPS/GPRS/GSM 技术、激光器技术以及智能机器人技术等，为矿用自卸汽车自动化、智能化研发提供了很好的理论基础和技术平台。GPS 卫星定位系统可以实现车辆的定位与导航；高性能 PLC 可以作为无人驾驶矿用自卸汽车的主控制器；高精度传感器的功能已基本满足无人驾驶车辆的自动化控制需求；电子视野图像识别技术可以识别多种标志和信号；安全监控自动报警系统可以自动监测车辆周围状况，能够自动减速和停车；雷达防撞系统可实现实时定位，用雷达扫描道路上的障碍物，用光纤陀螺仪导向，由脉冲激光器修正误差，自动保持车辆间行车间距和行驶路线[195]。项目基于以上相关技术设计了 220t 矿用自卸汽车的自动控制系统。

6.2　整车自动监测与故障诊断系统

　　矿用自卸汽车的自动监测与故障诊断系统具有多参数同步采集、多方式参数显示、历史数据管理和回放、参数曲线打印、多媒体报警等功能，可对车上主要设备的运行参数、状态信息进行监测、记录、统计和数据存储，能对主要设备出现的故障或潜在问题提出警报和显示。操作者和维修人员可根据具体情况查阅历史数据、分析故障原因，并针对具体问题采取相应措施，在最短时间内解决问题，节省了停机检修时间。

6.2.1　功能要求与结构设计

　　自动监测与故障诊断系统采用 CAN 总线定义物理层和数据链路层[196]，其主控制器、显示器、报警器和监测仪表集中安装在驾驶室内的仪表盘上，便于操作和维修，当监测到设备出现故障时显示诊断信息并报警。其下位机运用传感器、计量仪器以及一些执行元件对监控对象进行监测和控制，主要包括：动力/传动系监测、液压系监测、润滑系监测、气路系监测、悬架压力和状态监测、轮胎压力监测、道路与环境状态分析、负荷监测、车灯及主要车载电气设备监测等。

　　220t 矿用自卸汽车的自动检测及故障诊断系统总体结构如图 6-1 所示，其各部分的功能如下面所述。

　　(1)可编程主控制器：为智能集成控制模块，将关键部件的信息搜集存储，同时将故障信息以声音和视频的方式发出警报，可由可编程主控制器的智能 I/O 接口下载数据，再由信息处理中心或计算机运行可编程软件，进行取样观测和数据修改，对整车进行实时控制。

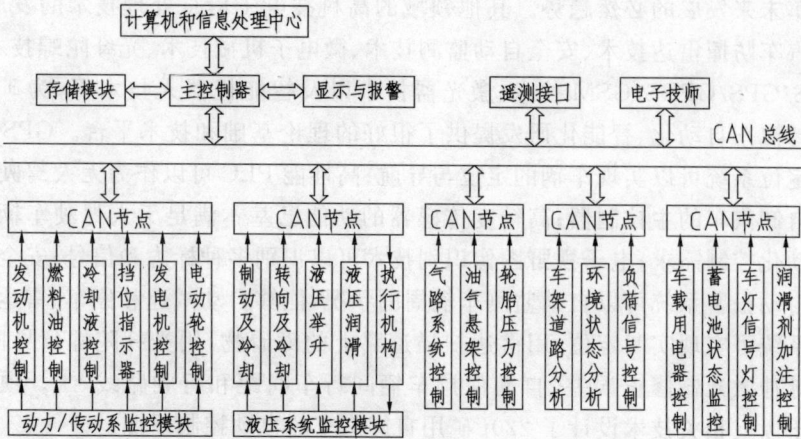

图 6-1　矿用汽车安全监测及故障诊断系统总体结构框图

（2）遥测接口：为无线电信号收发和通讯设备提供接口。

（3）电子技师维修工具：维修技术员通过数据链路，由电子技术员（ET）服务器接口下载数据，用笔记本电脑快速读取储存的诊断数据，进行故障诊断和修理并提高机器的完好率。

（4）CAN 总线和数据链：将控制、检测和执行机构等各电子单元连接成统一的电脑控制系统，提高整车总体性能，增加部件的可靠性和使用寿命，降低工作成本，通过一台安装有电子技术员软件的电脑即可读取所有控制器送来的资料。

（5）动力/传动系监测模块：能够自动监测发动机冷却液温度、制动和转向液压油油温、燃油液位、发动机转速、地面速度、挡位指示，以及发电机和电动轮的电流、电压、功率等，由安装于驾驶室仪表台上的组合仪表实时显示。该模块由计算机管理发动机的操作条件和动力特性，实时调整发动机的峰值参数和最大效率，并具有灵活的燃油调整量，使发动机在不同的应用条件下反应快捷。

（6）液压系监控模块：用于监测液压举升、液压制动、液压转向、液压润滑等系统压力、流量及温度，并执行主控制器发出的指令。

（7）气路系监控模块：通过气压表、负压表等显示仪器监控气路系统，包括对油气悬架和轮胎气压的检测。

（8）油气悬架监控模块：能自动监测每个悬挂的液压和空气系统压力，可实时监测油气悬架的承载压力和状态。

（9）轮胎压力监测模块：能够监测每个轮胎的气压和温度。

（10）道路分析控制模块：通过对车架的监测和分析，了解运行道路的状态,改善道路条件,提高轮胎寿命和运载效率。

(11)环境状态分析模块:通过风向标、风速测量仪、温湿度测量仪以及气压计等仪器,对矿用自卸汽车的工作环境进行监测,为生产运行提供及时可靠的环境信息,提高矿山的运营效率和设备利用率。

(12)负荷信号控制模块:由车架压力传感器和驾驶室仪表板上的微电脑处理器得出有效载荷质量,并传输一个精确的有效载荷数据,达到设定值时,外置的负荷信号灯通知装载设备的操作员,尽量避免超载和少载,提高生产效率。

(13)车灯和信号灯监测模块:对车灯和信号指示灯进行监测,及时发出故障信号,以保证车辆运行的可靠性。

(14)蓄电池状态监测:对车载蓄电池的电压进行实时监测,保证其可靠性,及时为车上直流用电设备提供电源。

(15)车载用电器控制模块:对车载空调、音响等用电器的状态进行监控,保证各用电器的完好度,提高工作人员的舒适性。

(16)润滑系监测模块:能够检测到润滑剂压力及加注数量和时间。

6.2.2　系统工作流程

220t 矿用自卸汽车的自动监测与故障诊断系统的工作流程如下。

(1)安装在车上各主要监测部位的传感器和计量仪器采集到监控对象的实时运行参数,通过 CAN 总线的数据链路传送到上位机。采集到的信号一般为模拟量,既有电压、电流等电信号,也有温度、湿度、压力、位移、声音等非电信号,均以电压信号传送到 A/D(Analog to Digital)转换器。

(2)安装在驾驶室的上位机首先对采集到的信号进行 A/D 转换变成数字信号,输送到车载主控制器或计算机,以数字式图形信号显示在液晶显示器上,并自动再经 D/A(Digital to Analog)转换,传送到语音发生器、LED 信号灯、蜂鸣器等报警装置上,以语音、灯光、声音等声光信号显示设备的主要技术状况。

(3)操作员根据视频和声光信号对故障诊断信息进行判断,分析故障原因并针对具体问题采取应对措施,可以根据报警级别及问题的大小采取继续运行、不停车检修和停车检修。无论何种情况,故障信息均被自动保存到系统的存储设备内,以备维修人员后续回放查看。

(4)维修技术员利用电子技师维修工具,用笔记本电脑连接到电子技术员服务器接口,快速下载储存的诊断数据,进行历史数据管理和回放,根据诊断信息分析故障原因,做出维修措施并进行修理。

6.3 安全监控自动报警系统

矿用自卸汽车的质量和体积巨大,结构复杂,行驶道路多坡多弯,工作环境恶劣,在实际使用中存在制动频繁、驾驶员视距不足和视宽不够等不利因素。而且由于矿用自卸汽车是非公路运输车辆,常出现驾驶员麻痹大意、操作不当等问题,很容易造成较大的人员伤亡和设备损坏,给正常生产带来很大的安全隐患和经济损失。据统计,在露天矿山和采石场,全球平均每年有 5 起涉及矿用汽车的人员伤亡事故发生,未造成人员伤亡只造成设备损坏和财产损失的事故更是不胜枚举,事故的大部分原因固然是由于矿用自卸汽车自身的结构特点和工作环境等客观因素引起,但 12% 的责任是由于操作者责任心不强或操作不当引起。

6.3.1 220t 矿用自卸汽车的盲区分析

实际上,大多数事故都是因为矿用自卸汽车的质量和体积巨大,以及道路多坡多湾、凹凸不平、崎岖泥泞等原因引起,造成制动不易、侧滑多发、侧倾角过大、转弯过急和驾驶员视力范围受限等不利因素,从而引发翻车和碰撞事故。多数矿用自卸汽车的驾驶室一般偏置在左前轮上方,前方和左右情况靠驾驶员的目测来决定,后方靠安装在前部平台护栏上的后视镜来测定,驾驶员在驾驶室操纵矿用自卸汽车行驶时,其目测范围存在一个很大的盲区。220t 矿用自卸汽车的前方和左右盲区情况如图 6-2 所示。

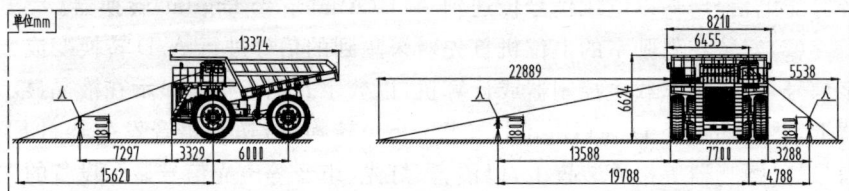

图 6-2 220t 矿用自卸汽车的盲区分析图

由图 6-2 看出,处于驾驶室里的驾驶员只能观察到右侧 30m 以外的地面,该位置距离车体右侧边缘约为 23m,一个身高 1.8m 的人处于距离车体右侧边缘约为 14m 的位置时,驾驶员才能观察到这个人的头顶,在此距离之内,驾驶员观察不到高度小于 1.8m 的物体。就是在左侧,驾驶员也只能观察到距离车体左侧边缘 5.5m 以外的地面,一个 1.8m 的人处于距离车体左侧边缘 3m 开外的位置时,驾驶员才能观察到这个人的头顶,在此距离之内,驾驶员同样观察不到高度小于 1.8m 的物体。对于车头前方来说,驾驶员也只能看到距离车头前端边缘约 12m 以外的地面,身高 1.8m 高的人处于距离车头前端边缘约 7m 以外的位置时,驾驶员才能观察到这个人的头顶,在此距离之内,驾驶员观察不到高度小于 1.8m 的物体。

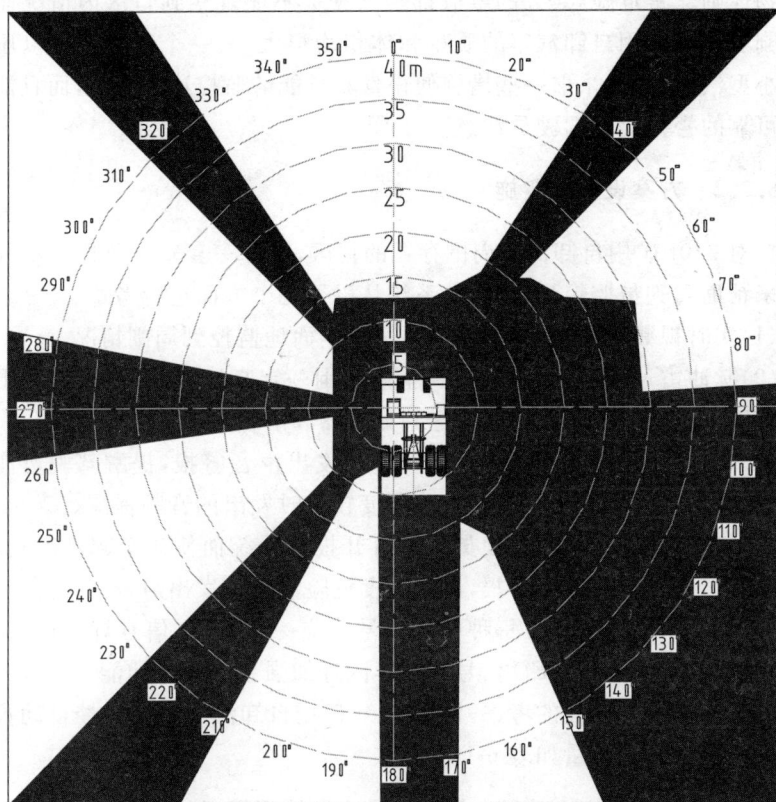

图 6-3　220t 矿用自卸汽车的整体盲区

矿用自卸汽车后部的盲区更大,驾驶员只能通过安装在平台护栏上的后视镜来观察车体后部,而后视镜也只能显示车后两侧的范围,需要延伸很远才能看到车体后部,可以认为车体后部完全是盲区。220t 矿用自卸汽车右侧的后视镜距离驾驶员 6m 以上,后视镜里所显示的情景,驾驶员不能观察得很清楚。图 6-3 所示为 220t 矿用自卸汽车整体盲区地面投影图,图中阴影为盲区。由图 6-3 可看出,车体周围的盲区非常广阔,以驾驶员所处位置为中心,前方约 60°区域内的盲区半径为 14m 左右;左前方约 315°～330°之间和右前方约 30°～45°之间各存在一个较窄的区域完全是盲区;车体右侧盲区很大,大约 45°～85°扇形盲区的半径达 30m 左右,约 85°～150°的扇形区域则完全是盲区;左侧约 225°~260°和 280°~315°两个区域内盲区的半径约为 7m 左右,而大约 210°~225°和 263°~280°两个扇形区域则完全是盲区;正后方区域完全是盲区,驾驶员通过后视镜也只能观察到后面150°~170°和 183°~210°的区域。驾驶员在盲区内无法看到地面,处于盲区内的人或物体则非常危险,80%的事故都是驾驶员不能观察到盲区内情况而导致悲剧发生。矿用自卸汽车的质量和体积均很大,其一个车轮就足以压扁一辆小型汽车,必须采取一些措施使得驾驶员能够监控这些盲区,而且能够提供可靠的警报提醒驾驶员注意。

6.3.2 方案设计及实施

针对 220t 矿用自卸汽车周围存在的盲区,设计一套安全监控自动报警系统来帮助驾驶员监控到盲区,该系统从以下几个方面进行考量。

(1)实时视频显示:可帮助驾驶员及时全面地监控到周围情况。

(2)脉冲雷达扫描:能够检测到车体周围一定高度物体的存在,在雷达射束范围内确定目标的距离并传送到显示器和语音发声器上。

(3)语音报警功能:当物体靠近车体时发出声音警报,提醒驾驶员注意观察并采取措施,语音报警是在危险程度较大时发出的音频提醒。

(4)蜂鸣报警功能:当驾驶员没有打开报警系统而使矿车起步行驶,或报警系统出现故障时发出警报,以及极度危险情况时发出声音。

(5)LED 信号灯报警:每种警报信号对应一个 LED 信号灯,与前面四种功能配合使用,通过 LED 信号灯持续闪烁加强系统报警功能。

综合以上五个方面的考虑,设计 220t 矿用自卸汽车安全监控自动报警系统所需的部件及数量如表 6-1 所示。

表 6-1 220t 矿用自卸汽车安全监控报警系统的部件

部件名称	控制箱/柜	可编程逻辑控制器	LCD 视频显示器	语音发声器	电子蜂鸣器	雷达传感器	广角红外摄像机	LED 闪光灯	辅助元件
数量	1	1	1	1	1	8	7	10	若干

220t 矿用自卸汽车安全监控报警系统的总体方案设计框图如图 6-4 所示。

采用 CAN 总线技术,将该安全警报系统设计为一个子系统,以备采用多路 CAN 总线来实现 220t 矿用自卸汽车的整体电子与信息处理系统集中控制。总线的物理层和数据链路层的所有功能由 CAN 通信控制器来实现;CAN 驱动器将 CAN 控制器和物理总线进行连接,提供对总线的差动发送和接收功能。上位机的所有部件均置于驾驶室内便于驾驶员观察和操

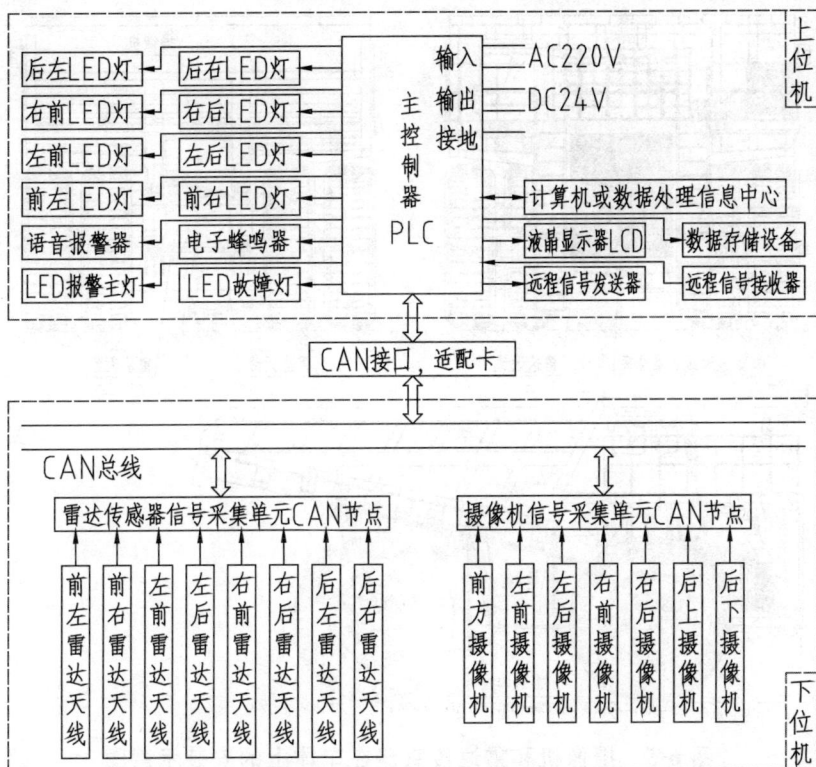

图 6-4　220t 矿用自卸汽车安全监控报警系统结构框图

作的地方,可根据使用的频度选择安装位置。单独制作一个带操作面板的控制箱(或控制柜)、电源开关、电源指示灯、保险、USB 接口、LED 报警闪光灯、LED 报警主灯及故障灯集中安装在操作面板上,可编程逻辑控制器(PLC)及一些继电器等辅助或执行元器件安装在控制箱内。语音发声器、电子蜂鸣器、数据存储器和远程信号收发器可根据驾驶室内的空间,最好安装在不易碰撞到的墙壁上。LCD 视频显示器固定在驾驶台上,当驾驶员正常驾驶车辆行驶时能随时观看到画面,并能方便地操作进行屏幕切换。视频显示器可以单独显示一个摄像机传输的画面,也可以分屏显示多个摄像机传输的画面,可以由显示器上的切换键使屏幕显示任意画面,可以切换独屏或分屏显示。

　　下位机的雷达传感器和摄像机的安装示意如图 6-5 所示。

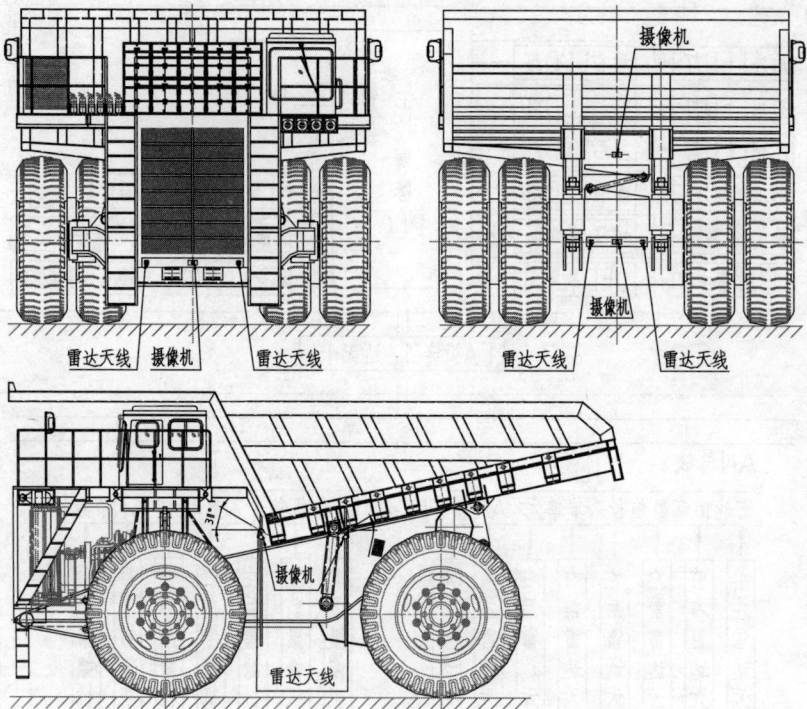

图 6-5　摄像机和雷达传感器在车体上的安装示意图
(a)前部的摄像机和雷达天线安装示意；(b)后部的摄像机和雷达天线安装示意；
(c)左侧的摄像机和雷达天线安装示意

雷达传感器和摄像机的安装方法如下。

(1)车头前部保险杠上安装一部红外摄像机和两个雷达传感器,摄像机置于中间正对前方,传感器分两边放置并均向内侧倾斜 15°形成一个 150°夹角,即左侧的传感器向右前方探测,右侧的传感器向左前方探测,以形成交叉光束和较宽的检测区,其安装示意如图 6-5(a)所示。

(2)后部车架横梁上安装一部红外摄像机,通过支架在后驱动桥壳上安装另外一部红外摄像机和两个雷达传感器,上部摄像机可观测到较远区域,下部摄像机检测靠近后轮的物体;两个雷达传感器均向内侧倾斜 10°成 160°夹角,从而形成一个交叉光束,以提供后部一个较宽的检测区域,即左侧的传感器向右后方探测,右侧的传感器向左后方探测,其安装示意如图 6-5(b)所示。

(3)如图 6-5(c)所示,左侧平台后部安装一部红外摄像机和一个雷达传感器,均与水平线成 30°夹角,检测左前轮后面的区域;在左后轮前面的隔板上也安装一部红外摄像机和一个雷达传感器,均与水平线成 30°夹角,检测左后轮前面的区域,前后摄像机和雷达传感器能够形成一个较大的交叉区域,可以检测很宽的区域。车体右侧也安装两部红外摄像机和两个雷达传感器,其安装方法与左侧相同,起到相同的检测效果。

6.3.3　功能介绍及效果预测

安全监控自动报警系统的工作过程为:下位机检测到的模拟信号先由 A/D 转换器转变成数字信号输出,通过 CAN 总线将数据传输给主控制器 PLC,然后由标定的数值对数据进行处理,得出检测到的实际数据,并经处理后最后传送到视频显示器和存储设备。在视频显示和数据存储的同时,由主控制器输出的实测数据数字信号再通过 D/A 转换器转变成模拟信号,传送给 LED 报警灯和电子蜂鸣器,达到与视频显示配合应用的效果。对于存储的数据,可以通过视频回放软件把数据从存储设备内的文本文件中读入到计算机里面,或直接由 USB 接口通过通讯协议读取到移动硬盘,然后在计算机上进行模拟和处理,从而判断矿用自卸汽车的运行情况[197]。

该报警系统采用三级报警和视频显示器进行判断,其功能如下[198]:

(1)一级报警:为 LED 报警闪光灯持续闪烁报警,每个 LED 灯对应一个雷达传感器,当探测目标接近某一传感器并达到其设定的上限值时,对应的 LED 灯就持续闪烁,提醒驾驶员注意。

(2)二级报警:在发出一级报警的基础上,如驾驶员没有采取处理措施而目标继续接近车体,LED 报警主灯也开始持续闪烁,而且自动开启语音提示警报,表示目标已越过设定的传感器上限值而接近下限设定值,必须采取应对措施。

(3)三级报警:在第二级报警的基础上,如驾驶员还没有采取应对措施解除警报,电子蜂鸣器开始鸣叫,表示目标已越过了传感器的下限设定值,进入矿车很近的危险区域,驾驶员必须采取紧急措施。

无论哪级报警,均可通过视频显示器进行观察和确认,从而判定危险的来源及危险程度,然后根据具体情况做出相应的解决措施。当驾驶员起动矿车行驶而未打开报警系统或报警系统出现故障无法工作时,故障报警灯持续闪烁,电子蜂鸣器持续鸣叫,提醒驾驶员注意检查。是否发出警报由目标物的高度设定值来决定,如目标的设定值为 300mm,当探测到的物体高度超过 300mm 时,系统就会认为是真实目标而发出警报。驾驶员可根据警报的级别及来源切换视频仔细观察进行判断,如是真实信号就采取必要措施消除警报,如非真实信号可按"忽略"按钮消除警报。无论是否为真实信号,数据都被实时存储起来,以备以后回放和查看,技术人员应定期对存储设备里的数据进行处理,如未及时处理而导致存储设备的空间占满,后面新存储的数据就会覆盖最早存储的数据。220t 矿用自卸汽车上安装了安全监控报警系统后,驾驶员在驾驶室内通过视频显示器、语音提示和灯光闪烁就能够实时监控到车体周围的任何情况,以便及时做出危险程度的判断并采取必要的应对措施,而且也可以在倒车时利用该报警系统来对准车位。

6.4 生产调度监控系统

管理员利用生产调度监控系统,在生产调度监控中心就能够实时监控矿用自卸汽车、铲斗、破碎站或卸料场之间的生产运行状况,并根据现场的实际情况进行生产调度。该系统可实现矿场运输车队的调度、管理以及车辆的实时定位,监控中心的管理员可以同时监控多辆矿用自卸汽车的运行,及时发出调度指令和报警信号。系统还可发送和存储相关数据,回放其历史轨迹,管理员通过回放和分析历史数据,制定合理的后续作业计划,使得对车辆的管理更加科学和完善,在提高生产效率的同时节约管理成本[199, 200]。

6.4.1 总体方案设计

利用 GPS/GIS/GPRS/GSM 技术、图像采集技术、计算机网络和数据库等技术建立矿用自卸汽车的生产调度监控系统,其结构框图如图 6-6 所示。该系统硬件主要由监控中心、全球卫星定位系统(GPS)、无线通信平台(GPRS/GSM)、车载终端设备四部分组成,是一个全天候、高精度、全范围的自动化综合管理平台,可实现车辆实时跟踪、驾驶员管理和生产计划调度等统筹管理[201, 202]。这四部分的主要功能及作用如下:

(1)监控中心一般设置在破碎站或卸料场附近,可控制生产调度监控系统的所有监控调度功能。地理信息系统服务器、通讯服务器、信息发布服务器、数据库服务器、控制台、液晶显示器、无线通讯设备及信号收发装置等均安装在监控中心里,由一个 100M 的局域网连接。管理员运用系统软件,将接收到的信息和数据进行处理,存储数据和回放历史轨迹,根据生产需要做出调度计划并及时发出指令,回馈给监控区域内的矿用自卸汽车、装载机、电铲以及破碎站或卸料场,及时有效地监控矿区内的生产运营[203]。

(2)全球卫星定位系统(GPS)可对矿区内安装 GPS 信号接收机的设备和地点进行实时定位,对安装 GPS 导航仪的移动设备进行导航。矿用自卸汽车、装载机、电铲等移动设备均安装 GPS 信号接收机和导航仪,破碎站和卸料场等固定场所安装 GPS 信号接收机。装载机和电铲等装载设备处于装料场,监控中心通过 GPS 系统和 GPRS 的配合使用来获取装料场、运输车队、卸料场的位置信息及运行数据[204]。

（3）无线通信平台（GPRS/GSM）基于移动通讯技术，与互联网配合使用，实现 GPS 终端机和监控中心之间的实时信息无线传输。全球移动通讯系统（GSM）属于第 2 代蜂窝移动通信技术（2G），宽带 CDMA（Code Division Multiple Access）技术为第 3 代移动通信技术（3G）。通用分组无线服务技术（GPRS）是介于 2G 和 3G 之间的移动通讯技术，称为 2.5G，GPRS 技术可使用户在数据通信过程中不再固定地占用无线信道，能够更合理地应用信道资源。生产调度监控系统利用 GPRS 技术的优点，不用拨号调制解调器就能够快速连接 GPS 终端机，实时传送 GPS 终端机的位置信息并反馈监控中心的指令信息。

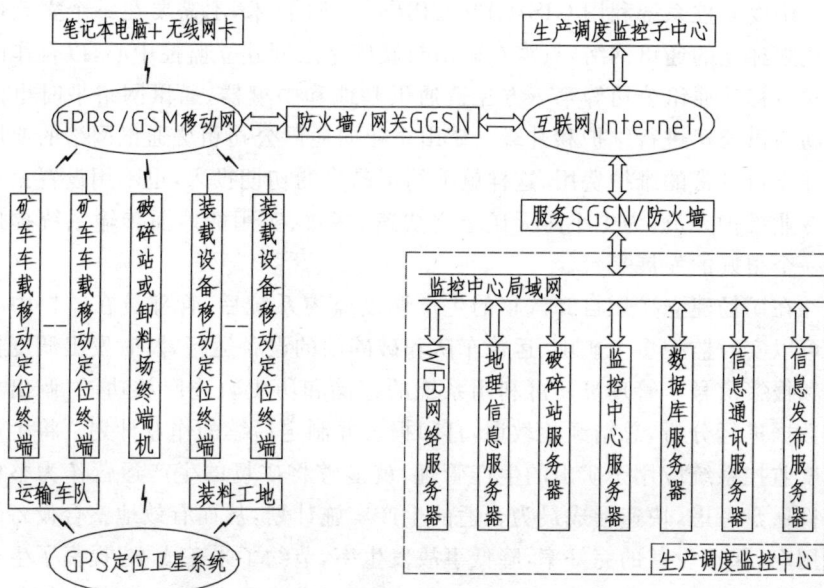

图 6-6　生产调度监控系统的结构框图

（4）车载终端设备包括 GPS 信号接收机、GPS 导航仪、移动电话及无线通信设备，可完成 GPS 系统与无线通信平台之间的信息和数据交换。车载 GPS 信号接收机由天线单元和接收单元两部分组成，包含接收机硬件、机内软件和 GPS 数据后处理软件包，其主要功能是捕获所跟踪卫星的信号，测量出接收机至卫星的伪距离及该距离的变化率，并解调出卫星轨道参数等数据，接收机中的微处理计算机按定位解算方法对这些数据进行计算，从而得到接收机所在地理位置的经纬度、高度、速度、时间等信息。车载 GPS 导航仪可为驾驶员设计出发地和目的地之间的最佳路线，若车辆位置偏离导航系统所推荐的最佳线路轨迹 200 米以上,导航仪就会根据目前所处的新位置设计出一条回到原推荐航线的路线,或是重新为驾驶员设计出一条从当前位置到终点的最佳线路[205]。移动电话及无线通信设备可向监控中心发送矿用自卸汽车的位置和环境状况信息,并接收监控中心发来的指令及警报信息,及时提醒和管理驾驶员履行调度命令,更好地完成工作任务[206]。

6.4.2　方案实施及工作流程

虽然 DISPATCH 监控调度系统的技术先进,功能较为完备,能够很好地提高露天矿山的整体管理水平,但由于其购机费、配套设施建设费和日常维护费用太高,只有实力雄厚的大型矿场才能配置得起。矿用自卸汽车的生产调度监控系统利用 GIS/GPS/GPRS/GSM 技术,不需要在每个露天矿都建立独立的通讯网络,只需在矿山与破碎站之间建立监控中心,以合作的方式由移动通讯公司等第三方建造通讯基地和中继器,通讯网络平时也由移动通讯公司进行维护和升级。矿山企业向通讯公司租赁通讯网络的使用权并支付日常的维护费用,这样就节约了昂贵的初期投入,也不用设置大量的专业维护人员,为中小露天矿建立快速、高效、实用的地面传输系统提供了一个很好的发展平台。

在矿场建立矿用自卸汽车的生产调度监控系统后,管理员在监控中心就可以实时监控多个矿山、运输车队和破碎站的设备运行,及时发出调度指令和报警信号。管理员还可利用系统的存储和历史轨迹回放功能,调出相关数据进行分析,总结经验教训,打印报表并制定后续的作业计划。将生产调度监控系统应用于矿山的生产管理,就能够将矿场的生产运营作为整体进行通盘考虑,快速形成最为合适的生产实施计划,从而有效地整合设备的利用率,保证设备的完好率,降低事故发生率,节约了采矿成本,提高了生产效率。据统计,运用生产调度监控系统对矿山进行生产管理,可使电铲装载效率和矿用自卸汽车的运输效率提高 7％以上,国外可使卡车运输效率提高 10％～20％[207]。

矿用自卸汽车的生产调度监控系统由装载设备、运输卡车、定位系统、无线通讯、互联网、监控局域网络、移动终端和监控调度软件等组成一个区域监控系统,可实现矿区内生产运营的全天候实时监控,其工作流程如下。

(1)矿区内的 GPS 终端机接收到 GPS 卫星定位信号,GPS 终端机内的微处理机对采集到的数据进行计算,得出其当前所在地理位置的经纬度和海拔高度,并计量出矿用自卸汽车、装载机等移动设备的实时行驶速度和时间等信息。

(2)GPS 终端机的扩展接口能够检查和控制从车辆获得的信息,将计算出的车辆方位、状态数据及警报信息通过 GPRS/GSM 无线通讯网络传输到互联网,再由互联网传输到 GPS 服务器,最后由服务器将信息发送到监控中心的 GIS 监控终端来实现各项功能。

(3)监控中心在系统软件的控制下处理来自 GIS 客户端的多样信息,车辆的方位、速度、轨迹和其他信息均可显示在 LCD 液晶显示器和电子地图里,GIS 客户端能够进行地图操作、车辆标记显示、回放历史轨迹、查询车辆位置、语音调度以及反馈终端信息等,从而达到管理、调度、监控车辆和电铲的目的。

(4)如果要对 GPS 终端机所在的设备进行控制,则以相反的方向进行数据通信。监控中心的 GIS 客户端发出指令或报警信号,依次经过 GPS 服务器、INTERNET、GPRS/GSM 到达 GPS 终端机,将数据和信号以视频、语音及灯光的方式显示在现场设备的相关仪器上,使驾驶员和现场操作员能够及时接到监控中心发来的信息,实现了完全的双向通信功能,车辆就能够被很好地监控和调度。另外,监控中心还可监控和调度子系统中心或独立的次中心。

6.4.3　生产调度监控系统的功能描述

矿用自卸汽车的生产调度监控系统具有以下主要功能。

(1)区域实时监控:可对矿区内的监控目标进行全天候和全方位的实时监控,监控中心的管理员可随时掌握现场的生产作业情况,及时做出调整计划和生产安排,快速地把作业任务指令发送给作业人员,做到实时调度。

(2)车辆动态管理:可对注册的矿用自卸汽车和装载机实施动态跟踪,及时对移动车辆进行控制和拍照,存储行车记录和数据,实时掌握移动车辆的方位及速度,监控频率可达到秒级。

(3)车辆安全报警:可设定车辆的行驶速度限值,随时侦听移动车辆现场传来的声音,当车辆行驶速度超过设定值或出现危险情况,而驾驶员没有及时采取措施时,系统就会发出报警信号,监控中心通过语音、视频及灯光颜色进行判断,回传语音提醒驾驶员注意并采取应对措施。

(4)遇险紧急报警:驾驶员在遇险时可紧急发出报警信号,监控中心从电子地图显示器上确定移动车辆的位置状态并回传声音做出判断,及时向遇险人员周围一定范围内的救援车辆发出指令实施营救。

(5)区域报警功能:在矿区范围内设定禁区和监控边界限值,当车辆进入禁区或驶离设定的监控边界时发出警报,也可定制车辆的行驶路线,当车辆驶离预设的行驶路线时发出报警信号。

(6)地图显示功能:管理员可以通过文字和图像的方式在电子地图上自

行标注公司名及工地方位,系统监控区域内的设备均可以在电子地图上显示出来,并能够全屏显示、无极缩放、动态标记、分层显示等。

(7)文字调度管理:管理员可通过手机飞信等文字方式向监控区内的车辆发送文字调度信息,增强驾驶员的注意力和任务执行力,发送的文字信息被存储单元保存下来以备日后查证。

(8)行驶信息管理:系统实时记录移动车辆的定位数据和行驶路线,将车辆位置的地理坐标转变为屏幕坐标在电子地图上动态显示,当车辆驶过后就会在地图上划出一条黑线,管理员可直观看到车辆的行驶轨迹。可以选段回放车辆轨迹并控制回放速度,而且能够对车辆的行驶信息进行保存、回放和下载等。

(9)行驶路线导航:监控中心可通过移动车辆的定位信息掌握道路交通状况,根据装料点到卸料点的运输距离,结合运输车辆与电铲的配比制定最优作业计划,调度车辆并确定最佳行驶线路,运输车辆上的车载 GPS 导航仪及区域电子地图可帮助驾驶员行车实时导航。

(10)车辆统计报表:在一定时期内,管理员可将系统保存的数据进行回放,统计单车或车队的行车数据,生成打印报表以备考核。

作为露天矿场的生产管理平台,矿用自卸汽车的生产调度监控系统是一个完整的独立系统,不仅要求其具备以上的监控功能,还要求对管理员进行管理,对管理员进行合理的权限分配,实行分层多级管理体系,实现矿山生产的一体化管理。目前,国内外的大型露天矿山一般都使用 DISPATCH 监控调度系统进行生产管理,但由于其价格昂贵,很多中小露天矿山没有配置该监控系统。矿用自卸汽车的生产调度监控系统可以满足露天矿的生产作业要求,可以对矿区内的作业设备进行全天候和全方位的实时监控,而且其资金投入较小,对于实现矿场信息化和自动化管理具有优越的性价比,具有广阔的应用前景。

6.5　本章小结

本章对矿用自卸汽车自动控制系统的三大组成部分和现状进行了分析,分别对整车自动监测及故障诊断系统、安全监控报警系统、生产调度监控系统的结构进行了方案设计,讨论了该系统在矿用自卸汽车上应用的功能体现。

整车自动监测与故障诊断系统采用 CAN 总线技术来定义物理层和数据链路层,其结构分为上位机和下位机,下位机负责数据采集和执行上位机的指令,上位机负责数据处理并传送控制指令。该系统的功能主要是监控矿用自卸汽车自身的运行状况,通过车载自诊断系统和诊断专家系统,对主要设备的技术状况进行自动检测、报警、存储和诊断。系统能够实时对监控对象的电压、电流、温度、湿度、压力、位移、声音等信号进行自动监测,显示故障诊断信息并自动存储数据,维修人员利用电子技师维修工具,可对存储的数据进行历史轨迹回放和下载,快速诊断故障原因并进行维修。

分析了 220t 矿用自卸汽车的驾驶盲区,设计了安全监控自动报警系统的结构框图,并对雷达传感器和摄像机的安装位置进行了详细描述,介绍了系统的功能及应用效果。该系统利用 CAN 总线技术、雷达扫描和 PLC 技术,可实时监测矿用自卸汽车周围的状况,根据事件的危险程度,通过语音提示、鸣叫报警、灯光闪烁三级报警设置及时发出安全警报。驾驶员可通过视频显示判断及确认危险等级和来源,根据具体情况及时做出相应的解决措施,如一直未采取措施而使危险达到最高级别,系统就会自动切断行车电源而紧急停车。系统设有故障报警单元,当驾驶员未打开报警系统或报警系统出现故障无法工作而行车时,电子蜂鸣器就会持续鸣叫,故障报警灯持续闪烁,提醒驾驶员注意。系统设有存储设备,可将报警信号和相关数据实时保存,以备管理员回放查看。在倒车时,还可以利用该系统的摄像、视频及雷达扫描功能来对准车位。

基于 GPS/GIS/GPRS/GSM 技术、图像采集技术、计算机网络和数据库等技术,对矿用自卸汽车的生产调度监控系统进行了总体方案设计,介绍了方案实施的具体技术难点和解决办法,并对其功能和工作流程做了详细描述。生产调度监控系统是一个全天候、高精度、全范围的自动化综合管理平台,可实现对移动设备的实时跟踪和监控,管理员在监控中心就可以实时监控矿区内设备的生产作业情况,根据作业现场的实际情况进行生产调度,及时发出调度指令和报警信号,并可进行历史轨迹回放。该系统应用于露天矿山的生产管理,管理员就能够及时准确地进行生产调度,合理制定作业计划,从而有效地保证设备的完好率,整合设备利用率,降低事故发生率,节约采矿成本,大幅提高生产效率。

目前,整车自动监测与故障诊断系统、雷达防撞自动报警系统、GPS 导航系统已在公路汽车上大量应用,在其他一些工程领域也得到较大程度的应用,但在矿用设备上应用较少。虽然国外已开发了智能化无人驾驶矿用自卸汽车,在一些露天矿山和采石场试运行获得成功,但目前仍存在技术不完备、初期成本投入和日常维护费用过高等原因,还没有在世界范围内大力推广使用。而我国还没有开展无人驾驶矿用自卸汽车的研制,设计的自动控制系统结构简单、性价比高、可操作性强,可以作为过渡技术在矿用自卸汽车上推广应用,为我国无人驾驶矿用自卸汽车的研发奠定基础。

第 7 章 总结与展望

7.1 总结

本书对矿用自卸汽车的国内外研究进展进行了总结,针对220t矿用自卸汽车的整体设计和结构计算分析开展研究,取得以下主要成果。

(1)对220t矿用自卸汽车进行了整车及主要受力构件的结构设计。

(2)通过对多路况满载静止状态下的整车结构进行静力学研究,得到:水平路,一轮下陷或骑高,对角轮同时下陷或骑高,对角轮一下陷一骑高,整车左右倾斜,前桥下陷或骑高多种工况下的整车应力分布规律。分析结果表明,整车结构应力分布基本均匀,布置较为合理,极限工况下车架和后桥虽有局部较大应力出现,但均小于材料屈服强度极限,保有一定的安全裕量。

(3)对设计的220t矿用自卸汽车进行了动力学研究,通过模态分析得到了整车低阶固有频率及其主振型。并对整车在随机路面谱作用下,以$5m/s$、$8m/s$、$10m/s$、$12m/s$、$15m/s$和$18m/s$匀速直线行驶状态进行动力响应分析,得到了最危险受力部位的结构位移参数,对设计进行验证,为大吨位矿用自卸汽车的结构设计和性能匹配提供了理论依据。

(4)运用应变—寿命曲线、雨流计数法和线性疲劳累积损伤理论,对设计的220t矿用自卸汽车进行疲劳分析,对随机路面谱激励下的整车振动疲劳寿命进行预测,为矿用自卸汽车的振动疲劳寿命预测提供了实用方法和理论依据。

(5)讨论了自动控制系统在矿用自卸汽车上应用的功能体现,对整车自动监测及故障诊断系统、安全监控报警系统、生产调度监控系统进行了整体设计,为我国矿用自卸汽车自动化控制系统的研发提供了可行的指导方案。

7.2 展望

对220t矿用自卸汽车展开研究,进行了整车结构设计以及静力学、动力学和振动疲劳分析,取得了一定的研究成果,但还可从以下方面进行深入研究。

　　(1) 本书对 220t 矿用自卸汽车进行了静力学和动力学研究,对于矿用自卸汽车作为超大型运载工具来说,有必要进行运动学和空气动力学研究。

　　(2)鉴于极限工况下车架和后桥壳出现接近屈服强度极限的应力,有必要对车架和后桥壳用钢开展进一步研究,开发强度更高并适用于低温环境的高韧钢。

　　(3)智能化、无人驾驶技术已在公路汽车上得到应用,有必要深入研究矿用自卸汽车的自动控制系统。

参考文献

[1]王国彪. 国外矿用汽车的现状与发展（Ⅰ）——大型运输汽车[J]. 矿山机械, 1999, (12): 6～10.

[2]刘廷安. 展望21世纪矿用汽车的新发展[J]. 设备与维修, 1998, (2): 56～51.

[3]赵昱东. 国外大型矿用汽车研制与发展[J]. 有色矿山, 2000, 29, (2): 33～36.

[4]陈卫东. 矿用汽车的基本现状和发展趋势[J]. 中国水泥, 2004, (9): 72～74.

[5]Caterpillar Inc. The Manual of Caterpillar Mining Dump Truck Series[G]. Peoria, Illinois, USA, 2010.

[6]Liebherr Group. The Manual of Liebherr Mining Dump Truck Series[G]. Bulle, Switzerland, 2010.

[7]Terex Corporation. The Manual of Terex Mining Dump Truck Series[G]. Westport, Constitution, USA, 2008.

[8]Komatsu Ltd.. The Manual of Komatsu Mining Dump Truck Series[G]. Minato-ku, Tokyo, Japan, 2009.

[9]Hitachi Ltd.. The Manual of Hitachi Mining Dump Truck Series[G]. Bunkyô-khu, Tokyo, Japan, 2008.

[10]Belarusian Autoworks. The Manual of Belaz Mining Dump Truck Series[G]. Zhodino, Belarus, 2011.

[11]冯庆东, 帅健, 尹永晶, 等. 国外六大矿用汽车制造商及其产品综述[J]. 矿山机械, 2011, 39(451): 5～12.

[12]冯庆东, 帅健, 许葵, 等. 矿用汽车的国内外现状[J]. 煤矿机械, 2011, 31 (8): 15～16.

[13]左立标. 露天矿大型运输汽车的应用[J]. 世界采矿快报, 1999, 15 (7): 16～18.

[14]赵昱东. 露天矿大型装运设备的新发展[J]. 矿业快报, 2001, 373 (19): 1～4.

[15]段家典. 重型矿用电动轮自卸车的发展[J]. 矿用汽车, 2001, (3): 7～12.

[16]李明安.对机械传动与电传动卡车的比较与评述[J].矿用汽车,1996,(3):7~12.

[17]段家典.电传动和机械传动自卸车的比较[J].矿用汽车,1996,(3):4~6.

[18]赵昱东.机器人化矿用汽车的发展前景[J].矿用汽车,2008,(3):19~22.

[19]常绿.矿用自卸汽车动力性、燃油经济性和平顺性虚拟试验技术研究[D].吉林:吉林大学,2007.

[20]王小芳.矿用汽车总体设计专家系统[D].北京:北京工业大学,2000.

[21]王大康,刘劲.矿用汽车总体设计中模糊评价的模型及其实现[J].北京工业大学学报,1997,23(3):30~34.

[22]姚成.专用汽车结构拓扑优化设计及强度分析[D].合肥:合肥工业大学,2002.

[23]Siegrist P. M. Mcaree P. R. Tyre-Force Estimation by Kalman Inverse Filtering:Applications to Off-Highway Mining Trucks[J]. Vehicle System Dynamics,2006, 44 (12):921~937.

[24]Wei X. L & Wang G. Q. Feng S L. Aerodynamic Characteristics about Mining Dump Truck and the Improvement of Head Shape[J]. ScienceDirect Journal of Hydrodynamics,2008,20(6):713~718.

[25]杨洋,张文明.基于 ADVISOR 软件的矿用电动轮自卸车仿真研究[J].系统仿真学报,2009,21(13):4159~4162.

[26]谷正气,王备,李伟平.大吨位矿用自卸车操纵稳定性仿真分析[J].科技导报,2009,27(1):81~85.

[27]刘晋霞,张文明,张国芬.矿用汽车空载与满载时的操纵稳定性[J].有色金属,2006,58(2):91~95.

[28]Frimpong S, Changirwa R & Szymanski J. Simulation of Automated Dump Trucks for Large Scale Surface Mining Operations[J]. International Journal of Surface Mining, Reclamation and Environment,2003,17 (3):183~195.

[29]唐春喜,聂拓,李梅龙.ANSYS 的电动矿用自卸车有限元模态分析[J].现代制造工程,2009,(1):121~123.

[30]成林,张文明.SGA3722 型矿用汽车动力学仿真[J].工程机械,2009,40:44~47.

[31]Hui H & Golosinski T. S. Modelling Failure Pattern of a Mining

truck with a Decision Tree Algorithm[J]. Mineral Resources Engineering，2002，11（3）：271～278.

[32]Rose M，Dan F，Tim D. et al. Aerodynamic Drag of Heavy Vehicles（Class 7～8）：Simulation and Benchmarking[C]. SAE Government Industry Meeting and Exposition，June，19～21，2000. Washington，USA，2000：21～26.

[33]黄立，唐华平，唐春喜,等.电动轮自卸车整车模态分析[J].矿山机械,2005,33(8)：28～29.

[34]Shrawan K. Vibration in Operating Heavy Haul Trucks in Overburden Mining[J]. Applied Ergonomics,2004,（35）：509～520.

[35]杜涛.矿用汽车振动系统优化设计[J].矿用汽车,1995,（1）：12～16.

[36]陈正杰，张怀亮，唐春喜，等.矿用 220×10⁴ N 自卸车结构分析与优化研究[J].机械科学与技术,2009,28(5)：572～576.

[37]李秋媚.基于 ADAMS 的自卸车作业稳定性分析[D].武汉：湖北工业大学,2009.

[38]仝令胜.协同优化理论及其在铰接式自卸车驱动桥设计中的应用[D].北京：北京科技大学,2008.

[39]常绿.矿用自卸汽车平顺性虚拟仿真技术及试验研究[J].金属矿山,2009,398(8)：97～ 100,129.

[40]陈玲，张文明，杨耀东.重型矿用汽车平顺性的研究现状[J].矿山机械,2004,（9）：49～51.

[41]Park S. Popov A. A. & Cole D J. Influence of soil deformation on off-road heavy vehicle suspension vibration [J]. Journal of Terramechanics,2004,（41）：41～68.

[42]Paquesa J. J. Durkab J. L. & Bourbonniere R. Practical Use of IEC 61508 and EN 954 for the Safety Evaluation of an Automatic Mining Truck [J]. Reliability Engineering and System Safety，1999，（66）：127～133.

[43]张云.大型电动轮自卸车的控制系统设计与研究[D].长沙：湖南大学,2006.

[44]刘俊艳.矿用汽车选型未确知评价模型及应用[D].武汉：武汉科技大学,2007.

[45]常绿，姜战平.矿用自卸汽车动力性和燃油经济性虚拟试验技术研究[J].金属矿山,2008,386(8)：92～95.

[46]Rubinstein D. Hitron R. A Detailed Multi-Body Model for Dy-

namic Simulation of Off-Road Tracked Vehicles. Journal of Terramechanics，2004，41：163～173.

[47]Yang Z. J. ，He Q H. & Liu B. Dynamic Characteristics of Hydraulic Power Steering System with Accumulator in Load-Haul-Dump Vehicle[J]. Journal of Central South University of Technology，2004，11(4).451～456.

[48]Els P. S. The Applicability of Ride Comfort Standards to Off-Road Vehicles[J] . Journal of Terram echanics,2005，42 :47～64 .

[49]张强. 矿用自卸汽车车架强度有限元分析及试验研究[D]. 长春：吉林大学，2005.

[50]杨钰，张文明，王国彪，等. 矿用汽车车架的强度分析[J]. 矿山机械,2003，(9)：17～18.

[51]杨而宁，高全峰. SGA3723 矿用自卸车特种支架有限元分析与结构改进[J]. 煤矿机械,2007，28(5)：138～140.

[52]秦昊，张强，李洲. SRT55 型矿用自卸车车架结构数值分析及优化[J]. 媒矿机械,2009，30(9)：103～105.

[53]杨春晖，罗维动. 85 吨矿用自卸车车架有限元分析及结构改进[J]. 冶金设备,2008，特刊(2)：5～7.

[54]万海如. SF3102C 型 108t 电动轮自卸车车架——后桥壳干涉问题的分析计算[J]. 矿用汽车,1997，(4)：12～18.

[55]陈华光. 电动轮自卸车车架模态分析[J]. 煤矿机械,2008，29(9)：82～84.

[56]杨春晖，罗维东. 矿用自卸车龙门梁形状拓扑优化设计及刚强度分析[J]. 矿山机械,2008，36(21)：50～52.

[57]张怀亮，朱文哲，陈正杰. 重型矿用自卸车车架强度分析[J]. 广西大学学报(自然科学版),2008，33(4)：387～390.

[58]杨忠炯，赵晓海，王宇奇. 重型矿用汽车车架模态分析及改进[J]. 机械传动,2009，33(3)：97～99.

[59]牛跃文. 基于 ANSYS 的矿用汽车车架有限元模态分析[J]. 煤矿机械,2007，28(4)：98～100.

[60]闫振华. 矿用自卸车车架静态及动态应力数值模拟研究[D]. 长春：吉林大学，2006.

[61]王军，马若丁，王继新，等. 矿用自卸车车架强度有限元分析[J]. 工程机械,2008，39：29～32.

[62]陈健美，鄂加强. 矿用自卸车车架焊接工艺研究[J]. 焊接技术,

2003，32（3）：47～48.

[63]陈健美，鄂加强. WCF－62 钢制造矿用自卸车车架的焊接可行性研究[J].煤矿机械，2002，（12）：31～32.

[64]李凯旋.矿用重型自卸车车架结构设计[J].矿山机械，1996，（3）：2～5.

[65]黄建程.一种矿用自卸宽体车车架结构的设计[J].装备制造技术.2011，（9）：56～58，70.

[66]姜桂荣，于敏之，张涛.双面卸矿用车车架强度试验研究[J].专用汽车，2002，（2）：31～33.

[67]王涛.矿用自卸车车架静动态性能分析[J].专用汽车.2010，（3）：54～55，57.

[68]张强.试论重型矿用汽车车架结构分析[J].矿用汽车，2003，（1）：25～29.

[69]刘伟，刘大维，陈焕明等.重型自卸汽车车架模态试验与分析[J].拖拉机与农用运输车，2008，35（6）：93～94.

[70]高光华，杨红普，郭海乐.矿用汽车车架结构分析[J].工程机械，2009，40（5）：40～43.

[71]万长东.基于有限元方法的车架模态分析[J].机械工程师，2009，（7）：104～105.

[72]牛跃文.识别车架动态性能的有效手段——矿用汽车车架有限元模态分析[J].MC 现代零部件，2007，（6）：86～87.

[73]于蓬，张为春，戴成.某矿用自卸车车架的有限元模态分析研究[J].矿山机械.2010，38（9）：49～51＋126.

[74]万海如，唐新蓬.矿用自卸车车架与后桥壳之间干涉的分析[J].专用汽车，2001，（2）：16～18.

[75]杨锁望，韩愈琪，杨珏.矿用自卸车驱动桥壳结构分析与改进设计[J].专用汽车，2005，（1）：21～23.

[76]张磊，郭耀斌. SGA3723 45t 矿用自卸车驱动桥的强度分析[J].现代制造技术与装备，2007，178（3）：36～40.

[77]邓勋，张文明.基于 ANSYS 的电动轮桥壳结构强度分析和设计[J].煤矿机械，2008，29（7）：15～17.

[78]王翠凤.矿用自卸车后桥强度有限元分析[D].长春：吉林大学，2005.

[79]梁小波.电动轮自卸车后桥强度研究[J].矿用汽车，1998，（4）：14～16.

[80]张兆刚，赵艳华.矿用汽车后桥壳断裂焊接工艺探讨与实践[J].辽宁科技学院学报,2008，10(3)：26～27.

[81]张国经.WZ3900—50t 矿用车后桥桥壳的研制[J].江苏冶金，1999，(1)：28～29.

[82]王继新，郝万军，杨芙蓉，等.矿用自卸车 A 型架有限元分析[J].矿山机械,2008，36(17)：37～40.

[83]Baggerly R. G. Failure of steel castings welded to heavy truck axles[J]. Engineering Failure Analysis,2004，(11) :115～125 .

[84]Lei L. P. Kim J. & Kang B. S. Analysis and Design of Hydroforming Process for Automobile Rear Axle Housing by FEM. International Journal of Machine Tools and Manufacture, 2000, 40 (12) : 1691～1708.

[85]Park C. Lim J Y. & Hwang B. B. A Process-Sequence Design Of An Axle-Housing By Cold Extrusion Using Thick-Walled Pipe. Journal of Materials Processing Technology,1998，75：33～44.

[86]Steven W. , Bradley & Walter L. et al. Analysis of Failure of Axle Housing of Crane Truck with Fracture Mechanics[J] . Engineering Failure Analysis, 1995, (4) :233～246 .

[87]胡顺安，宋建平.基于设计 FMEA 的矿用车桥壳有限元分析[J].重型汽车.2010，(5)：17～18.

[88]常健.SH3603－32t 矿用车后桥壳强度计算[J].专用汽车,1995，(2)：23～29.

[89]陈家骅.SF33900 重型矿山电动轮自卸车前桥结构改进及整车性能分析[D].长沙：湖南大学，2008.

[90]Poh K. W. , Dayawansa P. H. & Dickerson A W, et al. Steel Membrane Floors For Bodies Of Large Rear-Dump Mining Trucks . Finite Elements in Analysis and Design, 1999, (32)：141～161.

[91]于庆豪，冯雅丽，张文明，等.SGA3723 矿用汽车货箱的强度分析[J].煤矿机械,2007，28(3)：7～9.

[92]郭玉前.矿用自卸车翻车和落物保护装置性能研究[D].长春：吉林大学，2003.

[93]孙士平，王菲茹，朱贤银，等.矿用自卸车车斗结构分析与改进[J].矿山机械.2010，38 (13)：37～41.

[94]石金鹏，杨祖一.SGA3723 矿用汽车货箱轻量化设计的实现[J].金属矿山,2009，398(8)：111～113＋129.

[95]陈伟光,许和平,卢汉奎,等.考虑物料撞击的矿用车车厢结构分析与轻量化设计[J].企业科技与发展.2011,310(16):24～27.

[96]任学平,王美,高耀东.矿石冲击载荷作用下矿用车车厢的强度分析[J].工程机械,2009,40:32～34.

[97]金华明,闫军利,冯明.矿用车车厢支撑系统受矿石冲击载荷作用的研究[J].矿山机械,2009,37(15):42～45.

[98]邓庚发.基于 Unigraphics 的耐磨橡胶垫车斗结构优化设计[D].赣州:江西理工大学,2009.

[99]赵运才,邓庚发,高彩云.基于 UG 的电动轮橡胶垫车斗底架有限元分析[J].煤矿机械,2009,30(9):110～112.

[100]张万民,高杰,李发奎,等.自卸汽车车厢设计要点[J].重型汽车,1998,47(4):10～11.

[101]李鹏南,李爱军,张东民.矿用自卸车车斗的设计及参数化实现[J].矿山机械,2003,(5):18～20.

[102]冯明,董明鹤,闫军利,等.浅谈电动轮矿车车厢现场焊接[J].现代焊接,2009,84(12):50～51.

[103]张婧,石博强,张利,等.钢制膜板式货厢的底板动态性能分析[J].矿山机械.2010,38(3):33～36.

[104]张九明,曹建兴.矿车车箱的失效分析及对策[J].煤矿机械,2003,(7):35～36.

[105]王晋生,陈丽中,郑春刚.矿山自卸卡车车斗耐磨件修复工艺[J].大型铸锻件,2005,108(2):28～29.

[106] 杨耀东,陈玲,张文明.重型矿用汽车货厢尾部销轴磨损分析[J].矿山机械.2010,38(3):37～40.

[107]周德成.矿用自卸汽车油气悬挂系统动力学仿真及试验研究[D].长春:吉林大学,2005.

[108]Elbeheiry E M, Karnopp D C. Advanced Ground Vehicle Suspension System Classified Bibliography . Vehicle System Dynamics,1995,24:231～258.

[109] Sharp R S, Crolla D A. Road Vehicle Suspension System Design Review . Vehicle System Dynamics, 1987, 16 (2):167～192.

[110]周顺.25 吨矿用汽车油气悬挂的设计分析[J].矿用汽车,2008,(2):2～5.

[111]Daniel F, Rolf I. Mechatronic Semi-Active and Active Vehicle Suspensions [J]. Control Engineering Practice, 2004, (12):1353～1367.

[112]曹瑞元.矿用汽车油气悬架系统动力学性能研究[D].太原：太原理工大学,2010.

[113]甄龙信,张文明,程立军,等.SGA3550矿用汽车油气悬架刚度和阻尼的优化计算[J].起重运输机械,2004,(11)：20～22.

[114]甄龙信,王国彪,张顺堂.SGA3722矿用汽车舒适性差的原因和解决方法[J].机床与液压,2005,(4)：179～181.

[115]Yabuta K.，Hidaka K. & Fukushima N. Effects of Suspension on Vehicle Riding Comfort. Vehicle System Dynamics，1981，(10)：85～88.

[116]徐乃镗.BJZ3900型50吨矿用自卸汽车油气悬挂的设计[J].矿用汽车,2006,(1)：16～19.

[117]徐乃镗.矿用自卸汽车后油气悬挂与A型架轴承不同工况时的受力分析[J].矿用汽车,2008,(4)：16～18.

[118]彭京城,万海如.矿用电动轮自卸车前桥悬架系统定位参数的优化[J].煤矿机械,2006,27(6)：16～18.

[119]Baumal A. E.，McPhee J. J. & Calamai P H. Application of Genetic Algorithms to the Design Optimization of an Active Vehicle Suspension System. Computer Methods in Applied Mechanics and Engineering，1998，163 (1～4)：87～94.

[120]张大荣.首钢SGA3550矿用自卸汽车传动轴及油气悬挂的设计和构造[J].矿用汽车,2003,(4)：41～43.

[121]张宏.矿用汽车减振平衡蓄能器多态性能的研究[J].煤炭学报.2010,35(9)：1566～1570.

[122]王智明,王国强,陈贵生.基于ADAMS的自卸车油气悬挂系统动态特性仿真与试验[J].矿山机械,2004,(2)：22～25.

[123]韩愈琪.基于ADAMS的路面激励下矿用汽车驱动桥动载荷分析[J].矿山机械,2005,33(12)：34～37.

[124]Els P. S. & Uys P. E. Investigation of the Applicability of the Dynamic Optimisation Algorithm to Vehicle Suspension Design[J]. Mathematical and Computer Modelling,2003,37：1029～1046.

[125]王欣,蔡福海,高顺德.车辆油气悬架技术现状与发展趋势[J].建筑机械,2007,1(上半月刊)：58～61.

[126] Articulated Trucks，Off-Highway Trucks，Mining Trucks [EB / OL]. https：// mining. cat. com / products / surface-mining.

[127] Liebherr Group [EB / OL]. http://www. liebherr. com/en-

GB/default_lh. wfw.

[128] About Terex [EB / OL]. http：// www. terex. com / main. php.

[129] Komatsu Ltd. . [EB / OL]. http：//www. komatsu. com.

[130] Hitachi. [EB / OL]. http：//www. hitachi-c-m. com/cn.

[131] Belaz about. [EB / OL]. http：//www. belaz. by/en.

[132] Inner Mongolia North Hauler Joint Stock Co. , Ltd. [EB / OL]. http：//www. chinanhl. com.

[133] Beijing Zhonghuan Kinetics Heavy Vehicles Co. , Ltd. [EB / OL]. http：//www. chinabzk. com.

[134] Shougang Mining Corp. [EB / OL]. http：//www. sgmining. com/sgky-kycc. htm.

[135] Beitai Iron & Steel Group Co. , Ltd [EB / OL]. http：//www. bxsteel. com/btsteel/docc/cp01. htm.

[136] Xiangtan Electric Manufacturing Group [EB / OL]. http：// www. xemc. com. cn.

[137] 别拉斯矿用自卸汽车中国总经销商 [EB / OL]. http：//www. belaz. com. cn.

[138] Komatsu(China) Ltd. [EB / OL]. http：//www. komatsu. com. cn/group/zh-cn.

[139] Qinhuangdao Tianye Tolian Heavy Industry Co. , Ltd. [EB / OL]. http：//www. ttmac. cn/en.

[140] Shaanxi Tonly Heavy Industries Co. , Ltd. [EB / OL]. http：// www. sntonly. com/English.

[141] Zhengzhou Yutong Heavy Industries Co. , Ltd. [EB / OL]. http：//www. yutonghi. com.

[142] YTo（Luoyang）Shentong Corporation Machinery Ltd. [EB/ OL]. http：//www. ytshentong. com.

[143] Taian Aerospace Special Vehicle Co. , Ltd. [EB/OL]. http：// www. tasv. cn/hangtianen.

[144] Sany Group [EB/OL]. http：//www. sanygroup. com/group/en-us.

[145] CNHTC Jinan Special Vehicle Co. , Ltd. [EB/OL]. http：// www. sinosptruck. com/en.

[146] Hubei Sanjiang Space Wanshan Special Vehicle Co. , Ltd. [EB/ OL]. http：//www. wstech. com. cn/en.

[147] 吴融华.超重型矿用自卸汽车性能结构特征综述[J].汽车与配件,2006,43(10):40~41.

[148] White J W, Olson J P. On Improving Truck/Shovel Productivity in Open Pit Mines [J]. CIM Bulletin,1993 (9):45~51.

[149] 黄平.现代设计理论与方法[M].北京:清华大学出版社,2010.

[150] David E. K. Hydraulic Brake Systems and Components for Off-Highway Vehicles and Equipment [J]. Proceedings of the International Fluid Power Applications Conference,1992,(3):23~32.

[151] Els P. S. , Uys P. E. & Snyman J. A, et al. Gradient-Based Approximation Methods Applied to the Optimal Design of Vehicle Suspension Systems Using Computational Models with Severe Inherent Noise[J]. Mathematical and Computer Modeling, 2006, 43 (7~8):787~801.

[152] 徐乃镗.矿用自卸汽车举升机构设计[J].矿用汽车,2008,(1):6~10.

[153] 杨风.矿用汽车轮胎的正确使用及保养[J].包钢科技,2003,29(5):64~65,30.

[154] 李凯旋.矿用重型自卸车车架结构设计[J].矿山机械,1996,(3):2~5.

[155] Baggerly R G. Failure of steel castings welded to heavy truck axles[J]. Engineering Failure Analysis,2004,(11):115~125.

[156] 贵州轮胎股份有限公司,河南轮胎股份有限公司.GB/T 2980-2001/ISO 4250-1:1996/ ISO 4250-2:1995 工程机械轮胎规格、尺寸、气压与负荷[S]// 全国轮胎轮辋标准化技术委员会.中华人民共和国国家标准,2002.

[157] 王兴业.复合材料力学分析与设计[M].湖南:国防科技大学出版社,1999:98~117.

[158] 胡林,谷正气,黄晶,等.30.00R51 子午线轮胎刚度仿真[J].系统仿真学报,2008,20(8):2210~2214.

[159] 彭莫,宫春峰.汽车轮胎的径向刚度[J].天津汽车,1994,(3):16~19.

[160] 冯庆东,帅健,许葵,等.220t 矿用自卸汽车动力学研究[J].郑州大学学报(工学版).2011,32(6):83~87.

[161] 洪嘉振.计算多体系统动力学[M].北京:高等教育出版社,1999.

[162] 维滕伯格著;谢传锋译.多刚体系统动力学[M].北京:北京航

空学院出版社，1986.

[163] Lilov L. & Lorer M. Dynamic Analysis of Mult-Body System Based on the Gauss Principle[J]. ZAMM, 1982: 1342~1353.

[164] 陆佑方. 柔性多体系统动力学[M]. 北京: 高等教育业出版社,1996.

[165] Schwertasek R. & Roberson R. E. Dynamics of Multibody System[J]. Springer-Verlag, 1986: 602~608.

[166] Ryan R R. SDIO/NASA Workshop on Multibody Dynamist [J]. California, 1987: 162~168.

[167] Bianchi G. & Shiehlen W. Dynamisc of Multibody System[M]. Berlin: Springer-Verlag, 1986.

[168] Ahmed A. Shabana. Dynamisc of Multibody System-3rd ed [M]. England: Cambridge University Press, 2004.

[169] Schiehlen W. Multibody System Handbook [M]. Berlin: Springer-Verlag, 1990.

[170] 洪嘉振等. 多体系统动力学——理论、计算方法和应用[M]. 上海: 上海交通大学出版社,1992.

[171] 刘延柱等. 多刚体系统动力学[M]. 北京: 高等教育出版社, 1989.

[172] [美]R. 罗森伯. 离散系统分析动力学[M]. 北京: 人民教育出版社, 1981.

[173] Hooker W. W. Equation of Motion for lntelconnected Rigid and Elastic Bodies[J]. Celestial Mechanics, 1975; (11): 1124~1140.

[174] Singh R. P. , Vander Voort R. J. & Links P W. Dynamics of Flexble Bodies in Tree Topology-A Computer-Oriented Approach[J]. Guidance and Control, 1985, (8): 646~665.

[175] 詹文章. 汽车独立悬架多体系统动力学仿真及转向轮高速摆振研究[D]. 吉林: 吉林大学, 2000, (12): 1~8.

[176] 张越今. 汽车多体动力学及计算机仿真[M]. 吉林: 吉林科学技术出版社, 1998.

[177] Shabana A. A. Dynamisc of Multibody system [M]. Wiley. 1989.

[178] 万海如, 唐新蓬, 段家典. 重型矿用电动轮自卸车的现状和发展趋势[J]. 汽车工业研究,2001, (4): 16~22.

[179] 南京汽车研究所, 郑州机械研究所. GB/T 7031-2005/ISO

8608:1995 机械振动 道路路面谱测量数据报告[S]//中国国家标准化管理委员会.中华人民共和国国家标准,2005.

[180] 张永林,钟毅芳.车辆路面不平度输入的随机激励时域模型[J].农业机械学报,2004,35(2):28~29.

[181] 张立军.车辆非平稳行驶动力学及控制研究[D].沈阳:东北大学机械工程与自动化学院,2006.

[182] 姚起杭,姚军.工程结构的振动疲劳问题[J].应用力学学报,2006,23(1):12~15.

[183] 曾春华,邹十践.疲劳分析方法及应用[M].北京:国防工业出版社,1991.

[184] 徐灏.疲劳强度设计[M].北京:机械工业出版社,1981.

[185] 高镇同.疲劳应用统计学[M].北京:国防工业出版社,1986.

[186] 姚卫星.结构疲劳寿命分析[M].北京:国防工业出版社,2003.

[187] 中国汽车技术研究中心汽车标准化研究所.QC/T 75-1998 矿用自卸汽车定型试验规程[S] //国家机械工业司.中华人民共和国汽车行业标准,1998.

[188] 肖永清,杨忠敏.汽车的发展与未来[M].北京:化学工业出版社,2004:265~284.

[189] Feng Q. D. , Shuai J. & Jiao Z. L. , et al. The Automation Control System of Mining Truck[C]. 2010 International Conference on Future Information Technology, December, 14~15, 2010. Changsha, China, 2010 (V2):392~396.

[190] Caterpillar. CAT 797B Mining Truck Specifications[G]. USA: Caterpillar, 2007.

[191] Todd R. Evaluation of a Radar-based Proximity Warning System for off-Highway Dump Trucks[J]. Accident Analysis and Prevention, 2006, (38):92~98.

[192] White J. W. & Zoschke L. T. Development of a Computerized Truck Dispatching System[J]. Mining Magazine. 1987, 157 (6):558~562.

[193] White J. W. & Olson J. P. Computer Based Dispatching in Mines with Concurrent Operating Objectives[J]. Mining Engineering, 1986, 38 (11):1045~1053.

[194] Gu Q. H. , Lu C. W. & Li F. B. , et al. Monitoring Dispatch Information System of Trucks and Shovels in an Open Pit Based on GIS/GPS/GPRS[J]. Journal of China University of Mining & Technology,

2008，(18)：0288～0292.

[195] Feng Q. D. , Xiong L. J. & Li X. X. , et al. The Safety Monitoring Alarm System of Mining Truck[C]. 2010 International Conference on Information Security and Artificial Intelligence，December，17～19，2010. Chengdu, China, 2010 (V3)：600～603.

[196] 张琴琴，孙勇，杨建宏. CAN 总线技术在工程机械监控系统中的应用[J]. 洛阳工业高等专科学校学报，2007，17 (1)：11～14.

[197] 沈孝芹，王积永，于复生，等. 基于 U 盘存储的塔机安全数据记录仪的研制[J]. 中国工程机械学报，2008，6 (2)：249～252.

[198] Feng Q. D. , Shuai J. , Yin Y. J. , et al. The Safety Monitoring Warning System of Mining Dump Truck[J]. Advanced Materials Research，2012，Volume (403～408)：3828～3833.

[199] Stéphane A. & Michel G. Overview of Solution Strategies Used in Truck Dispatching Systems for Open Pit Mines[J]. International Journal of Surface Mining, Reclamation and Environment,2002，16(1)：59～76.

[200] Yosoon C. , Parka H. D. & Choon S. , et al. Multi-criteria Evaluation and Least-cost Path Analysis for Optimal Haulage Routing of Dump Trucks in Large Scale Open-pit Mines[J]. International Journal of Geographical Information Science,2009，23(12)：1541～1567.

[201] 聂启祥，方源敏，左小清. 基于 GIS/GSM/GPS 的车辆监控系统的设计与实现[J]. 地矿测绘，2007，23 (3)：11～12,16.

[202] Newman A. M. , Rubio Enrique & Caro Rodrigo, et al. A Review of Operations Research in Mine Planning[J]. Interfaces. 2010，40 (3)：222～245.

[203] Forsman B, Rönnkvist E. & Vagenas N. Truck Dispatch Computer Simulation in Aitik Open Pit Mine[J]. International Journal of Surface Mining, Reclamation and Environment,1993，7(3)：117～120.

[204] 王英博，魏丽君，赵志广. GPS 技术在露天运输系统中的应用[J]. 辽宁工程技术大学学报，2006，25 (5)：744～747.

[205] Mohan M. , Jon C. & Yingling, et al. A Review of Computer-based Truck Dispatching Strategies for Surface Mining Operations[J]. International Journal of Surface Mining, Reclamation and Environment, 1994，8(1)：1～15.

[206] Mark G. Heuristic Approaches for Mine Planning and Production Scheduling[J]. International Journal of Mining and Geological Engi-

neering，1987，5(1)：1~13.

[207] John R. & Sturgula. Using Exact Statistical Distributions for Truek Shovel Simulation Studies[J]. International Journal of Surface Mining，Reclamation and Environment，1992，6(3)：137~139.

附录 A　国外六大品牌刚性矿用汽车系列及主要技术参数

表 A-1　卡特彼勒刚性矿用汽车系列及其主要技术参数

型号	CAT 770	CAT 772	CAT 773D
外廓：长×宽×高(mm)	9020 * 4780 * 4195	8740 * 4780 * 4265	9120 * 5076 * 4393
轴距(mm)/传动方式	3960/机械传动	3960/机械传动	4191/机械传动
轮距：前/后(mm)	3110/2536	3165/2652	3275/2927
前悬/后悬(mm)	2465/2595	2175/2605	2147/2782
最小离地间隙(m)	508	560	591
车厢容积(m³)-2:1堆装	25.1	31.3	35.2
最小转弯直径(m)/转向角	36.2/40°	39.2/36°	25/31°
发动机型号	Cat® C15 ACERT™	Cat® C18 ACERT™	Cat® 3412E
发动机排量(L)	15.2	18.1	27.0
总功率：kw(HP)/rpm	381(511)/1800	446(598)/1800	509(682)/2000
最大扭矩(N.m/rpm)	2320/1300	2696/1300	2314/1300
轮胎规格	18.00R33 (E4)	21.00R33 (E4)	24.00R35 (E4)
额定装载质量(kg)	36300	45000	54100
标准配置总质量(kg)	71214	82100	99340
满载最高车速(km/h)	74.8	79.7	62.2
挡位	前7倒1	前7倒1	前7倒1
型号	CAT 773F	CAT 775F	CAT 777F
外廓：长×宽×高(mm)	10249 * 5425 * 4460	10334 * 5392 * 4430	10535 * 6494 * 5170
轴距(mm)/传动方式	4215/机械传动	4215/机械传动	4560/机械传动
轮距：前/后(mm)	3205/2929	3205/2929	4050/3576
前悬/后悬(mm)	3285/2749	3282/2837	2913/3062
最小离地间隙(m)	675	675	864
车厢容积(m³)-2:1堆装	35.6	41.9	60.2

续表

型号	CAT 773F	CAT 775F	CAT 777F
最小转弯直径(m)/转向角	26.1/31°	26.1/31°	25.3/30.5°
发动机型号	Cat® C27 ACERT™	Cat® C27 ACERT™	Cat® C32 ACERT™
发动机排量(L)	27.0	27.0	32.1
总功率：kw(HP)/rpm	552(740)/1800	587(787)/1800	758(1016)/1800
最大扭矩(N.m/rpm)	3399/1300	3501/1300	4716/1300
轮胎规格	24.00R35 (E4)	24.00R35 (E4)	27.00R49 (E4)
额定装载质量(kg)	60000	70000	90700
标准配置总质量(kg)	100698	109770	163293
满载最高车速(km/h)	67.4	67.4	64.5
挡位	前 7 倒 1	前 7 倒 1	前 7 倒 1
型号	CAT 785D	CAT 789C	CAT 793D
外廓：长×宽×高(mm)	11548 * 6640 * 5679	12177 * 7674 * 6150	12862 * 7680 * 6494
轴距(mm)/传动方式	5180/机械传动	5700/机械传动	5905/机械传动
轮距：前/后(mm)	4850/4285	5430/4622	5610/4963
前悬/后悬(mm)	2958/3410	2860/3617	3185/3772
最小离地间隙(m)	987	1173	1005
车厢容积(m³) - 2∶1 堆装	85.0	105.0	129.0
最小转弯直径(m)/转向角	33.2/36°	30.2/36°	32.66/36°
发动机型号	Cat® 3512C HD	Cat 3516B EUI	Cat 3516B HD EUI
发动机排量(L)	58.56	69.0	78.0
总功率：kw(HP)/rpm	1082(1450)/1800	1417(1900)/1750	1801(2415)/1750
最大扭矩(N.m/rpm)	6776/1100	9001/1200	11752/1200
轮胎规格	33.00R51 (E3 & E4)	37.00R57 (E4)	40.00R57
额定装载质量(kg)	143000	177000	218000
标准配置总质量(kg)	249476	317515	383749
满载最高车速(km/h)	54.8	52.6	54.3
挡位	前 6 倒 1	前 6 倒 1	前 6 倒 1

型号	CAT 793F	CAT 797B	CAT 797F
外廓：长×宽×高(mm)	13702 * 8295 * 6603	14530 * 9154 * 7584	15080 * 9755 * 7709
轴距(mm)/传动方式	5905/机械传动	7200/机械传动	7195/机械传动
轮距：前/后(mm)	5630/4963	6512/6233	6534/6233
前悬/后悬(mm)	3540/4257	3314/4016	3941/3944
最小离地间隙(m)	990	869	786
车厢容积(m³) - 2：1 堆装	142.0	212.0	240.0
最小转弯直径(m)/转向角	33.0/36°	40.5/39°	42.0/40°
发动机型号	Cat® C175 −16	Cat® 3524B EUI	Cat® C175 −20
发动机排量(L)	85.0	117.1	106.0
总功率：kw(HP)/rpm	1976(2650)/1750	2648(3550)/1750	2983(4000)/1750
最大扭矩(N.m/rpm)	−/−	17218/1200	−/−
轮胎规格	40/80R57	59/80R63	59/80R63
额定装载质量(kg)	226800	345000	363000
标准配置总质量(kg)	386007	623690	623690
满载最高车速(km/h)	60.0	67.6	67.6
挡位	前 6 倒 1	前 7 倒 1	前 7 倒 1

表 A-2　特雷克斯刚性矿用汽车系列及其主要技术参数

型号	TEREX TR35	TEREX TR45	TEREX TR60
外廓：长×宽×高(mm)	7950 * 4000 * 3865	8700 * 4630 * 4245	9130 * 5000 * 4440
轴距(mm)/传动方式	3605/机械	3940/机械	4170/机械
轮距：前/后(mm)	2800/2400	3325/2710	3320/2900
前悬/后悬(mm)	2220/2125	2350/2410	2360/2600
最小离地间隙(m)	450	450	600
车厢容积(m³) - 2：1 堆装	19.4	26.0	35.0
最小转弯直径(m)/转向角	17.6/42°	21.0/39°	21.2/39°
发动机型号	Cummins QSM11 −C400E	Cummins QSK19 −C525	Cummins QSK19 −C650
发动机排量(L)	10.8	18.9	18.9

续表

型号	TEREX TR35	TEREX TR45	TEREX TR60
总功率：kw(HP)/rpm	298(400)/2100	392(525)/2100	485(650)/2100
最大扭矩(N.m/rpm)	1899/1400	2441/1300	3085/1300
轮胎规格	18.00－25（E3）	21.00－35	24.00－35
额定装载质量(kg)	31750	40825	54430
标准配置总质量(kg)	55475	77960	95680
满载最高车速(km/h)	59.0	65.0	57.5
挡位	前5倒1	前6倒2	前6倒2
型号	TEREX TR70	TEREX TR100	TEREX MT 3300AC
外廓：长×宽×高(mm)	9905 * 5300 * 4570	10820 * 5935 * 4850	12300 * 7100 * 6400
轴距(mm)/传动方式	4470/机械	4570/机械	5300/交流电动
轮距：前/后(mm)	3660/2995	3760/3420	5200/4350
前悬/后悬(mm)	2490/2945	3150/3100	3100/3900
最小离地间隙(m)	610	755	611
车厢容积(m³)－2∶1堆装	41.5	57.0	90.0
最小转弯直径(m)/转向角	22.4/42°	25.3/39°	25.4/—
发动机型号	Detroit Diesel MTU 12V－2000TA	Detroit Diesel MTU 16V－2000TA DDEC	Cummins QSK45, MTU/DDC 12V4000
发动机排量(L)	24.0	31.9	45.0,48.8
总功率：kw(HP)/rpm	567(760)/2100	783(1050)/2100	1398(1875)/1900, 1398(1875)/1900
最大扭矩(N.m/rpm)	3118/1200	4630/1350	6836/1300,7612/1500
轮胎规格	24.00R35	27.00－49（E4）	33.00R51
额定装载质量(kg)	65000	90720	136000
标准配置总质量(kg)	112690	157720	251701
满载最高车速(km/h)	57.0	48.5	64.0
挡位	前6倒2	前6倒1	前6倒2
型号	TEREX MT 3600B	TEREX MT 3700AC	TEREX MT 4400AC
外廓：长×宽×高(mm)	13100 * 7300 * 6800	13100 * 7300 * 6900	14800 * 8000 * 7300

220t 矿用自卸汽车的设计计算及应用研究

续表

型号	TEREX MT 3600B	TEREX MT 3700AC	TEREX MT 4400AC
轴距(mm)/传动方式	5500/直流电动	5600/交流电动	6400/交流电动
轮距：前/后(mm)	5500/4300	5400/4700	6300/5200
前悬/后悬(mm)	3600/4000	3600/3800	4100/4300
最小离地间隙(m)	640	720	780
车厢容积(m³) - 2∶1堆装	111.0	123.0	144.0
最小转弯直径(m)/转向角	27.8/—	27.2/—	30.3/—
发动机型号	Cummins QSK45, Detroit D 12V4000	Cummins QSK50, MTU/DDC 16V4000	Cummins QSK60, MTU/DDC 16V4000
发动机排量(L)	45.0, 48.8	50.25, 65.0	60.0, 65.0
总功率：kw(HP)/rpm	1491(2000)/1900, 1510(2025)/1900	1492(2000)/1900, 1715(2300)/1900	2014(2700)/1900, 2014(2700)/1900
最大扭矩(N.m/rpm)	6836/1400, 8200/1500	7871/1500, 10930/1500	9843/1500, 10930/1500
轮胎规格	36.00R51	40.00R57	50/80R57
额定装载质量(kg)	172000	186000	218000
标准配置总质量(kg)	297785	335600	392290
满载最高车速(km/h)	56.4	64.0	64.0
挡位	前6倒2	前6倒2	前6倒2
型号	TEREX MT 5500AC	TEREX MT 6300AC	TEREX BD 270
外廓：长×宽×高(mm)	15160 * 9450 * 7670	15570 * 9700 * 7920	27440 * 7400 * 6200
轴距(mm)/传动方式	6650/交流电动	6650/交流电动	6350＋15790/交流电动
轮距：前/后(mm)	7040/5820	7040/5940	5500/4070
前悬/后悬(mm)	4110/4400	4220/4700	3600/1700
最小离地间隙(m)	870	910	580
车厢容积(m³) - 2∶1堆装	185.0	215.0	170.0
最小转弯直径(m)/转向角	32.4/—	32.3/—	27.8/—
发动机型号	Cummins QSK60, MTU/DDC 16V4000	MTU/DDC 20V4000	Cummins QSK45, Detroit D 12V4000
发动机排量(L)	60.0, 65.0	78.0	45.0, 48.8

续表

型号	TEREX MT 5500AC	TEREX MT 6300AC	TEREX BD 270
总功率：kw(HP)/rpm	2014(2700)/1900，2014(2700)/1900	2796(3750)/1900	1491(2000)/1900，1510(2025)/1900
最大扭矩(N.m/rpm)	9843/1500，10930/1500	13771/1500	6836/1400，8200/1500
轮胎规格	56/80R63	59/80R63	36.00-51
额定装载质量(kg)	326000	363000	245000
标准配置总质量(kg)	543311	603288	433016
满载最高车速(km/h)	65.0	64.0	64.0
挡位	前6倒2	前6倒2	前6倒2

表 A-3 利渤海尔刚性矿用汽车系列及其主要技术参数

型号	LIEBHERR T252	LIEBHERR T262	LIEBHERR TI 272
外廓：长×宽×高(mm)	13300 * 7500 * 6400	13300 * 7400 * 6700	13700 * 8200 * 6600
轴距(mm)/传动方式	5800/直流电动	6100/直流电动	6100/交流电动
轮距：前/后(mm)	5900/4800	6100/4900	6600/4300
前悬/后悬(mm)	3440/4060	3400/4100	3500/4100
最小离地间隙(m)	760	790	580
车厢容积(m³)-2:1堆装	108.0	119.0	156.0
最小转弯直径(m)/转向角	—/—	28.5/—	—/—
发动机型号	Cummins QSK45	Detroit Diesel MTU 16V4000	Detroit Diesel MTU 16V4000
发动机排量(L)	45.0	65.0	65.0
总功率：kw(HP)/rpm	1491(2000)/1900	1864(2500)/1900	1939(2600)/1900
最大扭矩(N.m/rpm)	5805/1500	10930/1500	10930/1500
轮胎规格	37.00R57	40.00R57	50/80R57
额定装载质量(kg)	183000	218000	272000
标准配置总质量(kg)	331000	390000	428000
满载最高车速(km/h)	51.0	51.0	68.0
挡位	前6倒2	前6倒2	前6倒2

续表

型号	LIEBHERR TI 274	LIEBHERR T282B	LIEBHERR T282C
外廓：长×宽×高(mm)	13700 * 8300 * 6600	15600 * 9520 * 7840	15690 * 9679 * 8294
轴距(mm)/传动方式	6100/交流电动	6550/交流电动	6553/交流电动
轮距：前/后(mm)	6600/4300	7350/5610	7301/5593
前悬/后悬(mm)	3500/4100	4720/4330	4445/4691
最小离地间隙(m)	580	530	697
车厢容积(m³) - 2：1 堆装	170.0	218.0	218.0
最小转弯直径(m)/转向角	—/—	34.4/—	36.9/—
发动机型号	Detroit Diesel MTU 16V4000	Cummins QSK 78	MTU DD 20V4000 Tier II
发动机排量(L)	65.0	77.6	95.4
总功率：kw(HP)/rpm	2238(3000)/1900	2610(3500)/1900	2800(3750)/1800
最大扭矩(N. m/rpm)	10930/1500	13771/1500	13771/1500
轮胎规格	50/80R57	56/80R63	59/80R63
额定装载质量(kg)	290000	363000	363000
标准配置总质量(kg)	460000	592000	600000
满载最高车速(km/h)	64.0	64.0	64.0
挡位	前 6 倒 2	前 6 倒 2	前 6 倒 2

表 A-4 小松刚性矿用汽车系列及其主要技术参数

型号	KOMATSU HD255−5	KOMATSU HD325−6	KOMATSU HD325−7, KOMATSU HD325−7R
外廓：长×宽×高(mm)	7390 * 3975 * 3590	8365 * 4525 * 4150	8465 * 4760 * 4150
轴距(mm)/传动方式	3600/机械传动	3750/机械传动	3750/机械传动
轮距：前/后(mm)	2700/2235	3150/2550	3150/2550
前悬/后悬(mm)	1650/2140	1985/2630	1985/2730
最小离地间隙(m)	525	530	530
车厢容积(m³) - 2：1 堆装	17.7	24.0	24.0
最小转弯直径(m)/转向角	14.0/43°	14.4/43°	14.4/43o

续表

发动机型号	KOMATSU SAA6D125E-3	KOMATSU SAA6D140E-3	KOMATSU SAA6D140E-5
发动机排量(L)	11.04	15.23	15.24
总功率: kw(HP)/rpm	241(323)/2100	379(508)/2000	386(518)/2000
最大扭矩(N.m/rpm)	1375/1400	2167/1400	2167/1400
轮胎规格	16.00-25-28PR	18.00-33-28PR	18.00-33-32PR
额定装载质量(kg)	25000	32000	32000
标准配置总质量(kg)	47525	60775	63680
满载最高车速(km/h)	47.0	70.0	70.0
挡位	前6倒1	前7倒1	前7倒1
型号	KOMATSU HD405-6/7, KOMATSU HD405-7R	KOMATSU HD465-7	KOMATSU HD465-7R, KOMATSU HD465-7EO
外廓: 长×宽×高(mm)	8465*4760*4150	9355*5395*4400	9355*5395*4400
轴距(mm)/传动方式	3750/机械传动	4300/机械传动	4300/机械传动
轮距: 前/后(mm)	3150/2550	3515/3080	3515/3080
前悬/后悬(mm)	1985/2730	1985/3070	1985/3070
最小离地间隙(m)	530	580	580
车厢容积(m^3)-2:1堆装	27.3	34.2	34.2
最小转弯直径(m)/转向角	14.4/43°	17.0/39°	17.0/39°
发动机型号	KOMATSU SAA6D140E-5	KOMATSU SAA6D170E-3	KOMATSU SAA6D170E-5
发动机排量(L)	15.24	23.15	23.15
总功率: kw(HP)/rpm	386(518)/2000	551(739)/2000	551(739)/2000
最大扭矩(N.m/rpm)	2167/1400	3253/1600	3253/1600
轮胎规格	18.00R33	24.00-35-36PR	24.00-35-36PR
额定装载质量(kg)	41000	55000	55000
标准配置总质量(kg)	74480	98800	99680
满载最高车速(km/h)	70.0	70.0	70.0
挡位	前7倒1	前7倒1	前7倒1

续表

型号	KOMATSU HD605−7	KOMATSU HD605−/7R, KOMATSU HD605−7EO	KOMATSU HD785−5, KOMATSU HD785−7
外廓：长×宽×高(mm)	9355 * 5395 * 4400	9355 * 5395 * 4400	10290 * 6885 * 5050
轴距(mm)/传动方式	4300/机械传动	4300/机械传动	4950/机械传动
轮距：前/后(mm)	3515/3080	3515/3080	4325/3500
前悬/后悬(mm)	1985/3070	1985/3070	2150/3190
最小离地间隙(m)	610	610	690
车厢容积(m³)-2∶1堆装	40.0	40.0	60.0
最小转弯直径(m)/转向角	17.0/39°	17.0/39°	20.2/41°
发动机型号	KOMATSU SAA6D170E−3	KOMATSU SAA6D170E−5	KOMATSU SAA12V140E−3
发动机排量(L)	23.15	23.15	30.48
总功率：kw(HP)/rpm	551(739)/2000	551(739)/2000	895(1200)/1900
最大扭矩(N.m/rpm)	3322/1600	3322/1600	5076/1500
轮胎规格	24.00−35−36PR	24.00R35	27.00R49
额定装载质量(kg)	63000	63000	91000
标准配置总质量(kg)	109900	110180	166000
满载最高车速(km/h)	70.0	70.0	65.0
挡位	前7倒1	前7倒1	前7倒2
型号	KOMATSU HD1500−7	KOMATSU 730E	KOMATSU 830E
外廓：长×宽×高(mm)	11370 * 6890 * 5850	12830 * 7540 * 6250	14150 * 7320 * 6880
轴距(mm)/传动方式	5400/机械传动	5890/直流电动	6350/直流电动
轮距：前/后(mm)	5010/4020	5570/4680	5770/4880
前悬/后悬(mm)	1985/2730	3280/3660	4060/3960
最小离地间隙(m)	880	1140	1280
车厢容积(m³)-2∶1堆装	78.0	111.0	147.0
最小转弯直径(m)/转向角	24.4/41°	28.0/−	28.4/−
发动机型号	KOMATSU SDA12V160	KOMATSU SSA16V159	KOMATSU SDA16V160
发动机排量(L)	45.0	—	—

型号	KOMATSU HD1500－7	KOMATSU 730E	KOMATSU 830E
总功率：kw(HP)/rpm	1109(1487)/1900	1491(2029)/1900	1865(2500)/1900
最大扭矩(N.m/rpm)	6830/1400	－/－	－/－
轮胎规格	33.00R51	37.00R57	40.00R57
额定装载质量(kg)	141000	183730	223347
标准配置总质量(kg)	249478	324322	385852
满载最高车速(km/h)	58.0	55.7	48.8
挡位	前7倒1	前7倒1	前7倒1
型号	KOMATSU 830E－AC	KOMATSU 860E－1K	KOMATSU 930E－4
外廓：长×宽×高(mm)	14400 * 7320 * 6880	14930 * 9390 * 7300	15600 * 9090 * 7370
轴距(mm)/传动方式	6350/交流电动	6300/交流电动	6350/交流电动
轮距：前/后(mm)	5770/4880	6090/5150	6150/5360
前悬/后悬(mm)	4060/3990	4470/4160	4470/4800
最小离地间隙(m)	1280	850	940
车厢容积(m³)－2:1堆装	147.0	168.0	211.0
最小转弯直径(m)/转向角	28.4/－	31.0/－	29.7/－
发动机型号	KOMATSU SDA16V160	KOMATSU SSDA16V160 Tier 2	KOMATSU SSDA16V160
发动机排量(L)	—	—	—
总功率：kw(HP)/rpm	1865(2500)/1900	2014(2700)/1900	2014(2700)/1900
最大扭矩(N.m/rpm)	－/－	－/－	－/－
轮胎规格	40.00R57	50/80R57	53/80R63
额定装载质量(kg)	221648	254363	291790
标准配置总质量(kg)	385848	454363	501974
满载最高车速(km/h)	64.0	64.5	64.5
挡位	前7倒1	前7倒1	前7倒1
型号	KOMATSU 930E－4SE	KOMATSU 960E－1	KOMATSU 960E－1K
外廓：长×宽×高(mm)	15600 * 9090 * 7370	15600 * 9600 * 7370	15340 * 10000 * 7670
轴距(mm)/传动方式	6350/交流电动	6650/交流电动	6630/交流电动

续表

型号	KOMATSU 930E−4SE	KOMATSU 960E−1	KOMATSU 960E−1K
轮距：前/后(mm)	6150/5360	6300/5640	6290/5640
前悬/后悬(mm)	4470/4800	4470/4470	4470/4240
最小离地间隙(m)	940	1020	1020
车厢容积(m³)‐2：1堆装	211.0	214.0	214.0
最小转弯直径(m)/转向角	29.7/−	32.0/−	32.0/−
发动机型号	KOMATSU SSDA18V170	KOMATSU SSDA18V170	KOMATSU SSDA18V170
发动机排量(L)	−	−	−
总功率：kw(HP)/rpm	2611(3500)/1900	2610(3500)/1900	2610(3500)/1900
最大扭矩(N.m/rpm)	−/−	−/−	−/−
轮胎规格	53/80R63	56/80R63	56/80R63
额定装载质量(kg)	290450	326585	326585
标准配置总质量(kg)	505755	576072	576072
满载最高车速(km/h)	64.5	64.5	64.5
挡位	前7倒1	前7倒1	前7倒1

表 A-5　日立建机刚性矿用汽车系统及其主要技术参数

型号	HITACHI EH 600	HITACHI EH 650	HITACHI EH 700
外廓：长×宽×高(mm)	8040*4330*3600	8040*4360*3710	8360*4570*4270
轴距(mm)/传动方式	3650/机械传动	3650/机械传动	3780/机械传动
轮距：前/后(mm)	3050/2530	3050/2570	3200/2640
前悬/后悬(mm)	2070/2320	2070/2320	2160/2420
最小离地间隙(m)	450	530	510
车厢容积(m³)‐2：1堆装	21.0	23.5	23.9
最小转弯直径(m)/转向角	17.0/40°	16.0/40°	16.15/42°
发动机型号	Cummins N14−C400	Volvo TD 164KAE	Cummins QSK19−C525
发动机排量(L)	14.0	16.1	18.9
总功率：kw(HP)/rpm	298(400)/2100	370(496)/1800	392(525)/2100
最大扭矩(N.m/rpm)	1857/1400	2370/1000	2407/1300
轮胎规格	18.00R25(E4)	18.00−33(32)E3	18.00R33(E4)
额定装载质量(kg)	33100	36300	38006

续表

型号	HITACHI EH 600	HITACHI EH 650	HITACHI EH 700
标准配置总质量(kg)	56911	62560	69854
满载最高车速(km/h)	60.0	63.0	68.2
挡位	前5倒1	前6倒2	前6倒2
型号	HITACHI EH 700-2	HITACHI EH 750	HITACHI EH 750-2
外廓: 长×宽×高(mm)	8660 * 4760 * 4320	8580 * 4570 * 4320	8670 * 4760 * 4370
轴距(mm)/传动方式	3780/机械传动	3780/机械传动	3780/机械传动
轮距: 前/后(mm)	3200/2640	3200/2640	3200/2640
前悬/后悬(mm)	2230/2650	2160/2640	2230/2660
最小离地间隙(m)	510	510	510
车厢容积(m³) - 2∶1 堆装	24.0	27.7	27.7
最小转弯直径(m)/转向角	16.15/42°	16.15/42°	16.15/42°
发动机型号	Cummins QSK15-C525	Cummins QSK19-C525	Cummins QSK15-C525
发动机排量(L)	15.0	18.9	15.0
总功率: kw(HP)/rpm	392(525)/2100	392(525)/2100	392(525)/2100
最大扭矩(N. m/rpm)	2440/1400	2407/1300	2440/1400
轮胎规格	18.00R33(E4)	18.00R33 Tires	18.00R33(E4)
额定装载质量(kg)	38000	38561	40000
标准配置总质量(kg)	69900	74000	75400
满载最高车速(km/h)	68.2	68.2	68.2
挡位	前6倒2	前6倒2	前6倒2
型号	HITACHI EH 750-3	HITACHI EH 1000	HITACHI EH 1100
外廓: 长×宽×高(mm)	8710 * 4840 * 4350	9300 * 4750 * 4620	9300 * 4750 * 4620
轴距(mm)/传动方式	3780/机械传动	4290/机械传动	4290/机械传动
轮距: 前/后(mm)	3190/2640	3560/2920	3560/2920
前悬/后悬(mm)	2270/2660	2160/2850	2160/2850
最小离地间隙(m)	460	690	690
车厢容积(m³) - 2∶1 堆装	27.7	36.0	36.0
最小转弯直径(m)/转向角	16.15/42°	19.28/40°	19.28/40°

续表

型号	HITACHI EH 750−3	HITACHI EH 1000	HITACHI EH 1100
发动机型号	Detroit Diesel Series 60	Cummins QSK19−C700	Detroit Diesel 12V Series 2000
发动机排量(L)	14.0	18.8	23.9
总功率：kw(HP)/rpm	391(525)/2100	522(700)/2100	567(760)/2100
最大扭矩(N.m/rpm)	2373/1350	3084/1300	3308/1200
轮胎规格	18.00R33(E4)	24.00R35(E4)	24.00R35(E4)
额定装载质量(kg)	41900	59900	65600
标准配置总质量(kg)	75400	101605	108409
满载最高车速(km/h)	68.2	61.3	61.3
挡位	前6倒2	前6倒2	前6倒2
型号	HITACHI EH 1100−3	HITACHI EH 1600	HITACHI EH 1700
外廓：长×宽×高(mm)	9450 * 4980 * 4620	10110 * 5990 * 5310	10290 * 6050 * 5310
轴距(mm)/传动方式	4320/机械传动	4570/机械传动	4570/机械传动
轮距：前/后(mm)	3530/3050	4190/3560	4240/3700
前悬/后悬(mm)	2310/2820	2390/3150	2570/3150
最小离地间隙(m)	635	860	860
车厢容积(m³) - 2:1 堆装	38.7	57.1	60.3
最小转弯直径(m)/转向角	19.28/39°	21.8/38°	21.8/38°
发动机型号	Detroit Diesel MTU 12V2000	Cummins QST 30	Cummins QST 30
发动机排量(L)	23.9	30.5	30.5
总功率：kw(HP)/rpm	567(760)/2100	783(1050)/2100	895(1200)/2100
最大扭矩(N.m/rpm)	3091/1350	4630/1300	5084/1400
轮胎规格	24.00R35(E4)	27.00R49(E4)	31/80R49(E4)
额定装载质量(kg)	64900	89700	98400
标准配置总质量(kg)	110677	160664	170100
满载最高车速(km/h)	57.9	58.6	61.6
挡位	前6倒2	前6倒1	前6倒2

型号	HITACHI EH 3000	HITACHI EH3500	HITACHI EH 4000
外廓：长×宽×高(mm)	11550 * 7450 * 6290	12240 * 8126 * 6370	13510 * 7870 * 6860
轴距(mm)/传动方式	5640/直流电动	5640/直流电动	6100/直流电动
轮距：前/后(mm)	5520/4250	5510/4250	5440/4850
前悬/后悬(mm)	2710/3200	2690/3910	3350/4060
最小离地间隙(m)	690	740	790
车厢容积(m³)-2：1堆装	101.9	115.1	131.9
最小转弯直径(m)/转向角	25.6/41°	25.6/41°	28.4/42°
发动机型号	Detroit Diesel 12V Series 4000	Detroit Diesel 12V Series 4000	Detroit Diesel DDEC 16V4000
发动机排量(L)	48.8	48.8	65.0
总功率：kw(HP)/rpm	1398(1875)/1900	1510(2025)/1900	1864(2500)/1900
最大扭矩(N.m/rpm)	7612/1500	8200/1500	10930/1500
轮胎规格	36.00R51(E4)	37.00R57(E4)	40.00R57(E4)
额定装载质量(kg)	155000	190000	228028
标准配置总质量(kg)	278964	324324	385923
满载最高车速(km/h)	54.7	55.7	48.4
挡位	前6倒2	前6倒2	前6倒2
型号	HITACHI EH 4500	HITACHI EH 4500－2	HITACHI EH 5000
外廓：长×宽×高(mm)	14150 * 7850 * 7040	14300 * 9050 * 7240	14420 * 9050 * 7170
轴距(mm)/传动方式	6150/交流电动	6150/交流电动	6150/交流电动
轮距：前/后(mm)	6220/5380	6250/5280	6200/5370
前悬/后悬(mm)	2230/2650	3990/4170	3990/4290
最小离地间隙(m)	860	970	910
车厢容积(m³)-2：1堆装	147.6	159.0	196.1
最小转弯直径(m)/转向角	28.47/42°	29.8/40°	30.15/40°
发动机型号	Detroit Diesel w/DDEC IV 16V－4000, Cummins QSK60－L	Detroit Diesel w/DDEC IV 16V－4000, Cummins QSK60－L	Detroit Diesel 16V4000

续表

型号	HITACHI EH 4500	HITACHI EH 4500-2	HITACHI EH 5000
发动机排量(L)	65.0, 60.2	65.0, 60.2	65.0
总功率: kw(HP)/rpm	2013(2700)/1900	2014(2700)/1900	2014(2700)/1900
最大扭矩(N.m/rpm)	10933/1350, 10629/1500	10930/1500, 10630/1500	10930/1500
轮胎规格	50/80R57(E4)	50/90R57(E4)	53/80R63(E4)
额定装载质量(kg)	255442, 253948	282000	315000
标准配置总质量(kg)	435456	480362	528208
满载最高车速(km/h)	62.0	66.9	66.9
挡位	前6倒2	前6倒2	前6倒2

表 A-6　别拉斯刚性矿用汽车系列及其主要技术参数

型号	BELAZ 75054	BELAZ 7540A	BELAZ 7540B
外廓: 长×宽×高(mm)	7650 * 3630 * 3400	7110 * 4560 * 3930	7110 * 4560 * 3930
轴距(mm)/传动方式	3550/机械传动	3550/机械传动	3550/机械传动
轮距: 前/后(mm)	2500/2500	2820/2400	2820/2400
前悬/后悬(mm)	2510/1590	1960/1600	1960/1600
最小离地间隙(m)	550	330	330
车厢容积(m³) - 2:1堆装	15.5	19.2	19.2
最小转弯直径(m)/转向角	22.0/32°	17.4/35°	17.4/35°
发动机型号	ЯМЗ-7512.10-4	ЯМЗ-240ПМ2	ЯМЗ-240М2-1
发动机排量(L)	14.86	22.3	22.3
总功率: kw(HP)/rpm	264(360)/1900	309(420)/2100	265(360)/2100
最大扭矩(N.m/rpm)	1570/1300	1491/1600	1275/1600
轮胎规格	26.5-25	18.00-25/18.00R25	18.00-25/18.00R25
额定装载质量(kg)	25000	30000	30000
标准配置总质量(kg)	45000	52600	52600
满载最高车速(km/h)	50.0	50.0	50.0
挡位	前6倒1	前5倒2	前3倒1

续表

型号	BELAZ 7540C	BELAZ 7540D	BELAZ 7540E
外廓：长×宽×高(mm)	7410 * 4560 * 3930	7110 * 4560 * 3930	7160 * 4560 * 3930
轴距(mm)/传动方式	3550/机械传动	3550/机械传动	3550/机械传动
轮距：前/后(mm)	2820/2400	2820/2400	2820/2400
前悬/后悬(mm)	2260/1600	1960/1600	1930/1680
最小离地间隙(m)	330	330	330
车厢容积(m³) - 2：1 堆装	19.2	19.2	28.2
最小转弯直径(m)/转向角	17.4/35°	17.4/35°	17.4/35°
发动机型号	Д−280 (8437.10)	DEUTZ BF 8M 1015	ЯМЗ−240М2−1
发动机排量(L)	17.24	15.8	22.3
总功率：kw(HP)/rpm	312.5(425)/2100	290(395)/2100	265(360)/2100
最大扭矩(N.m/rpm)	1913/1300	1780/1300	1275/1600
轮胎规格	18.00−25/18.00R25	18.00−25/18.00R25	18.00−25/18.00R25
额定装载质量(kg)	30000	30000	30000
标准配置总质量(kg)	52600	52600	52600
满载最高车速(km/h)	50.0	50.0	50.0
挡位	前5倒2	前5倒2	前3倒1
型号	BELAZ 7540K	BELAZ 75450	BELAZ 7547
外廓：长×宽×高(mm)	7410 * 4560 * 3930	8560 * 4765 * 4520	8090 * 4560 * 4390
轴距(mm)/传动方式	3550/机械传动	4000/机械传动	4200/机械传动
轮距：前/后(mm)	2820/2400	3350/2755	2830/2580
前悬/后悬(mm)	2260/1600	1950/2610	1090/1800
最小离地间隙(m)	330	590	490
车厢容积(m³) - 2：1 堆装	19.2	27.7	26.5
最小转弯直径(m)/转向角	17.4/35°	18.0/41°	20.4/35°
发动机型号	Cummins QSM11−C	Cummins QSX15−C	ЯМЗ−240HM2
发动机排量(L)	10.8	14.9	22.3
总功率：kw(HP)/rpm	298(400)/2100	447(608)/2100	368(501)/2100
最大扭矩(N.m/rpm)	1898/1300	2779/1400	1815/1600

续表

型号	BELAZ 7540K	BELAZ 75450	BELAZ 7547
轮胎规格	18.00−25/18.00R25	21.00−35/21.00R35	21.00−35/21.00R35
额定装载质量(kg)	30000	45000	45000
标准配置总质量(kg)	52600	80000	78100
满载最高车速(km/h)	50.0	55.0	50.0
挡位	前 5 倒 2	前 5 倒 2	前 5 倒 2
型号	BELAZ 75471	BELAZ 75473	BELAZ 7555B
外廓: 长×宽×高(mm)	8090 * 4560 * 4390	8390 * 4560 * 4390	8890 * 5300 * 4560
轴距(mm)/传动方式	4200/机械传动	4200/机械传动	4000/机械传动
轮距: 前/后(mm)	2830/2580	2830/2580	3700/2940
前悬/后悬(mm)	1090/1800	1390/1800	2250/2640
最小离地间隙(m)	490	490	640
车厢容积(m³) - 2∶1 堆装	26.5	26.5	33.3
最小转弯直径(m)/转向角	20.4/35°	20.4/35°	18.0/41°
发动机型号	ЯМЗ−8401.10−06	Cummins KTA19−C	Cummins KTTA19−C
发动机排量(L)	22.3	18.9	18.9
总功率：kw(HP)/rpm	405(551)/2100	448(610)/2100	522(710)/2100
最大扭矩(N.m/rpm)	2254/1400	2237/1600	2731/1400
轮胎规格	21.00−35/21.00R35	21.00−35/21.00R35	24.00−35/24.00R35
额定装载质量(kg)	45000	45000	55000
标准配置总质量(kg)	78100	78100	95500
满载最高车速(km/h)	50.0	50.0	55.0
挡位	前 5 倒 2	前 5 倒 2	前 6 倒 1
型号	BELAZ 7555D	BELAZ 7555E	BELAZ 7555F
外廓: 长×宽×高(mm)	8890 * 5700 * 4630	8890 * 5300 * 4560	8890 * 5300 * 4560
轴距(mm)/传动方式	4000/机械传动	4000/机械传动	4000/机械传动
轮距: 前/后(mm)	3700/2940	3700/2940	3700/2940
前悬/后悬(mm)	2250/2640	2250/2640	2250/2640
最小离地间隙(m)	640	640	640

型号	BELAZ 7555D	BELAZ 7555E	BELAZ 7555F
车厢容积(m³)-2∶1堆装	57.9	37.3	37.3
最小转弯直径(m)/转向角	18.0/41°	18.0/41°	18.0/41°
发动机型号	Cummins KTTA19-C	Cummins QSK19-C	Cummins QSK19-C
发动机排量(L)	18.9	18.9	18.9
总功率∶kw(HP)/rpm	522(710)/2100	560(762)/2100	522(710)/2100
最大扭矩(N.m/rpm)	2731/1400	3084/1300	2983/1500
轮胎规格	24.00-35/24.00R35	24.00R35	24.00-35
额定装载质量(kg)	55000	60000	55000
标准配置总质量(kg)	95700	104100	95500
满载最高车速(km/h)	55.0	55.0	55.0
挡位	前6倒1	前6倒1	前6倒1
型号	BELAZ 75570,75571	BELAZ 7513	BELAZ 75131
外廓∶长×宽×高(mm)	10350＊5900＊5340	11500＊7000＊5900	11500＊7000＊5900
轴距(mm)/传动方式	4700/机械传动	5300/交流电动	5300/直流电动
轮距∶前/后(mm)	4300/3700	5160/4350	5160/4350
前悬/后悬(mm)	2800/2850	2850/3350	2850/3350
最小离地间隙(m)	620	600	600
车厢容积(m³)-2∶1堆装	53.3	71.2	71.2
最小转弯直径(m)/转向角	22.0/38°	26.0/42°	26.0/42°
发动机型号	Cummins QST30-C	Cummins QSK45-C	Cummins KTA50-C
发动机排量(L)	30.0	45.2	50.3
总功率∶kw(HP)/rpm	783(1065)/2100	1193(1623)/1900	1194(1624)/2100
最大扭矩(N.m/rpm)	4630/1300	6836/1500	6292/1500
轮胎规格	31/90-49 /27.00R49	33.00-51 /33.00R51	33.00-51 /33.00R51
额定装载质量(kg)	90000	130000	130000
标准配置总质量(kg)	163000	238600	243100
满载最高车速(km/h)	60.0	64.0	48.0
挡位	前6倒1	前5倒2	前5倒2

型号	BELAZ 75135	BELAZ 75137	BELAZ 75139
外廓：长×宽×高(mm)	11500 * 7000 * 5900	11500 * 7000 * 5900	11500 * 7000 * 5900
轴距(mm)/传动方式	5300/直流电动	5300/直流电动	5300/交流电动
轮距：前/后(mm)	5160/4350	5160/4350	5160/4350
前悬/后悬(mm)	2850/3350	2850/3350	2850/3350
最小离地间隙(m)	600	600	600
车厢容积(m^3) - 2∶1堆装	71.2	71.2	71.2
最小转弯直径(m)/转向角	26.0/42°	26.0/42°	26.0/42°
发动机型号	Cummins KTA38−C	Detroit MTU 12V4000	Cummins KTA50−C
发动机排量(L)	37.8	48.8	50.3
总功率：kw(HP)/rpm	895(1217)/1900	1193(1623)/1900	1194(1624)/2100
最大扭矩(N.m/rpm)	4726/1300	7612/1500	6292/1500
轮胎规格	33.00−51 /33.00R51	33.00−51 /33.00R51	33.00−51 /33.00R51
额定装载质量(kg)	110000	130000	130000
标准配置总质量(kg)	230100	244100	244500
满载最高车速(km/h)	48.0	48.0	64.0
挡位	前5倒2	前5倒2	前5倒2
型号	BELAZ 75170	BELAZ 75172, 75174	BELAZ 75302
外廓：长×宽×高(mm)	12300 * 7700 * 6200	12300 * 7700 * 6200	13690 * 8400 * 6790
轴距(mm)/传动方式	5800/直流电动	5800/直流电动，5800/交流电动	6100/直流电动
轮距：前/后(mm)	5600/4610	5600/4610	6100/5340
前悬/后悬(mm)	3100/3400	3100/3400	3460/4130
最小离地间隙(m)	720	720	700
车厢容积(m^3) - 2∶1堆装	96.5	96.5	130.0
最小转弯直径(m)/转向角	28.0/42°	28.0/42°	30.0/39°
发动机型号	Cummins QSK45−C	Detroit MTU 12V4000	Detroit MTU 16V4000
发动机排量(L)	45.2	48.8	65.0
总功率：kw(HP)/rpm	1491(2028)/1900	1400(1875)/1900	1715(2332)/1900

续表

型号	BELAZ 75170	BELAZ 75172, 75174	BELAZ 75302
最大扭矩(N.m/rpm)	7871/1500	7612/1500	9313/1500
轮胎规格	36.00R51	36.00R51	46/90－57 /40.00R57
额定装载质量(kg)	160000	160000	220000
标准配置总质量(kg)	294000	294000	376100
满载最高车速(km/h)	50.0	50.0, 64	43.0
挡位	前5倒2	前5倒2	前5倒2
型号	BELAZ 75305	BELAZ 75306	BELAZ 75307
外廓：长×宽×高(mm)	13390 * 8400 * 6650	13390 * 8400 * 6650	13390 * 8400 * 6720
轴距(mm)/传动方式	6100/直流电动	6100/直流电动	6100/交流电动
轮距：前/后(mm)	6100/5340	6100/5340	6100/5340
前悬/后悬(mm)	3460/3830	3460/3830	3460/3830
最小离地间隙(m)	700	700	700
车厢容积(m³) - 2∶1 堆装	112.0	130.0	141.1
最小转弯直径(m)/转向角	30.0/39°	30.0/39°	30.0/39°
发动机型号	Cummins QSK60－C	Cummins QSK60－C	Cummins QSK60－C
发动机排量(L)	60.2	60.2	60.2
总功率：kw(HP)/rpm	1715(2332)/1900	1715(2332)/1900	1715(2332)/1900
最大扭矩(N.m/rpm)	9053/1500	9053/1500	9053/1500
轮胎规格	40.00－57	46/90－57 /40.00R57	46/90－57 /40.00R57
额定装载质量(kg)	190000	220000	220000
标准配置总质量(kg)	341600	376100	376100
满载最高车速(km/h)	43.0	43.0	64.0
挡位	前5倒2	前5倒2	前5倒2
型号	BELAZ 75310	BELAZ 75600	BELAZ 75600
外廓：长×宽×高(mm)	13390 * 8400 * 6720	14900 * 9600 * 7220	14900 * 9600 * 7320
轴距(mm)/传动方式	6100/交流电动	6800/交流电动	6800/交流电动
轮距：前/后(mm)	6260/5480	7000/6080	7040/6180
前悬/后悬(mm)	3460/3830	4240/3860	4240/3860

续表

型号	BELAZ 75310	BELAZ 75600	BELAZ 75600
最小离地间隙(m)	700	680	720
车厢容积(m³) - 2:1堆装	141.1	199.0	218.0
最小转弯直径(m)/转向角	30.0/39°	34.4/37°	34.4/37°
发动机型号	Cummins QSK60-C	Cummins QSK78-C	Detroit MTU 20V4000
发动机排量(L)	60.2	77.6	90.0
总功率：kw(HP)/rpm	1864(2535)/1900	2610(3549)/1900	2800(3807)/1800
最大扭矩(N.m/rpm)	9839/1500	13371/1500	15728/1700
轮胎规格	46/90R57 /40.00R57	55/80R63 /56/80R63 /59/80R63	59/80R63
额定装载质量(kg)	240000	320000	360000
标准配置总质量(kg)	401500	560000	610000
满载最高车速(km/h)	64.0	64.0	64.0
挡位	前5倒2	前5倒2	前5倒2

附录 B 六个速度下前后悬架上部挂耳的 应变—时间历程

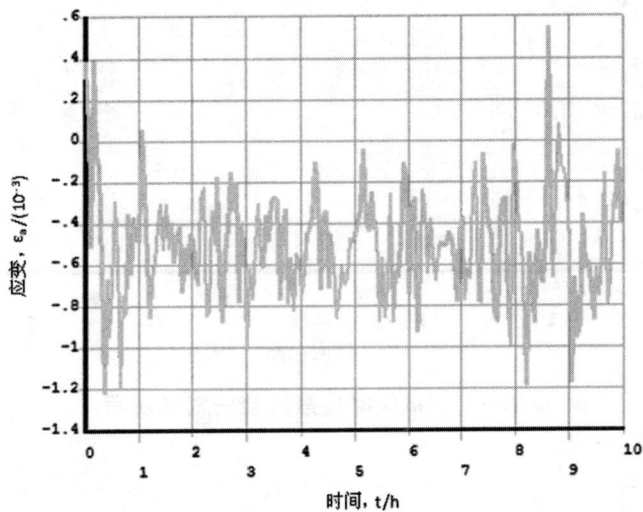

图 B-1 5m/s 时前悬应变—时间历程

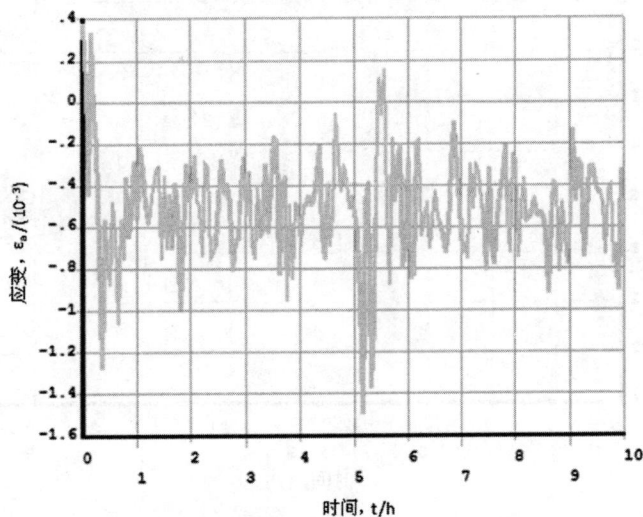

图 B-2 8m/s 时前悬应变—时间历程

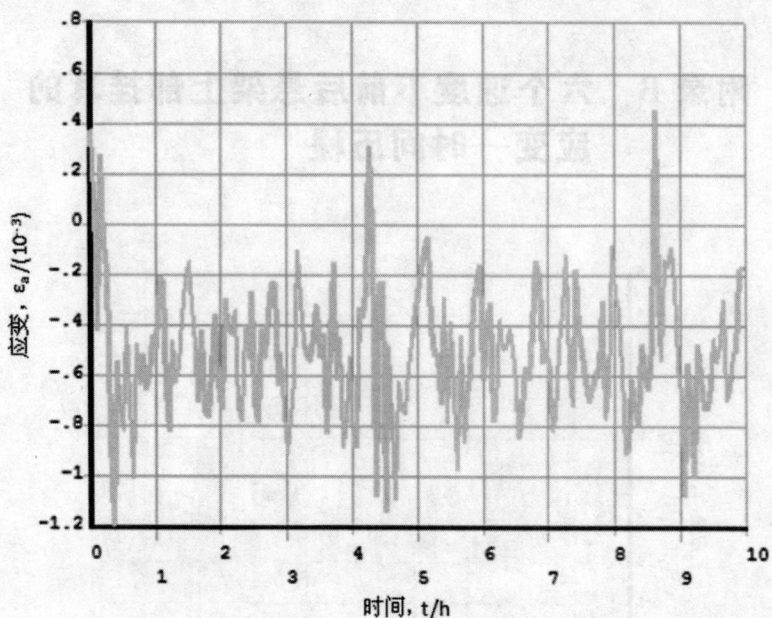

图 B-3　10m/s 时前悬应变—时间历程

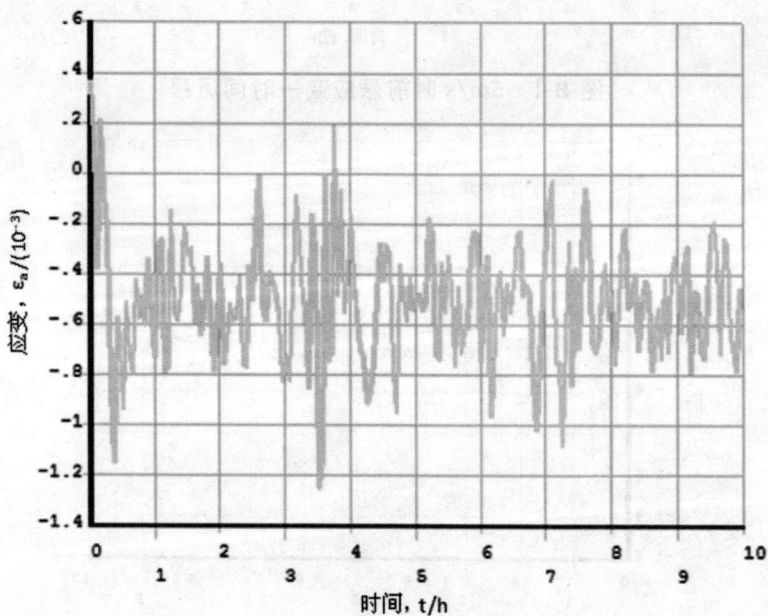

图 B-4　12m/s 时前悬应变—时间历程

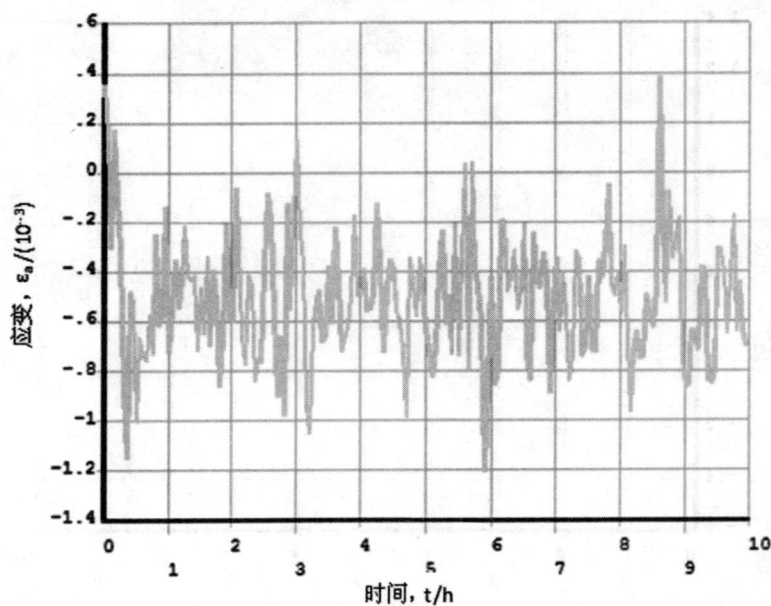

图 B-5　15m/s 时前悬应变—时间历程

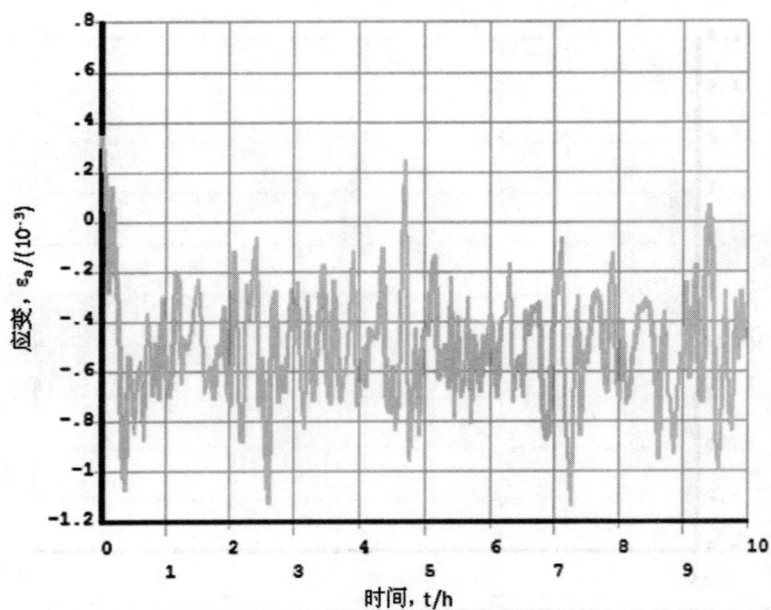

图 B-6　18m/s 时前悬应变—时间历程

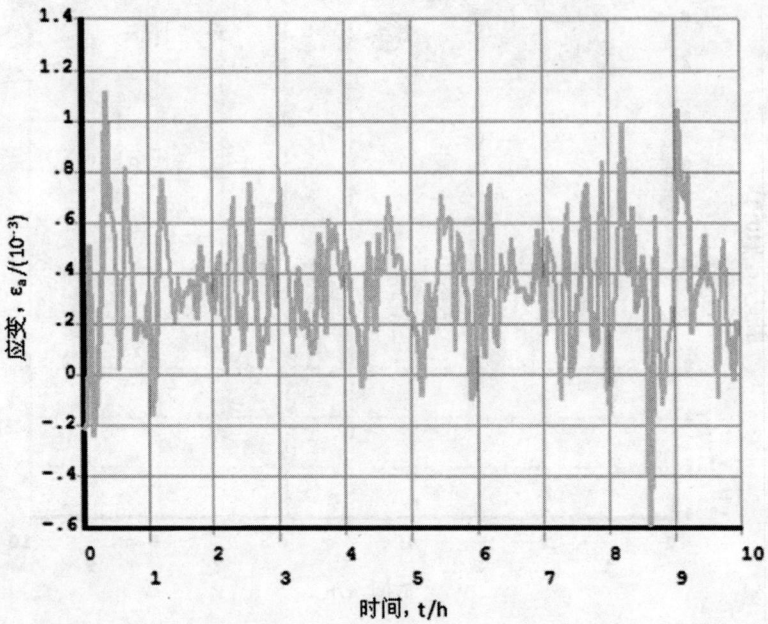

图 B-7　5m/s 时后悬应变—时间历程

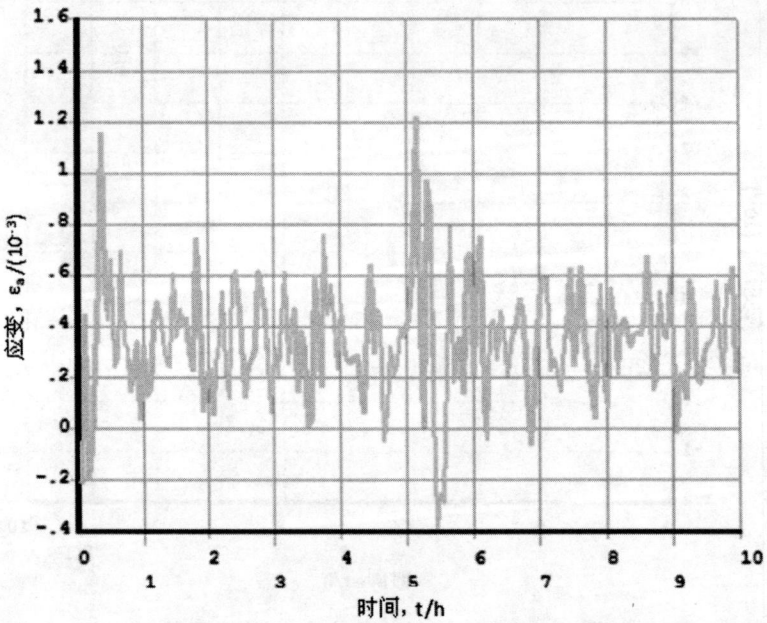

图 B-8　8m/s 时后悬应变—时间历程

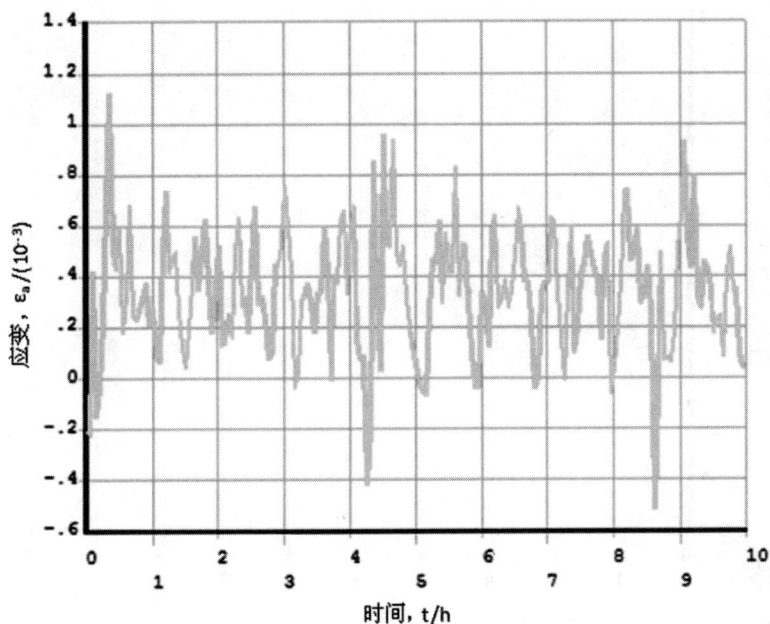

图 B-9　10m/s 时后悬应变—时间历程

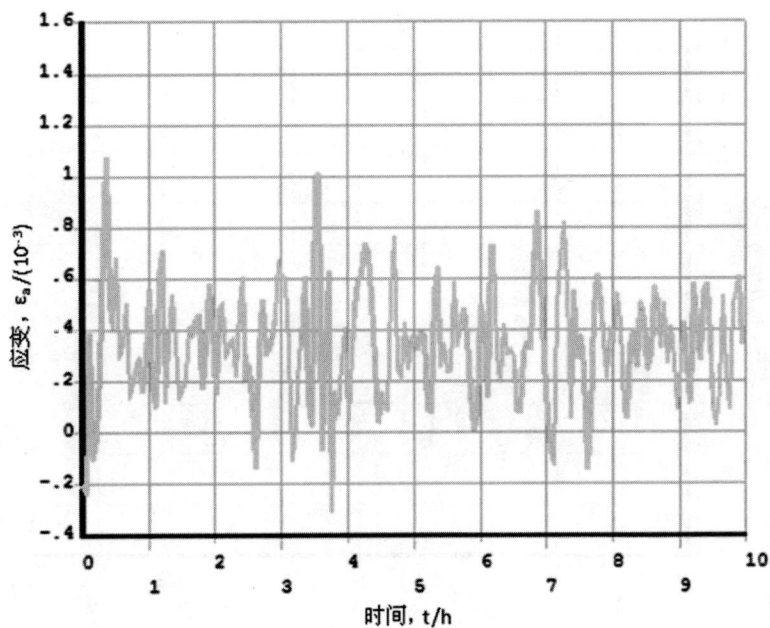

图 B-10　12m/s 时后悬应变—时间历程

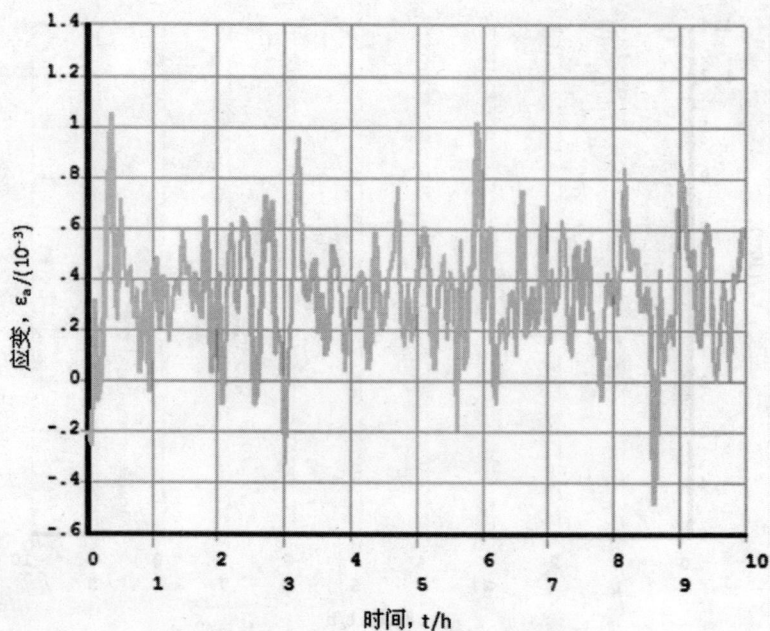

图 B-11　15m/s 时后悬应变—时间历程

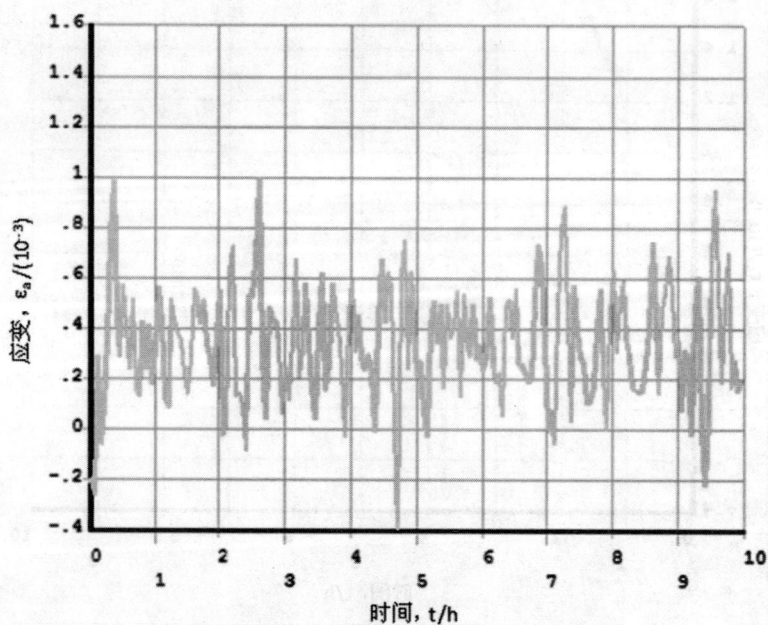

图 B-12　18m/s 时后悬应变—时间历程